数学教育の
戦後史

連合国占領下における
新制高等学校数学科の編成過程

田中 伸明

明石書店

序　文

　日本の戦後教育改革は，民主教育の理念や制度，改革の方向を勧告したアメリカ使節団報告書（1946年3月30日）に則って進められた．その改革の実務を担ったのは当時の文部省であったが，その文部省は連合国最高司令官総司令部（GHQ/SCAP）[1]の下部組織である民間情報教育局（CIE）[2]の管理下に置かれていた．

　したがって，戦後の学校教育の再建の事実を知るには，日本に現存するものだけでなく米国側の史料も精査する必要がある．しかし，アメリカ合衆国国立公文書館にあるGHQ/SCAPの文書は長らく機密扱いされており，その内容を知ることはでなかった．GHQ/SCAP文書を用いた研究が緒に就いたのは，それらが公開された1980年代からである．それ以来，多くの研究者が日米両側の史料に基づき，占領期の教育改革の実態を明らかにすることに取り組んだ．その先駆的研究としては，三羽光彦の『戦後日本の教育行政改革』（1981年）が挙げられる．

　我が国の「数学教育」の戦後史は，『学習指導要領算数科数学科編（試案）』（1946年5月15日）の成立から，80年程の歩みを続けているが，混迷を極めた占領期の事実を明らかにした研究は少ない．小・中学校の占領下の数学教育史研究において日米両側の史料を用いたものは，上垣渉の「終戦直後の混乱と再建の時期にみる教科の成立過程─算数・数学科の場合─」（2000年），蒔苗直道の「戦後教育改革期における数学教育の単元学習に対する再構成運動の影響に関する研究」（2016年）などがある．しかし，これらの研究は，初等教育あるいは前期中等教育を主眼としたもので，後期中等教育である高等学校への言及はない．新制高等学校数学科の成立過程の詳細は，未だ解き明かし切れていな

---

1 GHQ/SCAP は，General Headquarters/Supreme Commander for the Allied Powers の略称である．
2 CIE は，Civil Information & Education Section の略称である．

い部分が多いと言える.

本研究の意義は,「占領下における新制高等学校数学科の成立過程に, いったい何が起こっていたのか」を明らかにすることである. 高等学校の数学教育の戦後の出発点は, 紛れもなくここにあるにもかかわらず, 現在の高等学校数学科に至るそのルーツが, 今もなお歴史の闇の中にある. つまり, 本研究を通して, この由々しき状況に終止符を打ちたいのである.

戦後の高等学校数学科は, その成立根拠とすべき学習指導要領の発刊において, 小中学校の算数・数学科のものとは大きく異なる. 小・中学校の算数・数学科の成立は, 『学習指導要領一般編(試案)』(1947年3月20日), 『学習指導要領算数科数学科編(試案)』(1947年5月15日)に見ることができる. この学習指導要領は, 新制中学校の発足した1947年度中に発刊され, 新制小・中学校の算数・数学科に成立根拠を与えたものと言ってよい.

一方, 1948年4月の新制高等学校数学科発足時に各教科の内容を定めた「学習指導要領」は存在しなかった.「新制高等学校の教科課程に関する件」[3](発学156号1947年4月7日)を, 高等学校の「学習指導要領一般編」に相当するものとして挙げることができるが, これは, 高等学校の教科課程を定めたものであり, 高等学校数学科自体の教科内容を決定したものではない. つまり, 当時「学校教育法施行規則」第57条には「高等学校の教科に関する事項は, 学習指導要領の基準による」(1947年5月23日)とあったにもかかわらず, 新制高等学校数学科は, 学習指導要領なき「暫定的成立」[4]だったのである.

---

3 文部省通達,「新制高等学校の教科課程に関する件」(発学156号1947年4月7日). この通達は, 1947年3月20日に発行された『学習指導要領一般編(試案)』第3章の補遺として, 文部省学校教育局長から地方長官宛てに出されたもので, 新制高等学校の教科と教科課程を正式に定めたものと言ってよい. 佐々木亨編(1980),「学習指導要領の刊行目録」,『名古屋大学教育学部紀要(教育学科)第26巻』では, この通達は,「後年の形式でいえば,『高等学校学習指導要領一般編(試案)昭和22年』とでもなるべきものであろう」(p.197)と述べられている.

4 船山謙次(1960),『続戦後日本教育論争史――戦後教育思想の展望』, 東洋館出版社には,「学校教育法施行規則」は1947年5月23日制定なので, これ以前の『学習指導要領一般編』『学習指導要領各科編』は,「げんみつにいえば, 法的根拠なしに文部省が発行した文書であって,『基準』としての効力をもつものではない」(p.134)とある. 新制小・中学校の算数・数学科の根拠となる『学習指導要領一般編(試案)』『学習指導要領算数科数学科編(試案)』の発行日は, それぞれ, 同年3月20日, 5月15日であり,「学校教育法施行規則」制定以前のものである. 船山に従えば, 新制高等学校のみならず, 新制の小・中学校の算数・数学科もまた「学習指導要領」なき「暫定的成立」であったことになる. 本稿は船山の言う「げんみつ」な立場ではなく,「一般的」な立場で論じている.

序　文

　では，新制高等数学科の教科内容を事実上定めたものは何か．それは，当時発行された4冊の1種検定教科書『数学解析編（Ⅰ）』『数学解析編（Ⅱ）』『数学幾何編（1）』『数学幾何編（2）』であった．この新制高等学校数学科の暫定的成立の詳細を明らかにした研究は，筆者による「新制高等学校数学科の暫定的成立に関する一考察—未完の「高等学校学習指導要領数学科編」—」（2008年）が初めてであり，唯一である．

　さらに，戦後数学科成立史研究において，未だ解き明かされない重要な問題がある．それは，次の通りである．新制高等学校数学科初の学習指導要領は『中学校高等学校学習指導要領数学科編（試案）』（1951年11月25日）であり，1945年の終戦から6年，1948年の新制高等学校発足から3年以上も後のものである．我が国がサンフランシスコ平和条約を締結し，連合国の占領下から主権を回復したのが，1951年9月8日（効力発生は1952年4月28日）であるから，高等学校数学科の初の学習指導要領は，連合国の占領下で作成されたことは間違いないが，その高等学校初の学習指導要領の成立に至る過程の詳細には，これまでのどの研究も及んでいない現状がある．

　本研究の目的は，占領下における『中学校高等学校学習指導要領数学科編（試案）』の成立過程を，日本側史料と米国側史料を精査し明らかにすることである．とりわけ，高等学校数学科に力点を置いて取り組む．この研究が成就すれば，「新制高等学校数学科の成立過程」という歴史パズルの最後のピースを埋めることになる．現在に至る高等学校数学科の歴史を，連続した「線」に繋げることができるのである．

　本研究は，第2次世界大戦終了後の我が国の数学教育改革に関する日本側史料，連合国側史料（GHQ/SCAP文書）を収集し，それを精査することで「以下の3点」を明らかにする．

（1）高等学校初の数学科学習指導要領の編集過程における日米の議論

　CIEは，占領で接収した東京放送のビル内にあった．文部省の担当官らは，頻繁にCIEを訪れ，学習指導要領作成の進捗状況を報告するとともに，その方向性について指示を受けていた．その記録を発掘し精査することで，占領下における高等学校初の学習指導要領の作成過程を明らかにしたい．

(2) 占領下での日本の系統主義と米国の経験主義のせめぎ合いの帰着点

1948年の新制高等学校の暫定的成立に対し，当時文部省教科書局で数学科の図書監修官を務めた和田義信は，1984年に以下のように述懐している．

　　高等学校を守るというか，要するにいじくらしちゃいかんと，小中だけに止めておこうというのが，私が大変悪いかも知れないけども，私がやったことですよ．[5]

6-3-3制に基づく新学制発足の段階で，義務教育である小中学校の算数・数学科は，CIEの管理のもと，米国側が強く要求した経験主義的「生活単元学習」カリキュラムが成立を見た．一方，和田の述懐が示唆する通り，高等学校の数学科に対しては，文部省はいったんそうした米国側の意図を回避することに成功したと言ってよい．しかし，一旦1948年の「暫定的成立」を認めたCIEは，高等学校初の学習指導要領が成立するまでの3年間，日本の高等学校数学教育の構築にどのような指示や影響を与えたのか．それは，日本側の系統主義的と米国側の経験主義の帰着点を探るものである．極めて興味深い．

(3) 数学教科書への連合国のCIEの介入状況

本書第1章第2節で言及するが，1947年8月にCIEの中等学校担当のオズボーンは，教科書『数学解析編（Ⅱ）』の内容が，「この年齢の生徒にとっては難し過ぎ，実用的な意義がない」と批判し，2年間だけの使用期限を定め，暫定的にこの教科書の使用を認めるとしたことが分かる．このように，教科書の使用認可に対しても，CIEは厳しい指導を与えたのである．

その後，1951年までの間，教科書行政や教科書編集の拠り所となる学習指導要領に対して，CIEはどのように介入したのか，興味が尽きない．これらを明らかにしたいと考えている．

---

5 明星大学戦後教育史センター所蔵，「ハリー・レイ・インタビュー〈和田義信〉1984.4.9」．

数学教育の戦後史

連合国占領下における新制高等学校数学科の編成過程

目　次

序　文　3

第1章　新制高等学校数学科の暫定的成立 ………………………… 11

第1節　「高等学校学習指導要領数学科編」作成の中断　13
第2節　作成中断の背景と理由　17
第3節　未完の「高等学校学習指導要領数学科編」　22
第4節　「新制高等学校の数学の予想」―小西報告―　33
第5節　「在米史料」と「小西報告」との比較　41
第6節　第1章の総括　49

第2章　新制高等学校数学科の準必修化をめぐる議論 ………… 51

第1節　試験的教科課程の最終的「試」案　52
第2節　「必修数学の延長要求問題」の提起　54
第3節　陳述書（statement）と確固とした根拠（sound basis）　59
第4節　野村武衛の来訪　64
第5節　「必修数学の延長要求問題」の収束　67
第6節　「発学156号」に見る「準必修」的扱い　71
第7節　数学科科目選択の実際　72
第8節　第2章の総括　73

第3章　占領下における新制高等学校数学科用教科書の成立 ……………………………………………………… 75

第1節　数学教科書の英訳原稿と認可・検定　76
第2節　教科書発行計画と中等学校教科書株式會社　78
第3節　別冊教科書「数表」の復刻問題　81
第4節　新制高等学校数学科構造の具体化と教科書の分冊　85
第5節　『数学 解析編（Ⅰ）（Ⅱ）』の検閲と認可，発行　88
第6節　『数学 幾何編（1）（2）』の検閲と認可，発行　92
第7節　第3章の総括　101

目 次

第4章　新制高等学校の基準をめぐる議論 ……………………… 103

第1節　残存した旧制中学校への新教科課程の適用　104

第2節　新制高等学校認可制度に関する議論　107

第3節　新制高等学校の学力水準に関する議論　110

第4節　文部省の組織改変と改革課題　115

第5節　定時制高等学校の問題　119

第6節　『新制高等学校実施の手引』に関する議論　122

第7節　新制中学校・高等学校の中等教育としての一体化　132

第8節　第4章の総括　137

第5章　新制高等学校教科課程の改訂と一般数学 ……………… 139

第1節　「発学156号」の改訂　140

第2節　「新制高等学校教科課程の改正について」（発学448号）　153

第3節　新設科目「一般数学」の特徴　159

第4節　第5章の総括　167

第6章　中等教育を一体化した「学習指導要領数学科編」の
　　　　構想 …………………………………………………………… 171

第1節　中等教育の一体化と新制高等学校数学科　172

第2節　小・中学校の算数・数学用「モデル教科書」の編集　173

第3節　中・高等学校を一体化した「学習指導要領数学科編」の構想　179

第4節　「学習指導要領数学科編」の「原型（nature）」（9月27日案）　182

第5節　一般数学の概要　186

第6節　「学習指導要領数学科編」の「概要（outline）」（11月5日案）　188

第7節　中等教育課・初等教育課の実務担当　193

第8節　「学習指導要領数学科編」の章の「再調整」（7月13日案）　195

第9節　第6章の総括　207

9

第7章 『中学校高等学校学習指導要領数学科編(試案)』の CIEによる認可過程 ·············· 211

第1節 「第Ⅳ章」をめぐって 212

第2節 1950年3月の進捗報告と7つの小委員会 217

第3節 「第Ⅰ・Ⅱ・Ⅲ章」をめぐって 222

第4節 新制高等学校数学科の内容編成について 232

第5節 第7章の総括 243

第8章 『中学校高等学校学習指導要領数学科編(試案)』の 成立 ·············· 247

第1節 文部省通達「中学校・高等学校の数学科について」 (文初中第430号) 248

第2節 日本数学教育会第32回総会・全国数学教育研究会に おける講演 252

第3節 第Ⅵ章「数学科における単元による学習指導」への CIEによる承認 255

第4節 『中学校高等学校学習指導要領数学科編(試案)』の完成 259

第5節 『中学校高等学校学習指導要領数学科編(試案)』の特徴 262

第6節 第8章の総括 273

跋 文 275

第 **1** 章

新制高等学校数学科の
暫定的成立

1947年5月23日制定の「学校教育法施行規則」第57条には，「高等学校の教科に関する事項は，学習指導要領の基準による」とある．戦後発刊された学習指導要領には，「試案」であった時代も含めて，教科課程・教育課程編成の基準を定める「一般編」と，小・中・高等学校等ごとに，それぞれの教科等の目標や教育内容を定めた「各教科編」（例えば，「数学科編」など）の2種が存在する．

　新制高等学校を対象としたものには，「一般編」に相当するものとして，1947年4月7日の文部省通達「新制高等学校の教科課程に関する件」（発学156号）を挙げることができる．この通達は，1947年3月20日発行の『学習指導要領一般編（試案）』第3章の補遺と位置付けられており，新制高等学校の「教科」と「教科課程」を正式に定めたものと言ってよい．

　次に，新制高等学校数学科のもう1つの根拠となるべき「数学科編」はどうであろう．1947年5月15日発行の『学習指導要領算数科数学科編（試案）』は，その内容が小・中学校に限定されており，高等学校に関する記述はない．また，高等学校初の「数学科編」は，1951年11月25日発行の『中学校高等学校学習指導要領数学科編（試案）』であり，新制高等学校発足から3年以上も後のものである．

　1948年4月の新制高等学校発足当時，数学科の「基準」となる「学習指導要領」は，「試案」すらなかった．つまり，新制高等学校数学科の成立は「暫定的成立」であった．この「暫定的成立」こそが，現在に至る新制高等学校数学科のルーツであるにもかかわらず，その経緯は数学教育史の闇の中にある．これにはどんな経緯があったのだろう．

　当時，日本の教育は連合国最高司令官総司令部（GHQ/SCAP）の一組織である民間情報教育局（CIE）の管理下にあった．したがって，戦後教育改革の詳細を知るには，GHQ/SCAPが残した記録文書を見る必要がある．しかし，それらは，日本の独立とともに米国に持ち帰られ，長らく機密扱いされていた．現在それらは，アメリカ合衆国国立公文書館で公開されており，数多くのコピーがマイクロフィッシュに収められ，日本に持ち帰られている．それらは，国立国会図書館憲政資料室所蔵の"Records of Allied Operational and Occupation Headquarters, World War Ⅱ"［RG331］（「GHQ/SCAP文書」と略称，以下「在米

第1章　新制高等学校数学科の暫定的成立

史料」）として閲覧することができる．

　本章では，1948年4月の新制高等学校発足に向けた「高等学校学習指導要領
数学科編」は，作成の途にあったが，1947年6月4日の会議決定により，その
作業が中断されたことを「在米史料」をもって示し，その中断の背景や理由を
探ることとする．そして，未完の「高等学校学習指導要領数学科編」の中核に
据えられていたであろう「数学科編成理念」を明らかにするための考察も行う
ものとする．

第1節　　「高等学校学習指導要領数学科編」作成の中断

　「在米史料」には，世に出ることのなかった「高等学校学習指導要領数学科
編」の編集に関する記述が見出される．ここでは1947年6月4日の「在米史
料」"Courses of Study for Mathematics"[1]（史料1.1）に注目する．これは，文
部省教科書局の数学科担当官であった和田[2]，中島[3]，青池[4]の3名が，CIEの
K.M.ハークネス[5]，M.L.オズボーン[6]を訪問した時の記録である．全文は次の
通りである．本文に続いて和訳を示す．

　　The Ministry Education personal named above were called over to the
　　Education Division to discuss a long-range program in the mathematics
　　program of study for the new chugakko and kotogakko. The 1947-48
　　Course of Study in mathematics for the chugakko has already been

---

1　国立国会図書館憲政資料室所蔵，Records of Allied Operational and Occupation Headquarters,
　 World War Ⅱ ［RG331］（略称「GHQ/SCAP 文書」．本書では「在米史料」と表記）No.
　 CIE(B)6653，CIE(C)350，CIE(D)1781
2　和田義信：当時，文部省教科書局第二編修課．
3　中島健三：当時，文部省教科書局第二編修課．
4　青池実：当時，文部省教科書局第二編修課．
5　Kenneth M. Harkness：当時，CIE Education Division Textbooks & Curriculum Officer（民
　 間情報教育局教育課教科書教科課程担当官）．1946 年の夏から学習指導要領作成の最高責任
　 者となる．
6　Monta L. Osborn：当時，CIE Education Division Secondary School Officer（民間情報教育
　 局教育課中等学校担当官）．1946 年 6 月 GHQ に入る．

13

published, and the compilers have begun work on a course of study for the kotogakko.

The decision was reached today that work on the kotogakko Course of Study in Mathematics will be discontinued rather than attempting to develop tentative, emergency materials; it was decided that a long range curriculum study should be begun this summer.

A Committee of 20 to 25 educators from outside the Mombusho will be organized for this work. It was suggested by the representatives of the Education Division that the Committee include:

史料1.1 Courses of Study for Mathematics (1947年6月4日付)

 Mathematics specialists from universities;

 Representiatives in field of mathematics of all types of secondary schools (using the old designations, boys middle schools, girls high schools, vocational schools youth schools, higher elementary schools) including some women teaches;

 Educational psychologists.

Because the Mombusho personal are currently engaged in compiling in compiling mathematics textbooks, and because all of them will participate in at least some of the regional conferences on the Course of Study to be held between 15 June and 15 July, the first meeting of this group will be set at some time after the latter date. Messrs. WADA, NAKASHIMA, and AOIKE will start at once compiling a tentative list of members; after checking it with the chairman (yet to be appointed) of the Course of Study Project, they will submit this list to the undersigned before final selection made.

第1章　新制高等学校数学科の暫定的成立

（和訳）

　上記の文部省の職員がCIE教育課に呼ばれ，新制の中学校と高等学校の数学の教科課程の長期的計画について話し合った．中学校用の1947年度の数学科学習指導要領はすでに発行済みで，図書監修官は，高等学校用の学習指導要領に取り組み始めていた．

　今日，高等学校学習指導要領数学科編の作業は中断するという決定に達し，試験的，暫定的な教材の開発に力を注ぐことはせず，今年の夏に長期的な教科課程の研究を始めるべきだと決定した．

　この作業のために，20人ないし25人の文部省外の教育者による委員会が組織される．CIE教育課の代表から，委員会には次の委員を入れるよう指示がなされた．

　　・大学の数学の専門家
　　・全種類の中等学校（旧制中学校，高等女学校，実業学校，青年学校，高等小学校）の女性教員を含めた数学科教員の責任者
　　・教育心理学者

　文部省職員は，現在，教科書の編集に携わっており，また，その全員が，6月15日から7月15日までの間，学習指導要領に関する地方での研究大会に参加が予定されているので，このグループの第1回の会議は，その後に設定される．和田，中島，青池は，ただちに委員の構成案をつくり，学習指導要領委員会の委員長（まだアポイントはとっていないが）とそれを確認し，人選を最終決定する前に署名官[7]に提出することになる．

　この報告書の主題は，「長期的な教科課程の研究」のため，新たな学習指導要領委員会の設置を決定したことである．この委員会でなされる検討は，1948年10月の新科目「一般数学」の追加[8]，1951年11月の高等学校初の「数学科編」の成立として，後に実を結ぶことになる．いずれにせよ，委員会の発足は，新制高等学校発足後の数学科の改訂を睨むものであり，本章が取り組む数学科

---

7 「署名官」は，原文では "the undersigned" となっている．ここでは，オズボーンのことである．
8 文部省通達（1948.10.11），「新制高等学校の教科課程の改正について」（発学448号）により，新科目「一般数学」が加えられることになる．この改訂の経緯については，第5章で詳述する．

15

の暫定的成立と直接の関係はない.

　ここで注目したいのは，主題とは別の以下の点である．この和訳の2～4行目には，「中学校用の1947年度の数学科学習指導要領はすでに発行済みで，図書監修官は，高等学校用の学習指導要領に取り組み始めていた」とある．つまり，『学習指導要領算数科数学科編（試案)』が完成した後，高等学校用の学習指導要領の作成が始められていたのである．しかし，ここには，「今日，高等学校学習指導要領数学科編の作業は中断するという決定に達した」と明記されている．さらに，「試験的，暫定的な教材の開発に力を注ぐことはせず，今年の夏に長期的な教科課程の研究を始めるべきだと決定した」と記されている.

　この「在米史料」の記述から，1947年6月4日時点における，新制高等学校数学科の暫定的成立に絡む次の事実を読み取ることができる.

　　　ⅰ)「高等学校学習指導要領数学科編」は，1948年度の新制高等学校数学科発足に向けて，作成が行われていたこと.
　　　ⅱ)「高等学校学習指導要領数学科編」の編集作業は，1947年6月4日時点で中断され，完成には至らなかったこと.
　　　ⅲ) 1948年度に発足する新制高等学校数学科は，あくまでも，試験的"tentative"，暫定的"emergency"なものであるとしたこと.

　高等学校の「数学科編」の編集は1947年6月4日に打ち切られ，その後，「数学科編」に相当する刊行物や通達も世に出されることはなく，1948年4月の新制高等学校発足を迎えることになるである．したがって，1948年に発足した新制高等学校数学科は，「学習指導要領」という「基準」のない「試験的・暫定的」なものであり，数学科の内容を決定づけた刊行物は，後に発行される「数学の教科書」，すなわち『数学解析編（Ⅰ)』『数学解析編（Ⅱ)』『数学幾何編（1)』『数学幾何編（2)』の4冊の他に見出すことはできない．これらは検定教科書ではあるが，「中等学校教科書株式会社」発行の1種類のみ（1種検定）である．それゆえ，この検定教科書[9]は数学科の成立にとって重要な意

9　この4冊の一種検定教科書の成立過程については，第3章で詳述する.

第1章　新制高等学校数学科の暫定的成立

味を持つのである．

第2節 作成中断の背景と理由

　CIEと文部省により，新制高等学校の教科課程編成に関する議論がなされた
のは，中断決定の約半年前の1946年12月であった．CIEは，12月の議論にお
いて，その教科課程の中に「単位制（Unit Credit System）」と「総合制
（Comprehensive School）」を大きく打ち出し，新制高等学校を，より「大衆的
な学校」として構想した．一方，文部省は，「学年制，カレッジ準備課程」に
強いこだわりをみせ，高等学校が「アカデミックなエリート学校」となること
を望んだ．しかし，CIEはこうした日本側を厳しく批判し，退けたのであった．[10]
まず，中断決定の背景には，米国側の「大衆向け総合教育」に対する，日本側
の「エリート向け学問教育」という，上級中等教育構想の対立が存在していた
のである．

　筆者は，このような教育構想の対立に加えて，数学科編成理念にも日米間の
対立があり，それが，「学習指導要領数学科編」の作成中断に少なからず作用
したとみる．「在米史料」からそのことを裏付ける事実を取り上げてみたい．

　「在米史料」には，教科書原稿の英訳が存在する．これは，検閲を得るため
にCIEに提出されたものである．新制高等学校用数学教科書『数学解析編
（Ⅱ）』（以下『解析編（Ⅱ）』）の英訳[11]の冒頭には，1947年8月25日のオズボー
ンによる「批評」"COMMENTS ON TEXTBOOK ON "MATHEMATICS
ANALYSIS" (2)"（史料1.2）が添付されている．

　この史料には，『解析編（Ⅱ）』の検閲の際，CIEが「期限と条件」を付した
ことが，次のように記録されている．史料全文に続いて和訳を示す．

　　This course in mathematics is no conceivable use to those students of

---

10 田中伸明（2006），「新制高等学校教科課程の成立過程」，日本数学教育史学会誌『数学教育史
　研究』第6号，p.23.
11 在米史料，No. CIE(B)4624-4627.

17

new kotogakko who do not plan to go on to the daigaku. It is far too difficult for students of this age, and is in no sense functional. Much that is contained herein belongs in lower section (first two years) of the new daigaku for those students who are going into professions where this type of mathematics is needed. A very small percentage of students in the new kotogakko will actually find a use for it."

史料1.2 COMMENTS ON TEXTBOOK ON "MATHEMATICS ANALYSIS" (2)

A new type of mathematics courses is being worked out by the Ministry of Education for the new chugakko. Textbooks for the 7th and 8th grades, especially, will be highly functional. In the 9th grade, there will probably be a compromise between functional mathematics and preparation for new kotogakko courses. It is unlikely that students in the chugakko will have any time to waste in preparing for the highly academic, no functional, university-level course such as this.

Since students who are in the new kotogakko this year, and those will be in the new kotogakko next year have had courses which to some extent prepare them for this sort of thing, this manuscript can be approved for use during 1947-48 and 1948-49. However, work should begin immediately in preparation of new courses and new textbooks for 1949-50.

This textbook is OK'd for content and for setting the type. However, the examples and problems which are worked out in the book should be checked for absolute accuracy before typesetting.

（和訳）

　　この数学の課程は，大学進学希望でない新制高等学校の生徒が使用することは想定できない．この年齢の生徒にとっては難し過ぎ，実用的な

第1章　新制高等学校数学科の暫定的成立

意義がない．ここに収められている内容の多くは，新制の大学の下級段階（最初の2年）に値するもので，この種の数学が必要とされる専門的研究に進もうとする生徒のためのものである．実際，非常に低いパーセンテージの新制高等学校の生徒にしかその必要性が見出せないだろう．

　新制中学校用として，新しいタイプの数学課程が文部省により編成中である．第7，8学年の教科書は，とりわけ高度に実用的なものとなる．第9学年は，実用的数学と新制高等学校の科目への準備とのおよそ中間に位置付けられる．中学校の生徒が，このように高度にアカデミックで，実用的でない大学レベル課程のための準備に時間を浪費することは考えられないことだ．

　本年度と次年度，新制高等学校に在学する生徒は，このようなものにある程度対応した課程で過ごしてきているので，1947年度[12]と1948年度に限定して，この教科書の使用を認めるものとする．ただし，1949年度用の新しい課程と教科書の準備は，ただちに始められなければならない．

　この教科書の内容を認め，印刷を許可する．ただし，この本に記載されている例と問題については，印刷の前に厳格な校正が必要である．

　本史料には，新制中学校では，「高度に実用的な数学（highly functional mathematics）」の習得を目指している．しかしながら，高等学校に，これと著しく性格が異なる「高度にアカデミックで，実用性に欠ける課程（highly academic, no functional course）」を置いてしまうことにより，中学3年次は，その準備期としての影響を受けてしまう．それは，「時間の浪費（time to waste）」だと述べられている．続いて，「1947年度と1948年度に限定して，この教科書の使用を認めるものとする．ただし，1949年度用の新しい課程と教科書の準備は，ただちに始められなければならない」としているから，使用期限と条件が付けられたことが分かる．これは，この教科書を暫定的な使用に限定するとともに，数学科に新しく別の科目を設置することを指示しているのである．[13]

---

12 『数学解析編（Ⅱ）』は，1948年度発足の新制高等学校用のものであるが，1947年度に旧制中学校で使用されたことが，当時の『文部時報』から分かる．
13 前掲注8.

19

一方,『数学幾何編 (2)』(以下『幾何編 (2)』)の認可においても,類似のコメントがある.1947年10月21日付の「在米史料」"Mathematics Textbooks for 9th grade-Kotogakko"[14](史料1.3)の後半部分に,次の記述がみられる.

Part II, which was Analytical Geometry was put into a separate volume, and was to be a purely elective course for students majoring in Mathematics, Engineering, etc. It was recommended that after this year the course be postponed until Daigaku.

第Ⅱ部は,解析幾何となっており,別冊教科書となった.これは数学や工学などを専攻する生徒用の純粋な選択科目であり,後の年度に,大学の数学に送ることが忠告された.

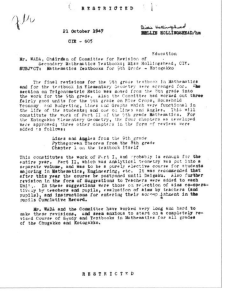

史料1.3　Mathematics Textbooks for 9th grade - Kotogakko（1947年10月21日付）

　このように,『幾何編 (2)』についても,この科目は,専門的に数学や工学を学ぼうとする生徒のための高度な科目であるため,「後の年度に,大学の数学に送る」ことが指示されたのであった.これは『幾何編 (2)』も,『解析編 (Ⅱ)』と同様に,「高度にアカデミックな数学」と捉え,「実用性に欠ける」とのCIEの裁断だと言って間違いない.

　ここで,『解析編 (Ⅱ)』と『幾何編 (2)』の検閲に関わる「在米史料」から見出されることを,以下に整理しておく.

---

14 在米史料, No. CIE(A)3100, CIE(B)6660.

ⅰ）CIEは、『解析編（Ⅱ）』、『幾何編 (2)』は、高度に学問的であり、新制大学の数学に相当する内容で、中等教育には相応しくないと批判した。

ⅱ）CIEは、中等教育を「学問的数学課程」に繋げていくことは時間の浪費であると批判し、上級中等段階においても数学の「実用的意義」を強調した。

ⅲ）CIEは、『解析編（Ⅱ）』には1947, 48年度の2年間という使用期限を定め、『幾何編 (2)』は、後の年度に大学の課程に送ることを忠告した。2冊の教科書は、あくまでも暫定的なものとして認可を与られた。

ⅳ）CIEは、1949年度用の新しい教科書作成と科目の編成を命じ、これを認可の条件とした。

　大衆的な上級中等教育観を抱いていたCIEは、新制中学校との関連性を重視し、新制高等学校数学科の大部分に「実用数学」が構成されるべきとしていたことが読み取れる。

　CIEの批判を受け、「暫定的認可」という形式を余儀なくされながらも、『解析編（Ⅱ）』と『幾何編 (2)』の2冊の教科書は、それぞれ、後に刊行に至る。このことは、教科書編集の根拠とするべく進められていた未完の「学習指導要領数学科編」の編集作業が、CIEの意思とはかなり離れたところで推移しており、その随所に、CIEの意向にたがう「学問的数学」がちりばめられていたことを物語っている。したがって、6月4日の「在米史料」（史料1.1）に見られた「高等学校学習指導要領数学科編の作業は中断とし、試験的、暫定的な教材の開発に力を注ぐことはしない」（下線筆者）というオズボーンの判断は、和田らによる学問的な数学科編成に歯止めをかけるために、その作業を制御したものと考えて然るべきである。

　「学習指導要領」の作成中断は、文部省とCIEとの間にあった「エリート向け学問教育」対「大衆向け総合教育」という上級中等教育構想の対立と絡み合った「教科主義」対「経験主義」、「系統主義」対「実用主義」という数学教育の目標論の対立が作用したものと総括することができよう。その結末は、戦勝国側であるCIEの主張に沿って傾き、新制高等学校数学科には「期限・条件」が付され、その成立は「試験的・暫定的」なもの、つまり「学習指導要領」と

21

いう根拠が与えられないものとなってしまったのである．

　しかし，「暫定」とは言いながら，新制高等学校数学科が，「アカデミックな数学を」という日本側の意向が色濃く反映されたものとなったことは，戦後日本の中等数学教育の歩みにとって大きな意味を持つのである．[15]

第3節　未完の「高等学校学習指導要領数学科編」

　ここからは，未完の「高等学校学習指導要領数学科編」がどのようなものであったかを推察する．時を遡り1946年秋の「在米史料」に，数学科編成方針が形成されていく過程を見出したい．

第1項　数学科学習指導要領委員会

　1946年9月4日の「在米史料」"Progress report on mathematics compilation"[16]（史料1.4）を取り上げる．

　この史料は，前述の「中断決定」の9か月前のものである．和田と中島が，CIEのハークネスを訪問し，数学に関する編集作業の進捗状況を報告している．この史料の全文を示し，和訳する．

　　Mr. Wada brought a chart for the mathematics courses of the first six

---

15　明星大学戦後教育史センター所蔵，「ハリー・レイ・インタビュー〈和田義信〉1984.4.9」によれば，後年，和田義信は，ハリー・レイが発した「当時大学の入学試験がありましたね．大学の試験がありましたから，実は総司令部は高等学校の算数（ママ）の教育に影響があんまり与えなかったでしょう」という問いに対し，次のように証言している．
　　「そうですね．それが助かったんですよ．私はそこ（高等学校の数学教育）を米軍が，CIEが口を出させないようにすることが努め（ママ）だった．私の努めです．だからあちらの方（CIE）は小中にだいたい関心を持って，だいたいその程度のことはやれるらしいと．で，高等学校のほうは第一回の最初の教科書が出ただけでおしまいになっておりますから，それには手をつけないと．そうすると大学教育にも手をつけないと．それには高等学校を守るというか，要するにいじくらしちゃいかんと，小中だけに止めておこうというのが，私が大変悪いかも知れないけども，私がやったことですよ」（括弧内筆者）．
　　「学習指導要領」が作成中断となり，新制高等学校数学科が「教科書が出ただけ」という「暫定的成立」となったことで，和田自身は，CIEの関心を「小・中学校だけ」に止めることに成功した．そのことを，むしろ「助かった」，「高等学校を守る」ことになったと述懐しているのである．
16　在米史料，No. CIE(A)676.

22

years of school showing the outline of the proposed course. He was asked to bring in a translation of the chart Monday, September 9. Mr. Wada also explained that the work of the first three years mathematics courses had been completed, and that the plan of his committee was to use the stop-gap textbook for the higher elementary school for one additional year. He explained that the plans were made after consultation with teachers of attached elementary schools of normal schools.

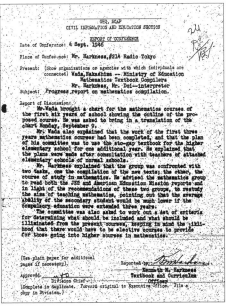

史料1.4 Progress report on mathematics compilation (1946年9月4日付)

Mr. Harkness explained that the group was confronted with two tasks, one the compilation of the new texts; the other, the course of study in mathematics. He advised the mathematics group to read both the JEC and American Education Mission reports and in light of the recommendation of these two groups, to restudy the aim of teaching mathematics, pointing out that the average ability of the secondary student would be much lower if the compulsory education were extended three years.

The committee was also asked to work out a set of criteria for determining what should be included and what should be illuminated from the present courses, keeping in mind the likelihood that there would have to be elective courses to provide for those going into higher courses in mathematics.

（和訳）

　和田は，提案された課程の概要を示す最初の6年分の数学科の表（chart）を持ってきた．彼はその表の翻訳版を9月9日月曜日までに持ってくるよう依頼された．

　和田は，小学校の最初の3学年の仕事は完了している，彼の委員会の計画は，小学校の上級の学年用に，暫定教科書をもう1年使用することであると言った．この計画は，師範学校附属小学校の教員との相談の後に作られたものだと説明した．

　ハークネスは，委員会は2つの仕事に直面していると述べ，1つは新教科書の作成，もう1つは数学の学習指導要領の作成だと説明した．ハークネスは数学のグループに，JEC[17]と教育使節団の報告書の両方を読み，これら2つのグループの示したことに従って，数学教育の目標を再度研究しなければならないと忠告した．さらに，義務教育を3年間延長するのなら，中等学校の生徒の数学能力の基準を相当下げなければならないことをハークネスは指摘した．

　また，より高度な数学の課程に進もうとする者に与えられる選択課程のようなものを念頭に置きながら，現行課程から何を含め，何を除外するべきかを決定するための一定の基準を作り出すよう和田らは求められた．

　この時点で，新制の学校用の「数学教科書編集委員会（Mathematics Textbooks Compilation Committee）」はすでに作業を開始しており，小学校の教科書を第3学年分まで完成させていた．後の「在米史料」[18]には，数学教科書編集委員会の委員として，Wada, Nakajima, Aoikeの名前が記録されている．文部省の図書監修官である和田義信，中島健三，青池実らが，数学教科書の編集を担っていたことが分かる．ハークネスは，「委員会は2つの仕事に直面している」と述べている．その2つの仕事とは，「1つは新教科書の作成，もう1つは数学の学習指導要領の作成」なのである．つまり，CIEは，それまであった

---

17 JEC：Japan Educationist Committee「日本教育家ノ委員会」1946年1月9日発足．「教育刷新委員会」の前身である．
18 例えば12月17日付の在米史料 "Progress Report" No. CIE(A)705，CIE(A)3071．がある．

教科書編集委員会に学習指導要領作成の任を与え，数学科の編成作業を開始させたのである．ここで，この「在米史料」から明らかになった点を以下のように総括する．

- ⅰ) 1946年9月4日，CIEのハークネスからそれまであった和田義信らの数学教科書編集委員会に学習指導要領作成の指示が与えられた．
- ⅱ) 教科書編集と学習指導要領作成は，厳格に分業されたのではなく，1つの委員会によってなされた．
- ⅲ) 教科書編集と学習指導要領作成を担った委員会では，文部省教科書局第二編修課の和田義信，中島健三，青池実らが主務を担当した．

第2項　中等教育における数学科のコンセプト

前掲の1946年9月4日の「在米史料」で見たとおり，ハークネスは，「義務教育を3年間延長するのなら，中等学校の生徒の数学能力の基準を相当下げなければならないことを指摘」している．つまり，義務教育年限が6年から9年に引き上げられるに伴い，中等教育の数学科の内容を易しくしなければならないとしたのである．

次に，中等教育全体を見渡して，「より高度な数学の課程に進もうとする者に与えられる選択課程のようなものを念頭に置きながら，現行課程から何を含め，何を除外するべきかを決定するための一定の基準を作り出す」指示がなされている．

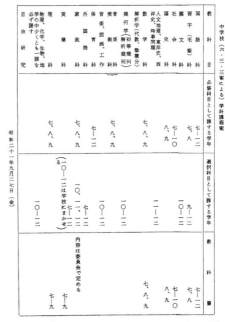

史料1.5　「中学校（六・三・三案による）学科課程案」

この「選択課程（elective courses）」とは，新制高等学校の数学科目「解析学」と「幾何学」に他ならない．そのことは，日本側の教科課程改正委員会による「中学校（六・三・三案による）学科課程案」[19]（史料1.5）[20] により確かめられる．この案では，新制中学校に相当する下級中等段階の「数学科」が「必修科目として課する学年」「七，八，九」に配置されているのに対し，新制高等学校に相当する上級中等段階の「解析学」と「幾何学」は，ともに「選択科目として課する学年」として「一〇～一二」に置かれているからである．

　したがって，この「在米史料」によれば，新制高等学校を含めた中等段階の数学科編成の初期の作業が開始されたのは「1946年9月」であり，その時点で，下級中等段階と上級中等段階の関連性に配慮し，数学の「内容選定の基準」を作り出すことが指示されたのである．

　次に，1946年9月9日付の「在米史料」"Mathematics conference"[21]（史料1.6）を見てみる．和田，Nagashima[22] が通訳のNishimuraとともにハークネスを訪問している．この史料を掲げ，和訳を示す．

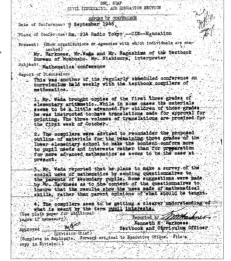

史料1.6　Mathematics conference（1946年9月9日付）

（和訳）

　この会議は，毎週定例的に行われている数学の図書監修官とのカリキュラムに関する会議とは別のものであった．

1. 和田は，初等学校の算数の最初の3学年分の原稿を持ってきた．その

19　国立教育政策研究所教育研究情報センター教育図書館所蔵『戦後教育資料』に所収．
20　引用元は，肥田野直・稲垣忠彦編（1971），『戦後日本の教育改革』第6巻教育課程総論，東京大学出版会．
21　在米史料，No. CIE(A)675．
22　Nagashimaは，中島健三のことと思われる．

第1章　新制高等学校数学科の暫定的成立

内容は，当該学年の子供にとってはいささか高度な内容であるかに思えたが，印刷の認可を得るための翻訳を指示された．この3冊分の翻訳は，10月の第1週に提出される見込みである．

2. 図書監修官には，より進んだ数学学習のための準備というのではなく，子供たちの要求（needs）と関心（interests）に十分適合するようにと決められた教材の趣意をもう一度考慮し，残りの3学年の教材にも取り組むよう指示された．

3. 和田は，中等学校の生徒の親へアンケート調査を行い，数学の社会的実用性（social uses）を調査する計画だと言った．ハークネスは，子供に何を教えてほしいかという親の意見ではなく，数学の技能がどのように社会に役に立つのかがきちんと結果として分かるように，アンケート調査の内容について，いくつか示唆を与えた．

4. 図書監修官らは，「生徒の関心（pupil interests）」という言葉により，趣旨がよく理解できるようになってきたようだ．

CIEは，中等段階の数学に対しても社会的実用性（social uses）や生徒の興味関心（pupil interests）を重視した教科編成を主張する．それを受けて，「和田は，中等学校の生徒の親へアンケート調査を行い，数学の社会的実用性（social uses）を調査する計画だと言った」と記されている．

次に，2日後の9月11日付の「在米史料」"Schedule for publication of mathematics textbooks"[23]（史料1.7）を示す．

以下に，和訳する．

（和訳）

1. 和田は，以前は1学年を2分冊として教科書を発行していたが，そうではなく，いくつかの学年では，1学年を1冊とするのが文部省の希望であると説明した．印刷業者の希望は2分冊であると言ったが．

2. 第1，2，3学年の算数の教科書は編集され，認可を得るための翻訳を

---

23 在米史料，No. CIE(A)674.

27

しているところである．翻訳は
10月初旬に完成する予定である．
3. 初等学校の上級3学年の編集
については，学校再構成がどのよ
うになるのかが決定されるまで棚
上げ状態となっている．ハークネ
スは，その状態で待っている必要
はないと言った．なぜなら，教科
書の内容に大きな影響を及ぼすも
のは義務教育年限そのものであり，
構成そのものではないからである．
アメリカ教育使節団報告書[24]も義
務教育年限を9年に引き上げるこ
とを勧告しているから，図書監修
官は再構成の決定もそうなるとい
う仮定のもと作業を進めていって

史料1.7　Schedule for publication of mathematics textbooks（1946年9月11日付）

も何ら問題はないとハークネスは説明した．

4. 9年間使用する教科書を，社会的実用性と子供たちの社会的行動に基
づき計画することが望ましいことが確認され，また，上級中等教育レベル
については，職業教育としての数学，あるいは大学や数学の教員養成を目
的とした師範学校などの上級学校向けの数学を考慮に入れて進めることも
確認された．

5. 10月の最初の週に，数学の教員の別の会議が持たれる．その時，中等
学校・師範学校レベルの教科書の内容に関連し，一定の結論が得られるこ
とが期待される．課題は山積しているが，委員らは，何らかの行動を起こ
さないと編集活動はスタートしないと感じている．

6. ハークネスは，委員らに，一般的な数学は最初の9年間として教科書

---

24 GHQ/SCAP の要請により，アメリカ合衆国から派遣された教育使節団（団長：ジョージ・
　D・ストッダード）が，1946年3月（1次）と1950年（2次）に来日．1946年3月30日に
　第1次報告書を，1950年9月22日に第2次報告書を提出した．第1次報告書は，民主教育
　の理念や制度，内容や方法を勧告・提言した．

編集作業を進め，上級中等学校については，職業に就く生徒と学問探求を目指す生徒のための，適性別に分かれた科目の編成作業を進めるよう指示した．

　この和訳の「3」では，6-3-3制実施に対するCIEの強い姿勢が見られる一方で，財政面などから消極論が存在した日本側の困惑[25]が興味深く感じ取れる．
　「4」と「6」では，中等教育の数学教科書の編集方針に言及がされている．義務教育となる初等段階と下級中等段階（小学校と新制中学校）には"general mathematics"（一般数学）をあて，上級中等段階（新制高等学校）の数学教科書の編集は，適性別に"vocational"（職業向け）と"professional pursuits"（学問探求）の両方を考慮して行うことが確認されている．
　ここで，1946年9月の3つの「在米史料」に見られた以下の3点を本節の総括に加える．

　　iv）CIEは，中等段階における数学科の能力の基準の引き下げを主張し，上級中等段階の数学科は，下級中等段階との関連性に配慮して構成するよう指示した．
　　v）CIEは，中等段階の数学にも社会的実用性（social uses）や生徒の興味関心（pupil interests）に基づいた教科編成を主張した．
　　vi）CIEは，上級中等段階の数学を，職業向け（vocational）と学問探求（professional pursuits）の適性別に編成するよう指示した．

第3項　新制高等学校用数学教科書の編集開始

　前掲の1946年9月11日付の「在米史料」の「5」に，「10月の最初の週に，数学の教員の別の会議が持たれる．その時，中等学校・師範学校レベルの教科

25　木田宏監修（1987），『証言 戦後の文教政策』，第一法規出版に有光次郎（当時，文部省教科書局長）の次の証言が記録されている．「六三制の実施を進めた田中文部大臣は，非常に苦しい立場に立たれたと思います．推進しようという総司令部の空気は分かるし，この機会に，日本の教育界を立て直したい，充実したいという気持ちで，実施を主張された．吉田総理は，趣旨はいいんだが，国民が食うや食わずのときに，学年の進行に応じて，国や地方の負担が増えていくような大仕事は無理だ，時期的に問題だと，文部大臣を抑えていたというのですね．大蔵省，内務省も総理と同じ線です」（p.26）．

書の内容に関連し，一定の結論が得られることが期待される」とある．1946年10月には，中等段階の数学科に関する議論が進められ，10月23日には，数学の一般目標に関する報告がCIEになされている．1946年10月23日付の「在米史料」"Mathematics courses"[26]（史料1.8）を掲げる．

「史料1.8」の全訳を，以下に記す．

（和訳）

　委員会は，数学の領域の一般目標を提出した．それは，初等・下級中等教育段階についてのもので，一般教育を成すものである．2組の目標の統合と，専門用語の簡略化が提案された．提案された目標のいくつかは，厳密に言えば数学の領域に当てはまらないとの指摘がなされた．改定された目標の一覧は来週提出される予定である．

　委員会は，来週，さらに中等段階の特別な選択科目領域の目標も提出し，学年段階の到達度の概案も持ってくることになる．

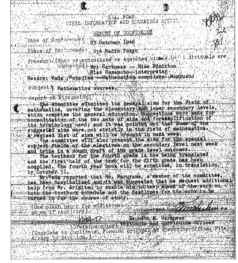

史料1.8　Mathematics courses（1946年10月23日付）

　第4学年の教科書は，現在翻訳中であり，第5学年の教科書の前半はすでに編集された．第4学年の教科書は，翻訳されて10月31日には提出される予定である．

　この委員会の一員の丸山[27]が入院したため，教科書発行のスケジュールと学習指導要領編集作業の締め切りを守るため，有光[28]に補充要員を要求

26　在米史料．No. CIE(A)684，CIE(A)3072．
27　丸山俊郎：当時，文部省教科書局第二編修課．
28　有光次郎：当時，文部省教科書局長．

第1章　新制高等学校数学科の暫定的成立

したと和田は報告した.

　第1段落には，新制小・中学校の数学の目標が提出されたものの，いくつか
の指摘がなされ，次週再提出となったことが記されている.

　第2段落にある「中等段階の特別な選択科目領域の目標」の原文は"the
aims for <u>the special subject fields of the electives</u> on the secondary level"（下
線筆者）である. これは，選択科目である「解析学」と「幾何学」の目標を指
す. したがって，これらの科目の目標が10月末には提出される運びとなって
いたことが読み取れる. また，「学年段階の到達度の概案（a rough draft of the
grade level outcomes）」も提出予定であった旨が記されており，数学科内容の
「学年配置」が定まろうとしていたことが分かる. これらの内容は，未完の
「高等学校学習指導要領数学科編」の中核に据えられたものに違いない. 残念
ながら，その具体を知ることは不可能に近い.

　下級中等段階の目標は初等段階とあわせて一括報告されているが，上級中等
段階は切り離されて，「来週の報告」となっている点に注目したい. 学制の議
論が進む中で，義務教育年限が6年から9年に引き上げられる公算が大きくな
る. 下級中等段階は初等部分とあわせて「義務教育」となり，上級中等段階は
「義務を課さない教育」へと分けられていく. 6-3-3制実施が近づくに伴い，
算数・数学科においても，初等段階と下級中等段階は，「必修課程」として一
括して編成が始められ，上級中等段階は「選択課程」として，別個に作業がな
されていくのである.

　1946年10月30日の「在米史料」"Progress Report"[29]（史料1.9）を掲げ，そ
の全訳を示す.

　（和訳）

　1.　数学の目標：数学教育の目標の修正された一覧を委員会は提出した.
　それは，まずまずのものであった. これらの一般目標を，今はおのおのの
　学年レベルに細分化しているところである. 和田は，9学年分の細分化が

---

29 在米史料，No. CIE(A)687，CIE(A)3072.

31

完了したとき，目標を達成するためには，数学の必修年限を延長する必要が生ずるという彼の主張が実現できることを望んでいると説明した．
2. 上級中等学校用の数学の選択科目教科書：検定教科書の編集の通常の手続きというのは，まず，文部省が必要とする本を出版会社に通知し，その後，会社は筆者を選び，筆者は望ましい内容範囲に関して相談するために，編集者と一緒に文部省に派遣される．

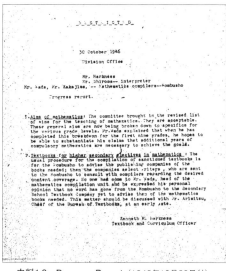

史料1.9　Progress Report（1946年10月30日付）

しかし，誰も数学の編集委員長である和田のもとに来ておらず，彼は，文部省から中等学校教科書株式会社へ，必要とする数学の教科書について何も話がいっていないのだと，個人的な見解を述べた．この問題は，教科書局長の有光と近々話をしなければならない．

この史料の後半で，教科書の編集作業開始に関わって文部省教科書局，教科書会社，教科書の執筆者の意思疎通がうまくいっていなかったことを和田は語っている．つまり，ここには教科書編集開始時のトラブルが記録されているのである．1946年10月末には，新制高等学校数学科科目「解析学」，「幾何学」の教科書編集が実際に開始されつつあったことが読み取れる．

さらに，1946年11月5日付の「在米史料」"REVISED PROGRAM FOR TEXTBOOK PUBLICATION"[30]には，1947年度中に発行予定の教科書一覧が文部省教科書局からCIEに報告されている．算数・数学科に関しては，

---

30 在米史料．No. CIE(A)3072.

第1章　新制高等学校数学科の暫定的成立

Mathematics – 1 volume each for grades 1, 2, 3, 4, 5, 6, 7, 8, 9

Mathematics Tables – 1 volume

Algebra-Calculus – 1 volume

Geometry-Anal, Geom – 1 volume"

と記されており,「数学（Mathematics）」が第1学年から第9学年までに各1冊ずつ,「数表（Mathematics Tables）」が1冊,「代数-微積分（Algebra-Calculus）」が1冊,「幾何-解析幾何（Geometry-Anal, Geom）」が1冊という発行予定となっている.

　なお，ここで計画された「代数-微積分」と「幾何-解析幾何」は，それぞれ，新制高等学校用の数学教科書『数学解析編』と『数学幾何編』に相当する.この時点では,『数学解析編』と『数学幾何編』がそれぞれ2分冊になるとは考えられておらず，各1冊となっている.

　こうして，学校制度そのものをはじめ，多くの不確定要素を含んだままではあるが，新制高等学校の数学教科書の発行計画が1946年11月初旬にまとまったのである.

　ここで，1946年10，11月の「在米史料」から明らかになったことを総括しておく.

vii）新制高等学校の数学科目「解析学」と「幾何学」の目標や習得されるべき能力の概案は1946年10月末にまとめられた.

viii）新制高等学校数学科の教科書の最初の出版計画は，1946年11月5日の「在米史料」に見られる.

第4節 ▎「新制高等学校の数学の予想」―小西報告―

　当時，東京高等師範学校教授であった小西勇雄が著した「新制高等学校の数学の予想」（以下「小西報告」）に注目したい.「小西報告」は，1947年12月1日発行の日本数学教育会の機関誌『数学教育第一巻第一号』に所収されている.

33

筆者が「小西報告」に注目する理由は，次の通りである．『数学教育第一巻第一号』の「最近の数学教育界の動き」という記事によれば，著者小西勇雄は，1947年9月7日に関東地方数学教育研究会で「新制高等学校数学科教科内容について」という研究題の講師を務め，さらに10月26日には，東北地方数学教育研究会で「新制高等学校の数学科について」という講演を行っている．このような新制の算数・数学科についての一連の講演は，他にも，愛知，千葉，岐阜などで開かれており，講師は，和田義信，宮崎勝弐，小西勇雄らが担当している．小西は，和田らとともに，数学科の方針や内容を全国に周知させる立場にあったのである．小西が数学科編成に少なからず関わった人物であることは，容易に察せられる．[31]

　また，筆者の管見する限り，新制高等学校数学科の編成方針について直接言及した史料は，小西の「新制高等学校の数学の予想」以外に見当らず[32]，「小西報告」は，新制高等学校数学科の編成方針を知ることができる貴重な「日本側史料」となり得るのである．

第1項　日付の誤り

　「小西報告」の「冒頭部分」を「史料1.10」，「末尾部分」を「史料1.11」として示す．

　まず，この論文の末尾（史料1.11）には「(21.6.30)」と記されている．つまり，日付は「昭和21（1946）年6月30日」を示している．しかし，これは誤りである．

　6-3-3制がほぼ確定し，新制高等学校発足が現実味を帯びてくるのは，半年後の1946年12月27日の教育刷新委員会第1回建議以降であり，さらに正式決定となると1947年3月31日の「学校教育法」の成立まで待たねばならない．「小西報告」の日付である「1946年6月30日」は，教科課程改正委員会が発足したばかりであり，学制改革の検討にあたった教育刷新委員会もまだ存在して

31　文部省（1951），『中学校高等学校学習指導要領数学科編（試案）改訂版』には，委員の1人として「東京教育大学助教授 小西勇雄」の名前が見られる．
32　和田義信著作・講演集刊行会編（1997），『和田義信著作・講演集・論文集』全8巻にも，新制高等学校数学科についての記述は見られない．

いない.[33]「1946年の6月末」時
点で,「新制高等学校」という
名称が使われることは断じてあ
り得ず,しかも,新制高等学校
の教科内容が極めて詳しく紹介
されているが,そのような細部
にわたる内容が,すでにこの時
点で明らかになっていたとは到
底考えられないのである.

先にも触れたが,小西は,
1947年9月7日に東京で,10月
26日に山形で,新制高等学校
数学科の教科内容に関する講演
を行っており,これらとの前後
関係から,「昭和21(1946)年」
は誤りで,1年後の「昭和22
(1947)年6月30日」とするの

史料1.10　小西勇雄「新制高等学校の数学の予想」の
冒頭部分

史料1.11　小西勇雄「新制高等学校の数学の予想」の
末尾部分（21.6.30と日付が記されている）

が極めて適切と言える.したが
って,以後「小西報告」の執筆年を「昭和22(1947)年」として稿を進めてい
くことにする.

さて,小西が,和田,宮崎らとともに新制高等学校の数学科編成に関わり,
1947年6月30日に,その内容を記述したとすれば,この報告に新たな史料的
価値が見出せる.「小西報告」には,わずか26日前の1947年6月4日に作成中断
となった未完の「学習指導要領」の内容を垣間見ることができ,これにより,
当時存在した新制高等学校数学科の編成方針を知ることができるのである.

第2節　小西報告に見る新制高等学校数学科の概要と特徴

まず,実際に使用された新制高等学校数学科の教科書も概観しながら,「小

---

33 勅令第373号（1946.8.10),「教育刷新委員会官制」により,教育刷新委員会は設置された.

西報告」から数学科の概要を見ていきたい．冒頭（史料1.10）には，「予想は元来当らないものと相場されています．…（中略）…所謂消息を頼りとして，この点を中心にして語りたいと思います」（下線筆者）とあり，末尾（史料1.11）には，「殆ど私見に終始しまして羊頭狗肉の類」（下線筆者）とも書かれている．

しかし，そうではない．「小西報告」の記述と，後に検定された4冊の数学教科書を対比すれば，小西の予想は，まさに「的中」していることが分かる．

小西の「予想」では，数学は「解析Ⅰ」「幾何」「解析Ⅱ」の3つになるとしている．これらは，それぞれ，1947年4月7日の「発学156号」にある数学科目「解析学1」「幾何学」「解析学2」と対応する．また，後に発行される教科書と比較すると，幾何は「初等幾何に関するもの」と「解析幾何に関するもの」とに大別してあり，「幾何編」の教科書が2分冊になることにもすでに整合している（表1.1参照）．

表1.1　科目名と教科書名

発学156号の科目 （1947.4.7）	小西の予想 （1947.6.30）	教科書名 （1947.8月以降）
解析学1	解析Ⅰ	数学 解析編（Ⅰ）
幾何学	幾何 初等幾何に関するもの	数学 幾何編（1）
	幾何 解析幾何に関するもの	数学 幾何編（2）
解析学2	解析Ⅱ	数学 解析編（Ⅱ）

次に，「小西報告」と教科書の目次を対比させ，「内容」の比較を行ったものが「表1.2」である．なお，表中の"A.M.E."とは教科書の奥付にある"APPROVED BY MINISTRY OF EDUCATION"の略で，「文部省検定」のことである．例えば，表中の"A.M.E. Aug.19.1947"は，文部省検定日が1947年8月19日ということを示している．[34]

一見すれば分かる通り，小西による内容の「予想」は，後に発行された教科書とほとんど一致しており，小西が「伝えられるところ」とする情報は，実際の教科書編集に携わった中心的な部局からの情報であることは疑う余地はない．

---

34 1948年度に使用された高等学校用数学教科書の奥付には，A.M.E.の日付以外に，印刷日と発行日が記載されている．

第1章　新制高等学校数学科の暫定的成立

表1.2　「小西報告」の記述と教科書目次の比較

「小西報告」（1947年6月30日）	教科書目次（1947，1948年発行）
解析 I	数学 解析編（I）〔A.M.E. Aug.19.1947〕
一次関数について	一次関数
式の取り扱い	式の計算
二次関数について	二次関数
指数と対数	指数関数と対数関数
三角関数	三角関数
幾何（初等幾何に関するもの）	数学 幾何編（1）〔A.M.E. Nov.22.1947〕
空間と立体図形	図形の直観
幾何と論証	公理と証明
主なる図形の性質	図形の性質
軌跡	軌跡，作図
作図	
幾何（解析幾何に関するもの）	数学 幾何編（2）〔A.M.E. May.29.1948〕
座標	座標
平面上の直線	平面上の直線
空間内に於ける直線・平面	空間内の直線と平面
座標変換	座標変換
円と球	ベクトル
二次曲線	円，球
二次曲面	二次曲面
解析 II	数学 解析編（II）〔A.M.E. Oct.21.1947〕
個数に関して	箇数
数列と極限	数列，極限
微・積分の概念	関数の変化と極限
微分法と応用	微分とその応用
積分法と応用	積分とその応用
統計と確率	統計と確率

では，次に，「小西報告」に見られる新制高等学校数学科の特徴を示していく．なお，表現については，真意を損なわないよう配慮し，簡潔にしたことを断っておきたい．

　また，項目番号「1」～「4」は，新制高等学校数学科全般に関わる記述であり，「5」以降は，各学年（各科目）に関わる記述である．

1. 社会生活に必要なものを直観的，経験的に扱っている義務教育との連関に顧慮する．
2. 男女共学であり，「a）職業教育を望むもの，b）一般的教養教育を望むもの，c）大学予科的教育を望むもの」の三つの型が考えられる．当面は唯一種の検定となり，教養的なものに予科的なものを加味する．
3. 生徒の学習研究を教育の中心に据え，教科書中心主義から脱却する．数学は選択科目となるが，多くの生徒が学ぶようにありたい．従来の数学教育を反省し，数学的知識の導入や数学的技術の賦与に終わらず，生活・生産・文化といった人間的な力として数学の学習を目指す．
4. 「解析Ⅰ」，「解析Ⅱ」，「幾何」の三部構成．「解析Ⅰ」は第1学年で必修．「幾何」は第2学年，「解析Ⅱ」は第3学年選択履修を想定する．

「小西報告」には「内容の主なる項目」が「推測」として示されている．「表1.3」に示す．

5. 〔第一学年〕（解析Ⅰ）
   ・必修であることを考慮し，具体的，直感的な理解をもって，小・中学校の数学の取り扱いの精神を継ぎ漸次論理的な考えに導く．
   ・関数的考察，図表の活用を中心思想とする．
   ・数学を生活や社会の現象と結びつけ，楽しく根本的な能力として学習させる．
6. 〔第二学年〕（幾何 初等幾何に関するもの）
   ・図形の性質の研究や推理力の練磨のみを主眼とせず，ユークリッド幾何に論理学・哲学としての文化史的意義を見出す．

第1章　新制高等学校数学科の暫定的成立

表1.3　内容の主なる項目の推測

解析 I

a) 一次関数について	関数の思想とその表現，一次関数と図表，方程式，不等式，連立方程式
b) 式の取り扱い	単項式の計算，整式の四則演算，因数分解，分数式とその計算
c) 二次関数について	関数変化と図表，方程式，根と係数，不等式，簡単な無理及び分数方程式
d) 指数と対数	指数の拡張，指数法則，関数的考察と図表，対数の性質，対数計算，計算尺と計算図表
e) 三角関数	関数の性質と図表，弧度，単振動とその合成，加法公式等，三角形との関係，三角測量，逆三角関数

幾何（初等幾何に関するもの）

a) 空間と立体図形	点・直線・平面の位置関係，平行と垂直，表現法としての投影図，多角体（ママ），曲面体
b) 幾何と論証	証明の意義，公理と定義，初等幾何の特徴，既知事項の整理
c) 主なる図形の性質	平行と垂直，三角形，円と球，相似
d) 軌跡	軌跡の思想，必要充分条件，軌跡の定義と証明法
e) 作図	基本的作図法，作図と軌跡，作図と規約，作図題解法の理論，作図不能の意味

幾何（解析幾何に関するもの）

a) 座標	点と数の対応，平面空間の座標（極座標も），距離と方向，図形と方程式，
b) 平面上の直線	有向線分，正射影に関すること，直線と一次方程式，一次不等式の領域，一点を通る直線群
c) 空間における直線・平面	有向線分，方向余弦，直線の方程式，平面と一次方程式，角に関すること，不等式
d) 座標変換	平行移動，平面上の回転，ベクトルの概念
e) 円と球	一般方程式，接線，接平面，交り
f) 二次曲線	定義と基準方程式，概形，路線，漸近線，焦点の性質，離心率と類別，直径，二次方程式と図形
g) 二次曲面	基準方程式による概形の考察，柱面，錐面

解析 II

a) 個数に関して	整数の性質，帰納法，分類と整理，順列，組合せ，二項定理
b) 数列と極限	等差・等比数列，簡単な雑数列，無限等比数列，循環小数，極限の思想，区分求積法
c) 微・積分の概念	速さ，接線，導関数，有理関数の微分法，道程，面積，定積分，不定積分と原始関数，微分の思想，自然対数・三角関数の微係数
d) 微分法と応用	合成関数，変化率，関数値の変化，高次導関数，平面運動，誤差とその影響，近似式と関数の展開，根の近似計算
e) 積分法と応用	置換積分法，積分の計算，面積・体積，平均と重心，近似計算，簡単な微分方程式
f) 統計と確率	代表値，分布，偏差，統計的法則，確率，確率の計算，統計の確率的見方，測定値と確率

39

・初等幾何の構成や立場や真理の意味を通して，論理的・演繹的な科学に対する理解を与える．

〔第二学年〕（幾何 解析幾何に関するもの）

・平面あるいは空間の表現の一方法として解析学への発展にも留意し，方法の統一性を重視し，図形と式の連関への理解を中心とする．

・平面と空間を並行的に進めることや，材料の選択については検討が必要．平面幾何のみを中心に据えるのは避ける．

・円錐曲線は，詳しく取り扱わない．

・座標変換では，平面の一般座標変換を扱う．二次曲線の主軸変換，空間の回転は省略する．

・ベクトルは図形の平行移動などによって概念を明らかにし，主なる性質を導く程度に止め，内・外積には言及するが，それらを使用しての研究は困難である．

7. 〔第二学年（ママ）[35]〕（解析Ⅱ）

・極限の思想を中心に，近世の数学と統計を取り扱う．

・従来の高等学校の教科書を参考とするが，その取り扱いは国定教科書の調子で出発する．

・直観微積分とでもいう立場を取る．微積分の思想を把握させ，事象の理解応用に導く．

・数列と極限では，数列，数列の和から極限の思想を導き，区分求積により定積分を導入する．

・微積分の思想を具体的に知るために，速さ，接線（勾配），道程，面積等を用いる．困難や欠点があっても，早く導入して利用する．

・微分の定義は，形式的な定義ではなく，微小な増分として内容的に示す．

・微積分法の演算は，基礎部分に重点をおく．

・微分法と応用，積分法と応用は，上記の思想にしたがって内容的に発展させるが，生徒の能力に応じて適用に伸縮する．

35「第二学年」となっているが，「小西報告」本文「4」の記述からして「第三学年」の誤りである．

第1章　新制高等学校数学科の暫定的成立

・確率と統計は一体として取り扱い，社会科の研究ないし自由研究と
　関連して指導することが適当である．
・統計の分布や計算等も，統計処理の技能としてよりは，統計の理解
　あるいはそれによる判断の助けとして取り扱ったほうがよい．
・統計を標本の統計と見て，母集団に対する判断基準をなす資料とし，
　確率と関連させ，複雑な社会現象等に対する有力な研究方法として
　統計を理解させる．

　小西による「予想」は，新制の「数学科」を当時の数学教育界のリーダーが
どのように考え，「数学科」がどのようなコンセプトを持って編成されたかを
示すとともに，作成の途にあった「高等学校学習指導要領数学科編」の内容を
垣間見ることのできる史料として注目できるのである．

第5節　「在米史料」と「小西報告」との比較

　それでは，「在米史料」に見られた新制高等学校数学科の編成方針は，「日本
側史料」である「小西報告」に見ることができるのだろうか．「在米史料」と
「小西報告」の記述を比較しながら検討を行いたい．この節の意義は，CIEの
指示を，日本側がどのように受け止め，どれほど数学科の編成に反映させたの
かを知ることである．なお，「iv，ｖ…」のように，ローマ数字で記述した部
分は，本章の第3節の総括の項目番号が対応し，「1. 2…」のような数字は，そ
の記述がある「小西報告」の項目番号をそのまま対応させてある．また，ここ
からは，論を精緻なものにするため，「小西報告」を引用する際，旧仮名遣い
を現代のものに改めた以外は原典に忠実なものとした．

第1項　基準の引き下げと新制中学校からの関連性

1946年9月4日付 "Progress report on mathematics compilation" の記述から，

iv CIEは，中等段階における数学科の能力の基準の引き下げを主張し，上

41

級中等段階の数学科は，下級中等段階との関連性に配慮して構成するよう指示した.

と総括をした.「小西報告」では，数学科全般に関わる記述として，「1. 普通の社会生活に必要なものを主として直観的，経験的に取り上げている義務教育との連関を顧慮しなければならない」とある. 特に，第1学年履修を想定した「解析Ⅰ」に関して，小西は，「5. 形式的抽象的推理に偏することなく具体的事象に即しつつ直感的な理解をも利用して，義務教育に於ける数学の取り扱いの精神を継ぎ乍ら漸次論理的な考えと導くことが大切…」と述べており，CIEの指示通り，経験主義的に扱われている新制中学校からの関連性を持たせる旨が明記されている.

　引き続き，小西は「解析Ⅰ」に対して，「5. 元の中学校における代数・三角のそれと大差ない感じで，形式的計算では検定時代より稍（やや）少なく，内容的には国定時代より稍高くなるものと思われます」と記述している. つまり，「解析Ⅰ」では，戦前の同様の内容の科目よりも形式的計算をやや減らすものの，内容においては戦中のものより高度なものを想定していたと言える.

　「中等段階における数学科の能力の基準を引き下げる」としたCIEの指示に対して，下級中等段階はともかく，上級中等段階においては，日本側はさほど従順な姿勢をとらなかったという点を特筆しておきたい.

第2項　経験主義と実用主義

　1946年9月9日　の"Mathematics conference"と9月11日　の"Schedule for publication of mathematics textbooks"の2つの「在米史料」から，

　ⅴ　CIEは，中等段階の数学にも社会的実用性（social uses）や生徒の興味関心（pupil interests）に基づいた教科編成を主張した.

と筆者は総括を与えた. 一方，「小西報告」では，数学科全体に関わって，「3. 従来の授業は教科書中心主義と申しますか，とかく教科書に制約され過ぎたのではないでしょうか. …（中略）…，教育の中心はやはり生徒であり，その学

第1章　新制高等学校数学科の暫定的成立

習研究であり，指導の企画は教師の責任であると共に楽しみではないかと思います」とあり，教科書に過度に制約されることなく，生徒の学習研究を中心に置いた指導が，教師により企画されるべきとし，「3. 単なる数学的知識の導入や数学的技術の賦与に終わつては，生活，生産或いは文化と生きた血の通つた人間的な力として数学を学習することは出来ないかと思います」と，従前の数学教育を省みている．

また，「解析 I」に関して，小西は，「5. 数学史の文化的な見方や数学と現代文明との関係などにより，数学を単に数学的な知識や技能としてのみでなく，生活や社会の現象と結びつけることによつて，より楽しく又より根本的な能力としに（ママ）数学を学習できることが出来るかと存じます」と述べている．

CIEとの間では，生徒の興味関心（pupil interests）を重視した生徒中心主義へ移行することと，社会的有用性（social uses）に基づく実用数学を構成することの確認がなされていた．「小西報告」では，これへの強い配慮がなされているのである．米国の経験主義，実用主義の影響が，新制高等学校数学科の編成方針に表れたものと捉えてよいだろう．

第3項　「総合制」に位置付けられた数学科

1946年9月11日の"Schedule for publication of mathematics textbooks"から，

> vi　CIEは，上級中等段階の数学を，職業向け（vocational）と学問探求（professional pursuits）の適性別に編成するよう指示した．

ということが読み取れた．「小西報告」では，「2. 新制高等学校自身についてみますと男女の生徒を共に対象としていますと共に生徒は a）職業教育に重きを置いて完成教育を望むもの，b）一般的教養を主とする完成教育を望むもの，c）大学へ進む予科的教育を望むものの三つの型に分けられることと思います．之等の区別や更に地方的な特徴を考えるとき数学の学習は教材の取捨，配列或は取り扱いについて種々の異なるものがあり，従つて教科書も各種の特徴をもつたものが作られるべきかと思います．然し伝えられる所では差当りは唯一種の教科書が用意されているとのことです．その内容を予測しますに恐らくは教

43

養的なものに予科的なものを加味したものでないかと考えられます」（下線筆者）とある．このような適性別の教科編成については，1947年4月7日の「発学156号」にも，「高等普通教育[36]を主とする高等学校の教科課程」の科目選択の例として，「大学進学の準備課程，職業人の準備課程」の2つの教科課程が示されている．

　1946年9月になされた「生徒の適性に対応した課程・教科・科目の編成作業を行う」としたCIEの指導は，新制高等学校の教科と教科課程編成に貫かれた方針となり，「発学156号」にも，「小西報告」にも言及がなされている．これは，戦後の上級中等教育の改革理念であった「高校三原則」すなわち「男女共学制・総合制・小学区制」のうち，生徒の多様な適性に対応するための「総合制」の理念に沿った記述と言え，

　　これらの学校には，家政・農業・商業および工業教育などの課程ばかりでなく専門学校，大学に進むための学問的な課程が含まれるべきである．われわれは，府県の比較的小さな地区では，これらの課程の全部を一つの学校単位に盛り込むことを勧める．都市やその他の人口密集地区では，いくつかの課程をそれぞれ別々の学校に集中させることが望ましいかもしれない．だが，概していえば，「上級中等学校」は総合的であるほうが良いと考える．[37]

とした，1946年3月30日の「アメリカ教育使節団報告書」に端を発したものと見ることができる．

　なお，本項で引用した「小西報告」の「2」の文中（前頁）において，筆者が下線で示した箇所は，「男女共学制・総合制・小学区制」の「高校三原則」のすべてに触れられている部分である．

第4項　ユークリッド幾何への回帰

　新制高等学校数学科の特徴として，「ユークリッド幾何への回帰」を見出す

---

36 「発学156号」には，「新制高等学校の学科は，高等普通教育の内容を主とするものと，農業・工業・商業・水産・被服などの内容を主とするものとに分けることができる」とある．今日的にいう「後期中等教育の普通教育」を「発学156号」では「高等普通教育」と表記してある．
37 村井実訳（1979），『アメリカ教育使節団報告書』，講談社，pp.64-65.

第1章　新制高等学校数学科の暫定的成立

ことができる．片岡啓[38]は，幾何教育の変遷に言及する際，

> 大まかに言えば，軌跡・作図の指導は，昭和初めから戦時期にいたる間に，論証を重視した方法から実験実測を強く意識した内容に比重が移され，戦後の一時期新制高等学校において「揺れ戻し」があるという経過をたどったようである．[39]

と述べている．つまり，片岡の指摘は，1902年，1911年の教授要目では，幾何教育において論理的厳密さが重視されていたが，数学教育改造・再構成運動の影響を受け，1931年，1942年の教授要目改正により，「実験実測を重視する」傾向が強くなったこと，しかしながら，1948年発足の新制高等学校の数学教科書『数学幾何偏 (1)』に限定して，「論理を重視する」反動的傾向が強く見られるようになったということである．

こうした片岡の指摘は，「小西報告」の第2学年の初等幾何に関する次の記述で確かめられる．

> 6. 幾何図形の直感的な性質については義務教育で相当学ぶものと思われます．新制高等学校では単に図形の性質の研究や所謂推理力の練磨のみを主眼とすべきではないと存じます．ユークリッドの幾何はギリシャに於ける一つの論理学或は哲学であり，その文化的意義は単に数学においてのみでなく，論理科学の一つのモデルであるとも云われています．この意味でのユークリッド幾何の意義を十分取り入れてよいのではないでしょうか，十数年前より中等数学に於ける初等幾何が漸次変貌して現在に到つたことに対して外面的には旧に復える感じもしますが，生徒に於ける思考形式の生長や図形の性質等に対する知識と理解の深度は，教育者の側に於ける経験や進歩と合わせて，単なる外面的復旧に終ることなく充分にその教育的意義を

---

38 2005年当時，大阪府立吹田高等学校教頭，和歌山大学教授，関西学院大学教授を経て，現常磐会学園大学教授．
39 片岡啓（2005），「旧制中学校における軌跡と作図の指導」，日本数学教育史学会誌『数学教育史研究』第5号，p.39.

45

生かし得るものと信じます．昔の受験数学の如きものでなく，図形の基本
的な性質を材料として初等幾何の構成や数学の立場，真理の意味或は論理
的な演繹的な科学に対する理解などを与えることが出来るかと存じます．

　戦前，戦中のわが国の幾何教育に対し，日本側により，この時点で1つの総
括がなされ，その評価が，数学科目「幾何学」の初等幾何部分の編成に影響を
与えている点が興味深く読み取れる．筆者が「ユークリッド幾何への回帰」と
評したように，初等幾何の論理的構成を重視することが，「幾何（初等幾何に関
するもの）」の編成理念に強く存在したのである．

第5項　学問探求（professional pursuits）的科目

　「小西報告」には，「解析Ⅱ」について，

> 7．第二学年は極限の思想を中心とした近世の数学と統計が取り扱かわれ
> ています．微積分では従来の高等学校の教科書が参考となりましょうがそ
> の取り扱いは国定教科書の調子で出発すべきかと思います．（下線筆者）

とある．また，「幾何（解析幾何に関するもの）」については，

> 6．解析幾何に関しては平面或は空間の表現の一方法として解析学え（マ
> マ）の発展に留意し，方法の統一性に重きを置いて，図形と式との関連に
> 対する理解を中心とすべきかと思います．従来高等学校で用いられた教科
> 書は参考になると思いますが，之をそのまゝ移すことは出来ないのではな
> いでしょうか．（下線筆者）

と述べられている．
　「解析Ⅱ」と「幾何（解析幾何に関するもの）」の教科書について，小西は，
そのまま転用するわけにはいかないものの，「旧制高等学校の教科書が参考と
なる」旨を述べている点を注視したい．このことは，『数学解析編（Ⅱ）』と
『数学幾何編（2）』の2冊の教科書が，中等教育の範疇を超え，かなり学問的

46

に書かれていたことを意味している．この2科目は1946年9月11日の「在米史料」に見られた"professional pursuits"（学問探求）を視野に入れたものだった．しかし，これらは，「概していえば，『上級中等学校』は総合的であるほうが良いと考える」とし，「大衆的な高等学校」を理念の根底に据えていたCIEの方針から逸脱してしまったと言え，本章第2節「作成中断の背景と理由」で見たように，作成の途にあった「学習指導要領」の作業は中断され，さらには，2冊の教科書に対して，「期限」と「条件」が付加されていくのである．

第6項 「準必修」的扱い

　CIEは，総合制の教科課程のもとで数学を選択教科として考えた．教科課程改正委員会も，1946年9月27日の「中学校（六・三・三案による）学科課程案」（史料1.5）においては，「解析学」と「幾何学」の2つの「選択科目」で数学科を構成することを原案としていた．

　この決定の後，和田たち文部省の数学科担当官は，旧制高等学校のようなアカデミックな数学教育にこだわりを持ち，どの生徒にも系統的・学問的に数学を学ばせるべきと考えたのである．和田は，数学を「必修科目」とするよう，教科課程改正委員会委員長の野村武衛を立て，陳述書をもってCIEと何度も折衝を繰り返す．この事実は，1946年9月の教科課程試案成立直後から，高等学校の教科課程が具体的に検討され始める12月までの「在米史料」に頻繁に見られる．

　この問題[40]の決着は，日本側はCIEに押し切られる形となり，新制高等学校数学科科目「解析学1」「幾何学」「解析学2」は「選択科目」としての成立を余儀なくされる．

　しかし，和田らはCIEに完全に屈服したと言えるだろうか．そうではない．「発学156号」にも，「小西報告」にも，「数学を必修科目に」といった日本側の「粘り」の形跡が感じとれるのである．

　「発学156号」には，CIEの意向を反映する形で「総合制・単位制」が大き

---

40 田中伸明（2007），「新制高等学校数学科の成立過程における必修数学の延長要求問題」，日本数学教育史学会誌『数学教育史研究』第7号，pp.1-14.

47

く打ち出されている．しかし，

　　国民の共通の教養として，これらいずれの課程[41]を修めるにしても，次の
　　単位はこれを必ず修めさせるようにする必要があろう．
　　　国語9，社会10，体育9，数学5，理科5，計38[42]（下線筆者）

と示されている．このうち，国語，社会，体育は元より「必修教科」なので，
数学と理科は，「準必修」的な扱いがなされていると言ってよい．
　また，「小西報告」には，

　　3．新制高等学校の数学科は大体選択科目になるとのことですが，日本人
　　の文化水準の向上の点より出来るだけ多数の生徒が数学を学ぶようにあり
　　たいと思います．恐らくは殆んど総ての生徒が選択するだろうと予想する
　　人もありますが，数学教育に関係するものとして是非そのようにありたい
　　と望みますと共に新制高等学校の数学に対する準備と決意を新にする必要
　　があるかと存じます．

と記述されている．さらに，

　　4．伝えられる所によれば新制高等学校の数学は解析のⅠとⅡ及び幾何の
　　三つに大別され，解析Ⅰは第一学年に，幾何は第二学年に，解析Ⅱは第三
　　学年に於て用いられ，又第一学年は必修になるのではないかとの事です．

と述べられている．
　これらの記述は，「数学は選択科目」という主張を厳として曲げなかった
CIEに配慮し，公式的には「選択科目」としながらも「事実上，「必修」を勝

---

41 「発学156号」には，「高等普通教育を主とする高等学校の教科課程」において，「大学進学の
　準備課程」，「職業人の準備課程」の2例が挙げられている．「これらいずれの課程」とは，こ
　の2つのことである．
42 文部省通達（1947.4.7），「新制高等学校の教科課程に関する件」（発学156号）．

第1章　新制高等学校数学科の暫定的成立

ち取りたい」と考えた日本側の意向が表れたものと捉えられる.

第6節 ┃ 第1章の総括

　この章では,「在米史料」と「日本側史料」を用いて, 未完の「学習指導要領」の中核をなしていたであろう「数学科編成理念」に迫った.
　以下の6点が, 本章の総括である.

(1)「中等段階の数学科の基準を引き下げ」の指示がCIEによりなされた. しかし, 下級中等段階はともかく, 上級中等段階の数学科編成において, 日本側は, 決してこれに従順な姿勢をとらなかった.

(2) 戦後の中等段階の数学科には, 米国の経験主義, 実用主義の影響が少なからず見出せる. それは, 新制中学校に顕著である. 新制高等学校の「解析学1」は, そのような中学校との関連性に特に配慮して編成されている.

(3)「アメリカ教育使節団報告書」に端を発する「総合制」の理念は, 数学科の教科編成にも影響を与えている.「職業教育」「一般的教養」「大学進学」といった生徒の進路・適性に応ずるべく, 数学科の編成が考えられていた.

(4)「幾何学」の初等幾何に関する部分は, 初等幾何の論理的構成を重視したものとなっている. これは, 数学教育改造・再構成運動以前への「揺れ戻し」とも捉えられ,「ユークリッド幾何への回帰」である.

(5)「解析学2」と「幾何学」の解析幾何に関する部分は, 旧制高等学校の数学を基にしたものと考えられる. これら2科目は,「中等段階の範疇を越えている」というCIEの批判に合い, 暫定的な科目として置かれることになった. こうした科目の設置は,「アカデミックな数学」を望んだ日本側の意向によるものである.

(6)「単位制」「総合制」により, 数学は「選択科目」となる. しかしながら,「発学156号」や「小西報告」には,「準必修」的扱いが示されて

49

いる．このことも，数学を「事実上の必修科目」にしようとした，日本側の意向が表れたものと捉えられる．

新制高等学校数学科は，GHQ/SCAPの強力な管理の下，1948年4月に発足した．数学科に見られる幾つかの特徴には，CIEの強い指示によるものがある一方で，日本側による，戦前の評価が表出したものや，日本側の上級中等教育，数学教育に対する思想が貫かれたと捉えられるものが存在することが明らかとなった．当時の数学教育界のリーダーは，占領軍の目を掻い潜って，自らの意を日本の上級中等教育に叶えようとしたのである．「高等学校学習指導要領数学科編」の作成中断の背景には，そのような日本側の「闘い」が存在したと言ってよいだろう．及んで，和田義信の次の言が示唆的である．

日本人に対する教育は，日本人の手によって実行に移さるべきであり，占領軍に手をふれさせるべきものではないと信じていた．[43]

新制高等学校数学科の「暫定的成立」には，明治以来の日本の数学教育の伝統を，戦後の我々に受け継がせようとした先達の「強かな営み」を感じることができるのである．

---

43 和田義信（1988），「『数理』について」，日本数学教育学会『日本数学教育学会誌』第70巻（臨時増刊数学教育学論究49，50），p.76.

第 **2** 章

新制高等学校数学科の
準必修化をめぐる議論

第2次世界大戦終結後，日本の教育は連合国最高司令官総司令部（GHQ/SCAP）の一組織である民間情報教育局（CIE）の厳格な管理下に置かれていた。占領下でなされた日本の上級中等教育の再構成は，「概していえば，『上級中等学校』は総合的であるほうが良いと考える」[1] とした，1946年3月30日の「アメリカ教育使節団報告書」を至上命題として進められ，そこには総合制上級中等学校構想が大きく掲げられていた。

本章では，前章に引き続き，現在，国立国会図書館憲政資料室でマイクロフィッシュにアーカイブされている"Records of Allied Operational and Occupation Headquarters, World War Ⅱ"［RG331］（呼称「GHQ/SCAP文書」，以下「在米史料」）から算数・数学科に関する記録を発掘し，それを読み解くことで，戦後の新制高等学校数学科の形成過程を明らかにしたい。

本章では，当時，文部省教科書局第二編修課にあった和田義信[2]らが，中等教育の上級部分に総合制が導入されていく流れの中で，数学科が「選択教科」となっていくことを憂慮し，数学を「必修」とするよう，CIEを相手に折衝を行った事実を見出す。筆者は，このアーギュメントを「必修数学の延長要求問題」と名付けることとする。これは，日米間の「数学教育観の対立」が内包された興味深い問題であると言える。本章では，「必修数学の延長要求問題」を中心として取り上げ，戦後の新制数学科の成立に係る議論に考察を与えるものとする。

第1節　試験的教科課程の最終的「試」案

日本側の教科課程改正委員会（委員長　野村武衛[3]）は，1946年9月27日に，後に学習指導要領と教科書発行計画の基礎となる戦後初の正式な教科課程案を成立させた。この日付の「在米史料」である"Curriculum for next year :regular tri-weekly meetings"[4]には，「来年度用に計画された『初等・中等段

1　村井実訳（1979），『アメリカ教育使節団報告書』，講談社，p.65.
2　和田義信：当時，文部省教科書局第二編修課図書監修官.
3　野村武衛：当時，文部省学校教育局視学官，教科課程改正委員会委員長.
4　在米史料，No. CIE(A)677.

第2章　新制高等学校数学科の準必修化をめぐる議論

階の試験的な教科課程』の最終的『試』案が合意決定された」[5]と報告されている．また，10月3日付の「在米史料」"New Curriculum"[6]には，「新しい教科課程は，日本の文部省の教科課程改正委員会によって先週の金曜日[7]に提出され，われわれはそれを認可した．その教科課程は，日本の初等教育と中等教育の全体に亘る変革を見せている．これは教科主義の形から，子供たちの自然な興味・関心と要求に根ざした形への変化であり，アメリカ教育使節団と初期のJEC[8]の両方の勧告に従った最初の変革である」[9]とあることから，

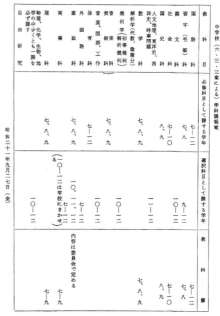

史料2.1　「中学校（六・三・三案による）学科課程案」

CIEは，この教科課程案を教科主義から経験主義への転換を図ったものとして，高く評価していることがわかる．

　日本に現存する史料として，「9月27日案」[10]の教科課程表のうち，「中学校

---

5 原文は，"Final "Tentative" draft of "Tentative Curriculum for Elementary and Secondary levels" planed for use on schools next year was agreed upon"である．
6 在米史料，No. CIE(A)683．
7 先週の金曜日とは1946年9月27日のことである．
8 Japan Educationist Committee：日本教育家ノ委員会．1946年1月9日のGHQ/SCAPからの指令により，アメリカ教育使節団に協力すべき委員会として設置された．教育刷新委員会の前身である．委員長には，南原繁東京帝国大学総長が就任した．
9 原文は，"New curriculum which shows marked shift in entire content of Japanese education at the elementary and secondary levels and which represents the first phase of the implementation of the recommendations of both the American Education Mission and the First JEC to move the curriculum from a subject matter type to a type based upon the nature, interests and needs of the pupils was submitted by the Curriculum Committee of Mombusho last Friday and approved by us"である．
10 現存する当時の教科課程表は，「国民学校教科課程（案）」「国民学校初等科学科課程案（六・三・三）」「中学校（六・三・三案による）学科課程案」「国民学校・中等学校教科課程（試案）」の4案で，国立教育政策研究所教育研究情報センター教育図書館所蔵の『戦後教育資料』に所収されている．

53

（六・三・三案による）学科課程案」を，史料2.1として掲げた（前章に続き再掲）．[11]
この案では，下級中等段階の「数学科」は「必修科目として課する学年」「7,8, 9」に配置されているが，上級中等段階の「解析学」と「幾何学」は，ともに「選択科目として課する学年」として「10-12」に置かれていることが確認できる．上級中等段階に配置されている必修科目は，国語科，体育科，社会科の3科目のみであり，この教科課程表を見るだけでも，「アメリカ教育使節団報告書」にあった総合制を意識し，大幅な選択制が導入されたことを見て取ることができる．

第2節　「必修数学の延長要求問題」の提起

当時，文部省教科書局第二編修課の図書監修官であった和田義信らは，上級中等段階の数学科が「選択」となったことに危惧の念を抱くようになった．

10月4日付の「在米史料」"Mathematics textbooks"[12]（史料2.2）を取り上げる．和田は，通訳のDoiを伴って，CIEのK.M.ハークネス[13]，エドミストン[14]のもとを訪れる．この「在米史料」の第3段落と第4段落の和訳を示す．

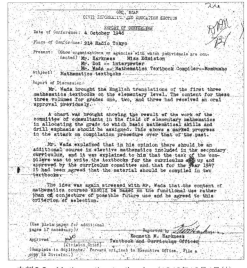

史料2.2　Mathematics textbooks（1946年10月4日付）

---

11 肥田野直・稲垣忠彦編，(1971)，『戦後日本の教育改革』第6巻 教育課程 総論，東京大学出版会，pp.183-184．からこの表を引用した．この史料は，第1章第3節に掲げたものの再掲である．
12 在米史料，No. CIE(A)682．
13 Kenneth M. Harkness：当時，CIE Education Division Textbooks & Curriculum Officer（民間情報教育局教育課教科書教育課程担当官）．民間人として1946年2月17日来日．
14 Miss. Edmiston：経歴や担当を記した史料は，管見の限り見出せない．

54

（和訳）

　和田は，中等学校の教科課程上の選択の数学科に追加的な課程があって
しかるべきだという自分の考えを説明したが，図書監修官の仕事は，教科
課程改正委員会で決められ，認可された教科課程用の教科書を書くことで
あり，すでに教材は，1947年中に2冊の教科書に編集されることで合意を
得ていると説明を受けた．

　数学科の内容は，実用的であることに根拠を置くべきであり，将来役に
立つ可能性があるという予測に根拠を置くべきではないという方針が，和
田に対し再度徹底された．和田は，この選定基準に同意した．

　この「史料2.2」から次のことがわかる．すなわち，和田は，「中等学校の教
科課程上の選択の数学科に追加的な課程があってしかるべきだ」と主張したが，
これに対し，ハークネスは，「図書監修官の仕事は，教科課程改正委員会で決
められ，認可された教科課程用の教科書を書くことであり，すでに教材は，
1947年中に2冊の教科書に編集されることで合意を得ている」と返したのであ
る．つまり，選択科目「解析学」「幾何学」で構成されていた数学科に，別の
科目を追加するべきと和田は主張したが，委員会の決定に従って数学の教科書
を作ることが図書監修官である和田の任務であり，教科課程の編成内容まで口
出しすることは許せないとハークネスは釘をさしたわけである．

　ところが，数学の選択科目を追加するという要求は和田の真意ではなかった．
それは，10月7日付の「在米史料」"Mathematics textbooks"[15]（史料2.3）で確
かめられる．この史料を和訳する．

（和訳）

　和田は，教科課程委員会で数学の必修課程について提起されたとき誤解
があり，彼の真意は，上級中等学校の各学年で，数学は必修とするべきだ
ということであるとハークネスに報告した．しかし，平均的な市民に必要
な基礎的技能は，最初の9年間の学校教育でカバーできるということを和

15　在米史料，No. CIE(A)682.

田自身がすでに同意しており、また委員会も、そのような場合は、数学の追加的課程は選択制を基本とすべきと考えていることが説明された（9月11日の会議録参照）．和田は、自分の意見を綴った陳述書を作ることを許可してもらい、署名官に、教科課程委員会でその問題を再討議してほしいと要請した．図書監修官の職務は、教科課程に準拠した教科書を書くことであり、委員会の既決事項を変えようとすることではないと説明された．

史料2.3　Mathematics textbooks（1946年10月7日付）

和田は、必修数学を3年間延長すべきという彼の考えにこだわっていたが、最終的に同意した．

　数学の図書監修官は、個々の生徒が必要と考えられる基礎的技能を盛り込む「一般数学」として、教科内容を書くよう努めてほしい．それが出来た後、もしすべての分野をカバーする十分な時間がないようならば、教科課程委員会に再検討をしてもらうための問題提起を、確固とした根拠をもって臨んでほしいと指示された．

　和田のグループは教科書を編集するだけでなく、学習指導要領作成にも関わっている．したがって、実用的数学を基礎とする必修課程に、いったい何を組み入れたらよいのかを判断できることが必要であるとハークネスは重ねて注意した．

　水曜日の朝10時を、数学の図書監修官との定例会議の時間として定め、他の会議は必要に応じて召集することで合意が得られた．

　ここで、和田は自らの主張が誤解されているとして、「教科課程委員会で数

学の必修課程について提起されたとき誤解があり，真意は，上級中等学校の各
学年で，数学は必修とするべきだということである」と言っている．それに対
してハークネスは，9月11日の議事録を持ち出し，

> 平均的な市民に必要な基礎的技能は，最初の9年間の学校教育でカバーで
> きるということを和田自身がすでに同意しており，また委員会も，そのよ
> うな場合は，数学の追加的課程は選択制を基本とすべきと考えている．

と，あくまでも上級中等段階の数学は「選択」と主張するのである．続いて，
和田は，「自分の意見を綴った陳述書（statement）を作ることを許可してもら
い，署名官に，教科課程委員会でその問題を再討議してほしい」と署名官（ハ
ークネス）に食い下がる．

しかし，ハークネスは，

> 図書監修官の職務は，教科課程に準拠した教科書を書くことであり，委員
> 会の既決事項を変えようとすることではない．

と和田を突っぱねている．結果として，「和田は，必修数学を3年間延長すべ
きという彼の考えにこだわったが，最終的に同意した」のである．そしてハー
クネスは，

> 数学の図書監修官は，個々の生徒が必要と考えられる基礎的技能を盛り込
> む「一般数学」として，教科内容を書くよう努めてほしい．もしそれが出
> 来た後，すべての分野をカバーする十分な時間がないようなら，教科課
> 程委員会に再検討をしてもらうための問題提起を，確固とした根拠
> （sound basis）をもって臨んでほしい．

と指示する．続いて，史料2.3には，

和田のグループは教科書を編集するだけでなく，学習指導要領作成にも
　　　関わっている．したがって，実用的数学を基礎とする必修課程に，いっ
　　　たい何を組み入れたらよいのかを判断できることが必要であるとハーク
　　　ネスは重ねて注意した．

とあり，学習指導要領の編集にあっても，生徒が日常生活で必要とする数学の
理論が何であるのかを判断し，それに基づいて必修課程は作るべきであるとハ
ークネスは注意をしたのである．

　ハークネスは，10月4日にも，「数学科の内容は，実用的であることに根拠
を置くべきであり，将来役に立つ可能性があるという予測に根拠を置くべきで
はない」と述べていた．ハークネスは，教科編成を「経験主義」の立場で捉え，
児童・生徒の生活経験をコアとし，そのコアに基づき，すぐさま役立つ理論
（incident theory）こそが必要不可欠で，それはすべての生徒が学ぶ義務教育の
9年間で必修課程として達成されなければならないとしているのである．した
がって，その範疇に入らないものは「選択」となるのは必然だと述べているの
である．

　当時，日本の数学教育目標論の中心に据えられていた「数理思想」と，アメ
リカの「プラグマティズム」に根ざしたカリキュラム・セオリーの対立がここ
にあると筆者は考える．後年，和田は，

　　　戦後における教育改革に際し，C.I.E（ママ）との交渉の間に，戦前の数学
　　　教育の中核とされてきていた「数理」あるいは「数理思想」という言葉を
　　　戦後に残すことが出来なくなった．[16]

さらに，

　　　このように，数理について具体例をあげて説明されても，やはり筆者とし
　　　ては，数理とは何かにつき明確な解答が与えられたとは思われなかった．

―――――――――
16 和田義信，「『数理』について」，日本数学教育学会『日本数学教育学会誌』第70巻（臨時増
　刊数学教育学論究49・50），1988年3月，p.75.

第2章　新制高等学校数学科の準必修化をめぐる議論

このようなこともたたってかCIEとの交渉の間に，いよいよ混迷の度を深めていってしまった．これが数理あるいは数理思想につき，今日にまで残っている私の問題なのである．[17]

と述懐している．彼は，戸惑いを抱きつつもC.I.E（ママ）との交渉の中で，「数理」あるいは「数理思想」を，数学科編成における目標概念として掲げ，混乱期の数学教育を乗り切ろうとしていたが，それは，アメリカンプラグマティズムに立つハークネスにとって理解し難いものであったに違いない．ハークネスが，和田の数学科編成理念に対し，「将来役に立つ可能性があるという予測（conjecture of possible future use）に根拠を置くべきではない」と批判している点に興味を惹かれる．

こうした「数学教育観」の相違がもたらす論争において，CIEは，和田を説き伏せることが容易でないことを悟ったのだろう．「水曜日の朝10時を，数学の図書監修官との定例会議の時間として定め，他の会議は必要に応じて召集することで合意が得られた」と結ばれている．

第3節　陳述書（statement）と確固とした根拠（sound basis）

1946年10月9日付の「在米史料」"Regular weekly conference"[18]（史料2.4）を掲げる．

この「在米史料」には，「1」から「7」の記述があるが，そのうち，「4」の和訳を記す．

4. 9年間を超えた必修数学を望む者がいる旨の陳述書をもって問題が提起された．この件に関して議論する用意はあるが，必修数学の延長の判断は，教科課程の教科の観点からではなく，確固とした根拠に基づいていな

---

17 前掲注16, p.79.
18 在米史料，No. CIE(A)681.

59

ければならないとトレーナー[19]は指摘した。この問題は、たとえいつ出されたとしても、話し合いは後回しにする。この話題を再び持ち出したのは、明らかに教科課程改正委員会の野村のなせる業である。彼は数学者として、多かれ少なかれ、子供たちは永久に数学を学び続けるべきだと考えている。状況は管理下にあるが、突然想定外の会議も出現するだろう。

まず、冒頭に、「9年間を超えた必修数学を望む者がいる旨の陳述書（statement）をもって問題が提起された」とある。10月7日に和田が切り出した通り、彼は、"statement"（陳述書）を提出し、具体的な行動に出たのである。

しかし、トレーナーは、「この件に関して議論する用意はある」としながらも、「必修数学の延長の判断は、教科課程の教科の観点からではなく、確固とした根拠（sound basis）に基づいていなければならない」と指摘し、「教科主義」の観点に立った教科編成を戒めている。それどころか、「この問題は、たとえいつ出されたとしても、話し合いは後回しにする」とし、和田に対し取りつく島のない姿勢を見せていることが分かる。

次に、「この話題を再び持ち出したのは、明らかに教科課程改正委員会の

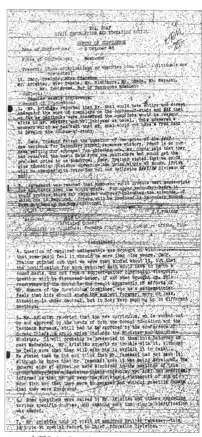

史料2.4　Regular weekly conference
（1946年10月9日）

---

[19] Joseph C. Trainor：当時 CIE Education Division（民間情報教育局教育課）1946年夏から課長補佐。

野村のなせる業である．彼は数学者として，多かれ少なかれ，子供たちは永久に数学を学び続けるべきだと考えている」と記し，教科課程改正委員長である野村武衛が後ろ盾となっていることを読み取っている．また，野村が「子供たちは永久に数学を学ぶべき」と主張していると感じられたのは，「数理思想の涵養」という目標論を抱いた日本の数学教育が，「経験主義」に立つCIEの目には，出口の見えない迷宮に入るかのごとく映ったのであろうか．

最後には，「状況は管理下にあるが，突然想定外の会議も出現するだろう」と，会議をコントロールしている自信[20]を示しつつも，このような状況になることに警戒心を見せている．ここで，野村武衛の名前が出ていることを注視したい．上級中等段階において数学が「選択科目」となった「9月27日案」は，教科課程改正委員会による決定案である．しかしながら，その委員長である野村武衛がその決定案に反する立場をとっているのである．教科課程改正委員会の決定と野村武衛の考えには「捩れ」が存在したのである．野村の主張については次節で論じたい．

1946年10月30日付の「在米史料」"Progress Report"[21]（史料2.5）とその第1段落の和訳を示す．

1. 数学の目標：数学教育の目標の修正された一覧を委員会は提出した．それは，まずまずのものであった．今，これらの一般的目標は，各学年

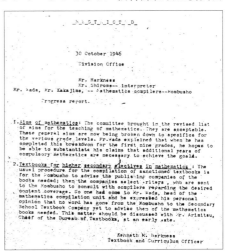

史料2.5　Progress Report（1946年10月30日）

20　木田宏監修，(1987)，『証言 戦後の文教政策』，第一法規出版に劔木亨弘（当時，教育使節団事務局主事，その後，大学学術局長を経て，文部次官を2度務め，1966年の参議院議員時代に文部大臣となる）の次の証言が載っている．「教育刷新委員会とCIEの間にステアリング・コミティ（かじとり委員会）があって，週1回打ち合わせをする．その打ち合わせが推進力になっていた．刷新委員会でいろいろ議論しても，ステアリング・コミティというコントロール機関で，ずっと変わっていく．万事がそういう調子だったのです」(p.29)．教育刷新委員会のみならず，教科課程改正委員会についても同じであろうことは想像に余りある．
21　在米史料，No. CIE(A)687，CIE(A)3072．

段階に細かく分けられているところである．和田は，9学年分の細分化が完了したとき，目標を達成するためには，数学の必修年限を延長することが必要という彼の主張が実現できることを望んでいると説明した．

続けて，11月14日付の「在米史料」"Mathematics Textbooks"[22]（史料2.6）とその第1段落の和訳を掲げる．

（和訳）

初等学校と下級中等学校の数学の委員会は，算数の学年配置とその順序の図を提出した．和田は，必修数学の2年間延長の問題を再提起した．だが，彼が必修数学の9年間の教材を完成し終えるまではその問題を議論することは不可能であり，完成後に，平均的な市民として必要な数学の技能・分野がまだ十分にカバーされていない状態であるならば，その時初めて委員会で取り上げることができるのだと署名官に言われた．また，和田は，中学校の数学で，計算尺を教材として扱うことについて，またも議論を始めたが，これは数学の選択課程のひとつに組み入れるべきだとすでに忠告されていて，この点に関しては何度も念を押された．

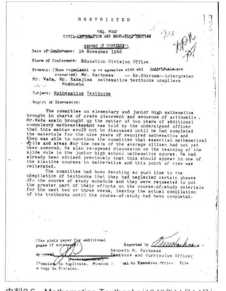

史料2.6 Mathematics Textbooks（1946年11月14日）

1946年10月30日に，和田はCIEを訪れ，数学科の一般目標の一覧を提出し，

---

22 在米史料，No. CIE(A)691，CIE(A)3072.

62

第2章　新制高等学校数学科の準必修化をめぐる議論

これらの目標の細分化作業が進行中であることを報告している．そして11月
14日には，この細分化作業が完了し，「算数の学年配置とその順序の図
（charts of grade placement and sequence of arithmetic）」を提出したのである．
この“charts”とは，1947年5月15日発行の『学習指導要領算数科数学科編（試
案）』に掲載される「能力表」の原型をなすものであったと考えられる．和
田は，この細分化作業の完了を契機として，「必修数学の2年間延長の問題を
再提起」している．10月30日付の「在米史料」の記述通り，和田は，「9学年
分の細分化が完了したとき，目標を達成するためには，数学の必修年限を延長
することが必要という彼の主張が実現できること」を望んでいたからである．
ここで，「2年間」という年限が提示されているのは，細分化の結果，具体的
年限が算出出来たものと思われる．

　和田は，3週間ほど前の10月7日，ハークネスに，「数学の図書監修官は，
個々の生徒が必要と考えられる基礎的技能を盛り込む「一般数学」として，教
科内容を書くよう努めてほしい．それが出来た後，もしすべての分野をカバー
する十分な時間がないようならば，教科課程委員会に再検討してもらうための
問題提起を確固とした根拠（sound basis）をもって臨んでほしい」（下線筆者）
と指示されていた．和田は，細分化の結果，必修年限延長のための理論的後ろ
盾を得て，和田なりの「確固とした根拠」として，それを提示したに違いない．
しかし，ハークネスは，

　　（和田が）必修数学の9年間の教材を完成し終えるまではその問題を議論す
　　ることは不可能であり，完成後に，平均的な市民として必要な数学の技
　　能・分野がまだ十分にカバーされていない状態であるならば，その時初め
　　て委員会で取り上げることができるのだ．

と述べ，「延長問題」の結論をまだ先送りしようとする．思えば，前掲の10月
9日付の“Regular weekly conference”で，「この問題は，たとえ，いつ出され
たとしても，話し合いは後回しにする」としていたCIEの姿勢は一貫しており，
ハークネスは，この問題を取り合う気はなかったのである．

63

第4節　野村武衛の来訪

　1946年11月18日，日本側の教科課程改正委員会委員長野村武衛がCIEを訪れたことが，ハークネスにより記録されている．1946年11月18日付の「在米史料」"Compulsory Mathematics Courses on Secondary Level"[23]（史料2.7）とその和訳を掲げる．

（和訳）

　　野村は，上級中等段階の2つの選択課程を，選択ではなく必修にするという主張を弁護するために来た．同じ委員会のメンバーの和田は，最近の会議で委員会が主張している点を裏付けるためには，義務教育課程の修了，つまり9年間の一般数学だけでは必要とされる概念や技能がカバーできていないという点がはっきりするまで，この問題は後回しにされなければならないと言われていた．

　　野村が受けた忠告は，まず，

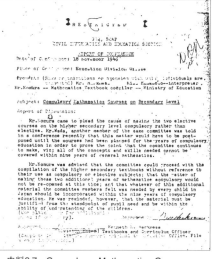

史料2.7　Compulsory Mathematics Courses on Secondary Level（1946年11月18日）

委員会で必修か選択かを決定しなくても，上級中等学校の教科書の編集は進めることができ，必修数学の2年間延長の件に関する議論をここで再開するつもりはないということと，委員会のメンバーが，日本のどの子にも必要と感じている追加材料であればどのようなものであれ，義務教育の9

23　在米史料，No. CIE(A)694，CIE(A)3072．

第2章　新制高等学校数学科の準必修化をめぐる議論

年間に組み込むべきだということであった．ただし，教材は，子どものニーズに立って適切と判断されるものでなければならないし，子どもの理解能力の範囲内に収まるものでなければならないと念を押された．

　野村武衛は，文部省学校教育局視学官，教科課程改正委員会委員長であり，数学者でもある．冒頭には，「野村は，上級中等段階の2つの選択課程を，選択ではなく必修にするという主張を弁護するために来た」とある．野村は，上級中等段階に設置された「解析学」と「幾何学」の2科目を，選択ではなく必修にすべきとし，和田の弁護のためCIEを訪問したのである．彼は，必修数学が，下級中等段階までに押しとどめられており，しかもそれが経験主義的な「一般数学」であることを憂慮し，せめて上級中等学校においては，全員が学問的な数学を学ぶべきであると主張したのである．これに対し，CIEは，和田に対したものと同じ返答を繰り返すのみで，「必修数学の2年間延長の件に関する議論をここで再開するつもりはない」と話し合いを打ち切ってしまう．

　ここで，野村の主張に注目してみたい．彼の主張は，「数学」という教科の専門性を重視せよということである．実は，彼は数学科のみならず，社会科の導入においても，同様の主張を展開していた．2か月ほど前の，1946年9月23日には，社会科の教科課程が決定されたが，その会議についてのM.L.オズボーン[24]による報告を「在米史料」に見出すことができる．9月23日付の「在米史料」"Curriculum for Secondary Schools, 1947-48"[25]の和訳を示す．

　（和訳）
　　今日の午後，3時間に及ぶ会議で，次年度の中等学校の社会科と言語技法の教科課程が，ハンマーで打ちのめされるがごとく決定した．[26]
　　話し合いの最初の部分は，中等学校段階の社会科の課程に関わるもので

24　Monta L. Osborn：当時 CIE Education Division Secondary School Officer（民間情報教育局教育課中等学校担当官）．1946年6月GHQに入る．
25　在米史料，No. CIE(B)6655.
26　原文は，"In a three-hour meeting this afternoon, the social studies and language arts curricula for secondary schools for the next schools year were "hammered" out" である．（下線筆者）

65

あった．野村は，上級中等段階には社会科の統合がふさわしくないという
ことを主張し，下級中等段階でさえ，歴史や地理のように分離・体系化さ
れた学習がなされるべきだという彼の意見を述べた．彼は，下級中等学校
は，多くの子供たちの最終卒業学校となり，各領域において系統的な学習
なしに，卒業を許可するのはよくないと考えているからである．多数の米
国側のメンバーは，統合された社会科のほうが効果的だという学習心理学
的裏付けがあることを強調した．

（中略）

　最終的な結論は，社会科を第7学年から第10学年に亘る1つの統合科目
として設置し，第8，9学年の2年間に国史を独立科目として教える．さら
に，人文地理，東洋史，西洋史，時事問題の4科目を，第11，12学年で選
択科目として生徒に提供することとし，上級中等段階では教科書は使用せ
ず，必要な教材は新聞・雑誌・ラジオ放送等を利用することになった．

　この日，野村は，生徒が生活経験を中心とした単元学習を行う際においても，
中等学校においては系統立った学問的アプローチが少なからず必要だと主張し
た．これは，初等教育ではともかく，中等教育においては教科の専門性を生か
すべきであるという日本側のひとつの考えを代表したものであり，広域教科と
しての社会科を奨励し，中等教育においてもそれを組み込もうとするCIEとは
対立する立場である．

　この日，結果的に，「社会科を第7学年から第10学年に亘る1つの統合科目とし
て設置し，第8，9学年の2年間に国史を独立科目として教える．さらに，人文地
理，東洋史，西洋史，時事問題の4科目を，第11，12学年で選択科目として生徒
に提供することとし，上級中等段階では教科書は使用せず，必要な教材は新聞・
雑誌・ラジオ放送等を利用すること」で合意が得られる．野村は義務教育中に系
統立った国史を必修とすることに成功したものの，彼の意に反して，中等学校の
第7学年から第10学年まで（新制中学校の全学年と新制高等学校の第1学年の4年間）
に統合科目「社会科」が食い込むことになり，かなりの部分で譲歩を余儀なく
されたのである．なお，この日の決定は，「9月27日案」（史料2.1）で確認できる．

　この会議決定について，後年，野村は次のように証言している．

第2章　新制高等学校数学科の準必修化をめぐる議論

　学科本位から子供本位に変わったことの，最も著しい現われは，社会科を置いたことでありましょう．従来，修身，公民，歴史，地理というように，学問的系統に従って，いくつもの教科に分かれていたものを，社会における個人の自覚と発展，社会的連帯性意識の啓培，社会の進歩への貢献というような立場から，これらをまとめて一つの社会科にしたのであります．ところが，ここで一つの問題にぶっつかりました．私は，おおよそ日本人たる者は，日本の歴史を通して物事を判断し，他人の判断を理解し，自分の判断を他人に伝えるのであるから，義務教育の期間中に一度は国史を年代順に系統立てて学習しなくてはならないという信念を持っていました．これについては，CIEの側にもいろいろな異論があり，日本側の委員の中にも異論がありました．「野村は，数学を専攻したもので，歴史をよく知らないからそんな説を出すのだ」というようなことも言われましたが，義務教育中に系統立てた国史を学習させることになりました．[27]

　社会科が，1946年9月27日の「最終的"試"案」がまとめられる4日前の9月23日でこのようにほぼ決着をみたのに対し，数学科では，野村と路線を同じくし，戦前からの「数理思想」を尊重する和田らが中心となっており，彼らは，教科の専門性を重視しようとする主張を「最終的"試"案」成立後も（12月11日まで）展開できたと言ってよい．「必修数学の延長要求問題」は，数学科に特徴的な話題として注目されるのである．

第5節　｜「必修数学の延長要求問題」の収束

　和田と野村は，1946年の12月の前半まで，「必修数学の延長」を粘り強く主張していた．12月11日付の「在米史料」"Progress Report"[28]（史料2.8）では，和田と中島[29]が，通訳のShiromaとともに，ハークネスを訪れている．この

27　野村武衛（1952），「戦後文部省にいた頃の思い出」，『中等教育資料』第1巻第8号，文部省
28　在米史料，No. CIE(A)701. .
29　中島健三：当時，文部省教科書局第二編修課図書監修官

67

「在米史料」とその第5段落以降の和訳を示す．

(和訳)

　和田は，野村は上級中等段階で3年間に亘った数学の課程を望んでいる旨を伝えたが，今週，上級中等段階の時間配当に関する会議が開かれ，その会議の結果が知らされるまでは，教科課程の学年配置については何も決められないと署名官（ハークネス）に言われた．委員会は，教科課程の調整を単純なものにするためにも，単元を基本とした題材を構成するよう指示された．場合によっては，微積分や統計といった特定の単元が，1つの科目から切り取られ，別の選択科目として提供される必要があると考えられる．
　もし，1年間の上級中等数学がすべての卒業生の必修として決定されるのなら，様々な単元をカバーする難易度をもとにした別の単元の結びつきを作ることが賢明のように思われる．

史料2.8　Progress Report（1946年12月11日付）

　後述するが，新制高等学校の教科課程について，CIEと文部省の間で本格的に検討され始めるのは12月12日である．したがって，実にその前日まで，和田らは粘り強く食い下がったのである．この史料には，「和田は，野村は上級中等段階で3年間に亘った数学の課程を望んでいる旨を伝えた」と記されている．しかし，ハークネスは「今週，上級中等段階の時間配当に関する会議が開かれ，その会議の結果が知らされるまでは，教科課程の学年配置については何も決められない」と返している．つまり，この週から，上級中等学校の教科課程の会議が始まるので，その決定を見てみないと何とも言えないというのである．そして，ハークネスは，「委員会は，教科課程の調整を単純なものにする

第2章　新制高等学校数学科の準必修化をめぐる議論

ためにも，単元を基本とした題材を構成するよう指示された」と報告している．
これは，「単元的小領域の科目を設置することを基本にせよ」との指示である．

　次に，「場合によっては，微積分や統計といった特定の単元が，1つの科目
から切り取られ，別の選択科目として提供される必要があると考えられる」と
記されており，CIEは，微積分，統計などの単元だけで構成される数学を選択
科目として配置しておくことは，教科課程としてはとても "simple" であり，こ
れからの会議で行われる調整も単純化できると主張している．もし，数学の時
間を増やしたいと考えるならば，特定領域の特定部分だけを単元として切り取
り，新たな選択科目を興せということなのだろう．CIEは，一貫して必修数学
は下級中等段階までとしてきており，上級中等段階に新たな「科目」を設置し
てもよいが，あくまでも，それは必修（compulsory）ではなく，選択（elective）
だというのである．

　ただ，最後には，「もし，1年間の上級中等数学がすべての卒業生の必修と
して決定されるのならば，さまざまな単元をカバーする難易度をもとにした別
の単元の結びつきを作ることが賢明のように思われる」と記されている．これ
は，翌日以降の会議で，数学が1年間必修ということになれば，難易度を考慮
した複数の単元にまたがる別の科目を作るように指示をしたほうがよかろうと
いうことである．

　CIEはどのようなことを意図したのかはかり難いが，もし「1年間必修」と
決まるのであるならば，「代数学」などといった「学問領域の科目」ではなく，
1948年10月に成立する「一般数学」のような統合された経験主義的数学科目
を設置することを考えたのだと思われる．したがって，この記述は，「必修の
数学科目」を置く可能性について言及されているが，和田たちの主張に対する
譲歩であるとは考えられない．

　12月12日付の「在米史料」 "Allotment of Weekly Hours for Subjects in
Upper Secondary School 1947-48.Unit Credit System"[30]によれば，この日に，
文部省の中村新一[31]とCIEのオズボーンの両者がそれぞれの案を持ち寄り，新

30　在米史料，No. CIE(A)700，CIE(D)1783.
31　中村新一：当時，文部省学校教育局中等教育課長.

制高等学校の教科課程の本格的な検討を始めたことが分かる.

中村が提示した文部省案に対して，オズボーンが，「中村は，この件に関してほとんど作業をしていなかった」[32]とコメントしている通り，文部省内では，新制高等学校の教科課程の審議が遅れていた．これは，文部省内で，「新制高等学校に対するイメージ不足があった」[33]ことに加えて，数学科・社会科の教科成立過程に見られたように，「教科課程改正委員会の決定案とその委員長である野村武衛の見解が割れていた」ことも大きな理由と考えられる.

この日，「素案」しか提示できなかった日本側に対し，CIEは，「単位制・総合制」という今まで日本にはなかった新しい学校制度を提案する．これより後の議論は「学年制・大学進学課程」を望んだ日本側を退けて，CIEのペースで議論が進んでいく.[34] もちろん，数学科は「選択教科」としてである．最終的には，1947年4月7日に出された『学習指導要領一般編』第3章の補遺である文部省通達「新制高等学校の教科課程に関する件」（発学156号）で「選択教科」として，数学科は成立を見ることになるのである（史料2.9参照）.

教科		学年	総時数	第1学年	第2学年	第3学年
必修教科	国語		315	105(3)	105(3)	105(3)
	社会		175	175(5)		
	体育		315	105(3)	105(3)	105(3)
	小計		805	385(11)	210(6)	210(6)
選択教科	国語		210	70(2)	70(2)	70(2)
	書道		210	70(2)	70(2)	70(2)
	漢文		210	70(2)	70(2)	70(2)
	社会	東洋史	175		175(5)	
		西洋史	175		175(5)	
		人文地理	175		175(5)	
		時事問題	175		175(5)	
	数学	解析学1	175		175(5)	
		幾何学	175		175(5)	
		解析学2	175		175(5)	
	理科	物理	175		175(5)	
		化学	175		175(5)	
		生物	175		175(5)	
		地学	175		175(5)	
	音楽		210	70(2)	70(2)	70(2)
	図画		210	70(2)	70(2)	70(2)
	工作		210	70(2)	70(2)	70(2)
	外国語		525	175(5)	175(5)	175(5)
	実業 農業 工業 商業 水産 家庭		1400	350(10)	525(15)	525(15)
総計			3150〜3570	1050〜1190 (30)〜(34)	1050〜1190 (30)〜(34)	1050〜1190 (30)〜(34)

史料2.9 「発学156号」の教科表
（数学は公式には「選択教科」である）

---

32 原文は，"Mr.Nakamura had done very little work on this subject" である.

33 田中伸明（2007），「新制高等学校教科課程の成立過程に関する考察」，全国数学教育学会誌，『数学教育学研究』第13巻，p.207.

34 同上，pp.206-211.

第2章　新制高等学校数学科の準必修化をめぐる議論

第6節　「発学156号」に見る「準必修」的扱い

　ここまで，1946年の秋から冬にかけての「在米史料」を用いて，占領下の数学科形成過程における「必修数学の延長要求問題」の存在とその概略を明らかにしてきた．上級中等段階に「必修の数学」を強く望んだ和田や野村はCIEに退けられることになった．しかし，彼らは完全に屈服したと言えるだろうか．そうではない．「発学156号」には，「数学を必修科目に」といった日本側の強かな「粘り」を感じとれる部分がある．

　「発学156号」には，大胆な自由選択制が採用されている．しかしながら，本通達の，「第一　高等普通教育を主とする高等学校の教科課程」の「二　教科課程の運用（二）」には，単位のとり方の例として，「大学進学の準備課程」，「職業人の準備課程」の選択例を掲げ，さらに，

　　国民の共通の教養として，これらいずれの課程を修めるにしても，次の単
　　位はこれを必ず修めさせるようにする必要があろう（下線筆者）
　　　　　　　　国語9，社会10，体育9，数学5，理科5，計38

と記されている．このうち，国語，社会，体育はもとより「必修教科」である．また，理科については，すでに「9月27日案」（史料2.1）の時点で，「物理，化学，生物，地学の中少くとも一課を必ず課す」となっており，事実上の必修教科であった．つまり，1946年9月27日の「最終的『試』案」の位置付けから，数学だけがその扱いが変化して，新たに「準必修教科」的な扱いがなされるようになったのである．

　また，当時東京高等師範学校教授であった小西勇雄は，1947年に「新制高等学校の数学の予想」（「小西報告」）を発表しているが，これは，新制高等学校発足前に数学科の内容を示したものとして注目に値するものである．この報告に，小西は，

71

新制高等学校の数学科は大体選択科目になるとのことですが，日本人の文化水準の向上の点より出来るだけ多数の生徒が数学を学ぶようにありたいと思います．恐らくは殆んど総ての生徒が選択するだろうと予想する人もありますが，数学教育に関係するものとして是非そのようにありたいと望みます．

と記している．また，「小西報告」には，

伝えられる所によれば新制高等学校の数学は解析のⅠとⅡ及び幾何の三つに大別され，解析Ⅰは第一学年に，幾何は第二学年に，解析Ⅱは第三学年に於て用いられ，又第一学年は必修になるのではないかとの事です．（下線筆者）

とある．「発学156号」の「準必修的扱い」や，「小西報告」のこうした記述には，「数学は選択科目」という主張を厳として曲げなかったCIEに配慮し，公式的には「選択科目」としながらも「事実上，『必修』を勝ち取りたい」と考えた日本側の数学科担当者の「強かさ」が見え隠れするのである．

第7節 ▐ 数学科科目選択の実際

さて，実際，新制高等学校生徒の数学の選択状況はどうであったのだろう．文部省発行『中等教育資料』第1巻第3号（1952年4月1日）には，千葉県指導主事であった芦野孝一が，「千葉県における高校選択科目（通常普通課程）の実際について」という報告を寄せている．この報告は，1951年11月1日現在，千葉県の高等学校の第3学年に在籍していた通常普通科課程生徒の過去3年間の選択状況を述べたものである．

調査対象は，1949年度入学生，つまり新制高等学校の第2期生たちであり，本論文が扱った新制高等学校発足時の第1期生の「数学」に対し，現場がどう対処したのかを示すものではない．加えて，この生徒たちには，「新制高等学

校教科課程の改正について」（発学448号，1948年10月11日）が適用されており，彼らは，新設の「一般数学」を加えた「数学4科目」の中から，1科目以上選択履修しなければならなかった．したがって，彼らにとって何らかの数学科目はすでに「必修」となっており，この史料は「必修数学の延長要求問題」の現場における「結末」を物語るものではない．とはいえ，当時の新制高等学校現場において，教師，生徒が「数学科」をどのように捉えていたのかを知ることが出来る重要な史料として注目したい．

数学に関する選択状況は表2.1の通りとなっている．

表2.1 千葉県における高校選択科目（通常普通課程）の実際について

	男 2,492		女 2,637		計 5,129	
	選択人数	百分率	選択人数	百分率	選択人数	百分率
一般数学	639	25.6	986	37.4	1,625	31.7
解析（1）	2,232	89.6	1,629	61.8	3,861	75.3
幾何	2,091	81.4	638	24.2	2,729	53.2
解析（2）	1,734	69.6	487	18.5	2,221	43.3
計	6,686	268.7	3,740	141.8	10,436	203.5
平均一人当り単位数		13.4		7.1		10.2

「小西報告」においても，「解析Ⅰは必修」とあったように，日本側が，必修となることを強く望んだ「解析学1」の選択者が全体の75.3%，CIEが強く推奨し，新設された経験主義的科目である「一般数学」が31.7%である．「一般数学」に比べて，「解析学1」の選択者数が倍を超え，数の上で大きく上回っている．現場においても，経験主義的数学ではなく，和田らが強く望んだ系統主義的数学が重視されたと見ることができる．

第8節 ┃ 第2章の総括

第2次世界大戦終結後，わが国の教育改革は，GHQ/SCAPのCIEの強力な管理下で行われた．当然，戦勝国側であるCIEの意思が数学科編成にも大きく反映され，新制高等学校数学科は，「単位制」「総合制」に基づいた「選択教

科」として成立に向かうことになった．本章では，「在米史料」を用いて，和田義信らが，数学を「必修教科」としようと闘いを繰り広げていたことを明らかにした．

最終的に，1947年4月7日に出された文部省通達「新制高等学校の教科課程に関する件」（発学156号）において，数学科は，「解析学1」「解析学2」「幾何学」の3つの選択科目からなる教科として成立する．しかし，この「発学156号」において，数学科は，「準必修」的教科として扱われている．ここには，「数学を必修に」と強く望んだ文部省の数学科担当官の意向が反映されたと見ることができる．こうした「必修数学の延長要求問題」をめぐる闘いのさまからは，第1章末尾にも示した，

> 日本人に対する教育は，日本人の手によって実行に移さるべきであり，占領軍に手をふれさせるべきものではないと信じていた．[35]

との和田義信の言に明らかなように，明治以来の日本の数学教育の伝統を，戦後の我々に受け継がせようとした先達の「強かな営み」を感じることができるのである．「必修数学の延長要求問題」の論争の背景に存在した，日米の教育観の相違・対立を以下の3点としてまとめ，本章を結ぶ．

(1) 日本側の「数理思想の涵養」に対する，米国側の「プラグマティズム（実用主義）」という数学教育目標論の相違・対立．
(2) 日本側の「教科主義」「分科主義」に対する，米国側の「経験主義」「統合主義」という教科編成理念の相違・対立．
(3) 日本側の「系統的学問教育」に対する，米国側の「大衆的総合教育」という上級中等教育構想の相違・対立．

---

35 和田義信（1988），「『数理』について」，日本数学教育学会『日本数学教育学会誌』第70巻（臨時増刊数学教育学論究 49，50），p.76.

第 **3** 章

占領下における新制高等学校
数学科用教科書の成立

我が国の学校教育は，第2次世界大戦後，GHQ/SCAPの下部組織であるCIEの管理下で再構築された．1947年4月に発足した新制の小学校と中学校の算数・数学科に対しては，教科課程編成の「基準」[1]として『学習指導要領 算数科数学科編（試案）』が1947年5月15日に発刊され，ここに算数・数学科の教科としての戦後の成立を見定めることができる．

　しかしながら，第1章で述べた通り，1948年4月に発足した新制高等学校数学科はその「基準」たる学習指導要領のない「暫定的成立」となった．したがって，数学科の教科内容は4冊の一種検定教科書，『数学 解析編（Ⅰ）』『数学 解析編（Ⅱ）』『数学 幾何編(1)』『数学 幾何編(2)』（以下，「数学」を省いて『解析編（Ⅰ）』などと略記）によって事実上定められたと言ってよい．それゆえ，これらの教科書には新制高等学校数学科の暫定的成立の根拠の一つとしての重要性が指摘できる．

　本章においては，新制高等学校の「数学教科書」の形式と内容がどのように定まったのかを明らかにしたい．その際，これまでと同様，「在米史料」に依拠し，当時文部省教科書局にあった和田義信らとCIEとの折衝の過程を探ることにする．

第1節　数学教科書の英訳原稿と認可・検定

　「在米史料」には前掲の4冊の数学教科書の英訳が存在する．これらは検閲を受けるためにCIEに提出を求められた教科書原稿の英訳である．これらには，"APPROVED FOR PROOF"（植字許可）と記され，認可の日付とともに当時CIE教育課の教科課程及び教科書担当官を務めていたK.M.ハークネス[2]の署名が添えられている（史料3.1）．

史料3.1　『数学 解析編（Ⅱ）』の
英訳原稿に付されている
K. M. ハークネスの認可サイン
（「AUG.25.1947」の日付がある）

1　1947年5月23日制定の「学校教育法施行規則」第57条には「高等学校の教科に関する事項は，学習指導要領の基準による」明記されている．
2　Kenneth M. Harkness： 当時，CIE Education Division Textbooks & Curriculum Officer. 1946年の夏から教科書編集，学習指導要領作成の最高責任者となる．

第3章　占領下における新制高等学校数学科用教科書の成立

また，これらの英訳原稿に付されている署名，認可の日付等を一覧にしたものが「表3.1」，さらに実際に発行された教科書の奥付記載事項を整理したものが「表3.2」である．なお「表3.2」における「全頁数」は各教科書の巻末にある「附録（数表）」を除いたものである．

表3.1　「在米史料」に見る教科書英訳の認可

教科書名	数　学 解析編 (I)	数　学 解析編 (II)	数　学 幾何編 (1)	数　学 幾何編 (2)
英訳原稿 タイトル	Mathematics Analysis (1)	Mathematics Analysis (2)	MATHEMATICS GEOMETRY Part 1 Elementary Geometry	Geometry Part II Analytical Geometry
CIE認可日 APPROVED FOR PROOF	文字判読困難 (June, 1947)[注]	Aug. 25,1947	Oct. 27,1947	Oct. 27,1947
CIEの署名	K.M. Harkness	K.M. Harkness	K.M. Harkness	K.M. Harkness
マイクロ フィッシュNo	CIE(B) 4622〜	CIE(B) 4624〜	CIE(B) 4627〜	CIE(B) 4630〜

注　"Mathematics Analysis (1)"に対するCIEの認可日は史料が不鮮明なため判読できないが，国立国会図書館の検索カードには「June.1947」と明記されている．他の教科書は検索カードの記述と認可月が合致していることから認可月は「June.1947」とすることが自然である．

表3.2　教科書の奥付の記載事項

書　名	数　学 解析編 (I)	数　学 解析編 (II)	数　学 幾何編 (1)	数　学 幾何編 (2)
文部省検定	1947.8.19	1947.10.21	1947.11.22	1948.5.29
印刷日	1947.8.19	1947.10.21	1947.11.22	1948.5.29
発行日	1947.8.23	1947.10.25	1947.11.26	1948.6.2
定　価	10円	記載なし	記載なし	記載なし
著作権所有 著作兼発行者 代表者	中等學校教科書 株式會社 阿部眞之助	中等學校教科書 株式會社 阿部眞之助	中等學校教科書 株式會社 阿部眞之助	中等學校教科書 株式會社 阿部眞之助
印刷者 代表者	大日本印刷 株式會社 佐久間長吉郎	大日本印刷 株式會社 佐久間長吉郎	大日本印刷 株式會社 佐久間長吉郎	大日本印刷 株式會社 佐久間長吉郎
発行所	中等學校教科書 株式會社	中等學校教科書 株式會社	中等學校教科書 株式會社	中等學校教科書 株式會社
全頁数／判	232／B6	265／B6	211／B6	140／B6
附　録 （数　表）	1. 平方，立方， 　平方根，立方根 2. 三角函数 3. 数の対数(1), (2)	1. 平方，立方， 　平方根，立方根 2. 三角函数 3. 数の対数(1), (2)	1. 平方，立方， 　平方根，立方根 2. 三角函数	なし

「表3.1」と「表3.2」を比較してみると,『幾何編 (2)』を除く3冊はCIEの認可を得てから1～2か月後に文部省が検定・印刷をしていることが分かる. しかし『幾何編 (2)』だけは認可から印刷までの間に7か月もの経過が見て取れる. その経緯については後述する.

史料3.2 『数学 解析編(I)』,『数学 解析編(II)』の表紙

史料3.3 『数学 幾何編(1)』,『数学 幾何編(2)』の表紙

第2節　教科書発行計画と中等学校教科書株式會社

CIEは教科書に対する検閲と認可に関して多くの記録を残している.

まず1946年11月5日付の「在米史料」"REVISED PROGRAM FOR TEXTBOOK PUBLICATION"[3]（史料3.4）の冒頭には,

> The committee presented the following revised list of textbooks planned for 1947.
> 委員会は以下の1947年度用として計画された教科書の一覧の改訂版を提出した.

とある. ハークネスは文部省教科書局長の有光次郎[4]の報告を受け, 1947年度中に発行する予定となっている初等段階から上級中等段階までの教科書の一覧

3　在米史料, No. CIE(A)3072.
4　有光次郎：当時, 文部省教科書局長.

第3章　占領下における新制高等学校数学科用教科書の成立

をこの文書に記した．算数・数学科に関しては（史料3.4）の最下部に，

Mathematics　　　　　　　 -- 1 volume each for grades 1, 2, 3, 4, 5, 6, 7, 8, 9

Mathematics Tables　　　 -- 1 volume

Algebra-Calculus　　　　　 -- 1 volume

Geometry-Anal, Geom　　 -- 1 volume

と記されており，この時点で新制の小学校・中学校用に各学年1冊ずつ計9冊，新制高等学校用に「代数-解析」1冊，「幾何-解析幾何」1冊，さらに別冊の教科書として「数表（Mathematics Tables）」が1冊，計3冊の発行が計画されていたことが分かる．

"Algebra-Calculus"と"Geometry-Anal, Geom"の2冊はそれぞれ『数学 解析編』と『数学 幾何編』に相当する．この時点では『解析編』と『幾何編』が各2分冊，計4冊という実際の発行形態にはなっていない．また次節で詳述するが，「数表」は実際の発行に至ることはない．

1か月ほど遡って1946年10月9日付の

史料3.4　REVISED PROGRAM FOR TEXTBOOK PUBLICATION
（1946年11月5日付）

「在米史料」"Regular weekly conference"[5]（史料3.5）を見てみる．第3段落目には新制高等学校の「教科書発行者」について触れた次の記述がある．

3. Agreement was reached that Mombusho would produce text manuscripts for all text thru the ninth grade. For upper secondary years it would produce those for required courses, including the sciences, of which one is required. Others will be produced by Secondary School Text

---

5　在米史料，No. CIE(A)681.

79

Publishing Company.

3.（初等及び下級中等段階の）9年間のすべての教科書の原稿を文部省が作成することで合意に達した．上級中等学校用には1科目だけが必修となる理科のものも含め，必修科目のものは文部省が発行し，他の科目については中等学校教科書株式会社が発行する予定とする．（括弧内筆者）

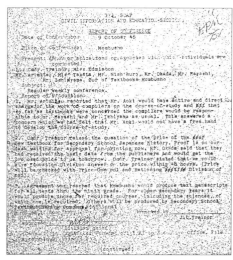

史料3.5　Regular weekly conference
（1946年10月9日）

1946年10月9日に小・中学校用の教科書はすべて文部省が発行し，高等学校用については，必修科目は文部省，選択科目は中等学校教科書株式会社の発行と決定したのであった．第2章で言及したように，高等学校の数学科目はすべてが「選択科目」となったため文部省の発行とはならず，教科書会社に外注することになったのである．実際，教科書の奥付を見ると，中学校用の数学教科書の「著作兼発行者」は「文部省」であるのに対して，高等学校用は「中等學校教科書株式會社」であることが確認できる（史料3.6）．この「在米史料」はその「分岐」を示すものである．

次に，1946年10月30日付の "Progress Report"[6]（史料3.7）の第2段落を和訳する．

史料3.6　『中等数学　第二学年用（1）』と『数学　解析編（I）』の奥付け（両者の著作件発行者は異なっている）

6　在米史料，No. CIE(A)687, CIE(A)3072.

2. 上級中等学校用の数学選択科目教科書：検定教科書の編集手続きは，まず文部省が出版社に教科書に求められるものを示し，その後出版社は執筆者を選定し，望ましい内容や範囲に関する助言を得るために，執筆者を編集者同伴で文部省に派遣するのが通常である．しかし，誰も数学の編集責任者である和田のもとに助言を求めに来ておらず，文部省か

史料3.7　Progress Report
（1946年10月30日付）

ら中等学校教科書株式会社へ，数学教科書に関するなすべき話がされていないのだと，和田は個人的な考えを述べた．近いうちに有光教科書局長とこの問題を議論すべきだ．

つまり，教科書編集が始まろうとしていた10月30日，文部省と出版社と執筆者の3者で意思疎通を欠くトラブルがあり，和田はそれを嘆いているのである．

この記述は，新制高等学校の数学教科書の著作権は中等学校教科書株式会社にあるものの，教科書の内容選定に関しては文部省の和田から直接の指示のもとに行われていたことを示している．この史料は新制高等学校数学科の教科内容が和田らの意向を反映して定められていったことを逆に裏付けるものと評価できる．

第3節　別冊教科書「数表」の復刻問題

1946年11月27日，和田はCIEを訪れて別冊教科書「数表（Mathematics Tables）」の編集作業の進捗をハークネスに報告している．この11月27日付の「在米史料」"Mathematics Texts and Progression Chart"[7]（史料3.8）の最後の段落（3行分）に以下の記述が見出せる．

7　在米史料，No. CIE(A)696.

Textbooks of Mathematical Tables will be submitted next week. These will be a fusion of those previously published for Middle Schools and Girls High schools.

教科書「数表」は来週提出される．これらは以前，中学校と高等女学校用に出版されていたものの融合である．

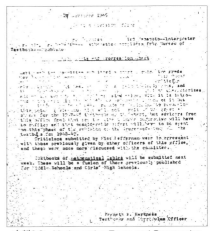

史料3.8 Mathematics Texts and Progression Chart（1946年11月27日付）

つまり，和田は旧制学校用のものを改訂し，復刻版として教科書「数表」の原稿をCIEに提出したのである．

次に1947年3月17日付の「在米史料」"Mathematics Texts"[8]（史料3.9）を見てみよう．

この史料は6つの段落からなっている．第4段落に注目したい．以下のように記されている．

4. The matter of incorporating the mathematics tables in the mathematics textbooks themselves rather than printing them as a separate volume was reemphasized and it was pointed out to Mr. Wada that, unless this is done, there will very probably be no tables available until very late in the school year.

史料3.9 Mathematics Texts （1947年3月17日付）

4. 数表は別冊とせず，数学教科書本体に組み入れるよう念を押された．

---

8 在米史料，No. CIE(A)3070，CIE(C)334．

82

第3章　占領下における新制高等学校数学科用教科書の成立

そうしない限り，数表が学校年度のかなり後まで使用できなくなる可能性が高いと和田への注意がなされた．（下線筆者）

この数表をめぐる問題の収束は約2か月後の1947年5月22日付の「在米史料」"Regular Weekly Conference"[9]（史料3.10）に見られる．

この史料の第2段落には，

2. The question of the re-printing of the volume of mathematics tables for use in the upper secondary courses was brought up again and the undersigned officer reminded the committee that they had been told three months ago that this material would not be approved for re-printing in its present form because of the lack of paper.

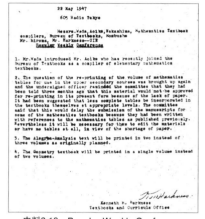

史料3.10　Regular Weekly Conference
（1947年5月22日付）

2. 上級中等段階用の数表の冊子の復刻問題が再提起された．署名官は，紙の不足の為，この教材の現行形式による復刻印刷は許可できないと3か月前に告げたことを委員会に再確認した．（下線筆者）

とあり，和田はCIEに禁じられた数表の別冊・復刻をここに及んでも主張していることが分かる．なお，署名官（undersigned officer）とはハークネスのことである．しかし，ハークネスは，

It had been suggested that less complete tables be incorporated in the textbooks themselves at appropriate levels.

9　在米史料，No. CIE(A)3069, CIE(C)347.

83

完全な表でなくても適切なものにして教科書本体に組み入れるよう，すでに
指示をした．

と教科書に組入れることの指示を再確認するのである．これに対して，

The committee said that this would delay the submission of the
manuscripts for some of the mathematics textbooks because they had
been written with references to the mathematics tables as published
previously.
委員会は，かつて出版されていた数表を基にして作成済みであるのに，そう
なると何冊かの数学教科書の原稿提出が遅れることになると述べた．

と記されていることから，和田は復刻しなければすでに完成している数表を作
り直すことになり原稿提出が遅れると食い下がる．これは復刻の許可を取り付
けるための和田の駆け引きかもしれない．そこでハークネスは，

Nevertheless it will be necessary for them to edit the materials or have no
tables at all, in view of the shortage of paper.
それでもなお，彼らは教材を編集しなければならない．さもなくば，紙の不
足が見込まれることを考え，数表を一切なしにしてしまわざるを得ない．

と返し，「数表を一切なしにしてしまう」ことを持ち出して強引に和田を退け
ている．これによって「数表」という別冊教科書が実際に発行されることはな
くなったのである．

　CIEは数表を別冊として復刻することを拒む理由に「紙の不足」を挙げてい
る．この史料には「現行形式による復刻印刷は許可できないと<u>3か月前に告げ
た</u>」（下線筆者）と記されている．

　本節で「在米史料」から見出した「教科書に組入れる指示」は，この2か月
ほど前の3月17日付のものであったが，そこには「組入れる件について念を押
された（reemphasized）」とあり，実は3月17日よりさらに1か月前の2月に，

第3章　占領下における新制高等学校数学科用教科書の成立

この件に関する最初の指示が与えられていたことが読み取れる．

つまりCIEから幾度も指示を受けたにもかかわらず，和田は「数表」の別冊・復刻を再三申し入れたのである．和田は原稿の組みなおしに時間を費やしたくなかったのか，それとも新制高等学校数学科において別冊教科書としての数表を必要とする構想があったのだろうか．

史料3.11　旧制中学校用別冊教科書『数表』（A5判）の表紙（和田は，この教科書の復刻をCIEに申し入れたが，叶わなかった）

かくして「数表」という別冊教科書が実際に発行されることはなくなる．そしてCIEの指示通り，教科書の巻末に「附録（数表）」（前掲 表3.2参照）として掲載されるのである．

数表を教科書の巻末に掲載するという形式は戦前の三角法教科書における「数の対数表」「三角函数の真数表」「三角函数の対数表」などの巻末掲載として採用されることはあった．しかし，今日的な中等教育教科書における数表の巻末掲載という形式が戦後混迷期の紙不足の状況において，和田とCIEの折衝で定まったという事実は興味を惹くものである．

第4節　新制高等学校数学科構造の具体化と教科書の分冊

1946年12月17日付の「在米史料」"Progress Report"[10]（史料3.12）を掲げる．この"Progress Report"は12月17日現在の数学科学習指導要領委員会の作業の進捗状況がCIEに報告されたものである．内容のほとんどが小・中学校の算数・数学科の「学習指導要領」の作成に関わるものであるが，1つだけ高等学校数学科に関わる内容がある．それは第3段落の最初の部分であり，下記のように記されている．

10　在米史料，No. CIE(A)705，CIE(C)3071．

The outline for the first volume of the higher secondary mathematics was submitted. The Course of Studies materials for the general mathematics for the lower secondary grades have been completed in Japanese and have been submitted to the Chairman for the Course of Studies Committee.

史料3.12　Progress Report
（1946年12月17日付）

上級中等数学の1冊目の<u>アウトライン</u>が提出された．下級中等段階の一般数学用の学習指導要領の日本語版の資料はすでに完成しており，学習指導要領委員会の委員長に提出された．（下線筆者）

　ここで提出されたものが上級中等学校（新制高等学校）数学科の何の「アウトライン（概要）」であるかが問題である．この史料に記載されている他の報告はすべて「学習指導要領」に関するものであり，文脈に従えば1947年6月4日に編集作業が中断され未完となった「高等学校学習指導要領数学科編」の「アウトライン」と見ることができる．

　一方で，1冊目（first volume）という表現からみて「教科書の1冊目」とも考えられるから，教科書の「アウトライン」（章立て，目次（contents））とも捉えられる．つまり，高等学校用の数学教科書の1冊目『数学 解析編（I）』の概要がこの時点でCIEに提出された可能性もある．しかし残念ながら，この「アウトライン」が「学習指導要領」のものなのか，それとも「教科書」のものなのか判定し難い．

　ただ言えることは，中学校数学科の「学習指導要領」が完成を見たこの時期，高等学校数学科の教科内容の最初の部分の概要が1946年12月17日にはまとめられCIEに提出されたということである．したがって新制高等学校数学科の構造がこの時期にまとまろうとしていたことが分かる．

　1947年2月20日付の「在米史料」である"Schedule of Printing for Textbooks"[11]には試し刷り許可が得られた教科書の「ゲラ版」が文部省教科書局からCIEに

第3章　占領下における新制高等学校数学科用教科書の成立

提出される予定日が書き留められている.

　この史料には小学校から高等学校までの教科書のうち計34冊分の記述がなされているが，新制高等学校数学科のものは見出すことができない．それは教科書原稿の作業が遅れていたため提出の目途が立っていなかったからである.

　原稿の遅れが生じた理由の1つに教科書執筆者の死去があった．それは1947年3月17日付の「在米史料」"Mathematics Texts"（前掲 史料3.9）の第5段落で確かめられる.

5. The university professor who had been employed by the publishing company to write the texts for the Upper Secondary School has died and this will delay the preparation of the manuscripts until another compiler can be contacted.

5. 上級中等学校の数学教科書の執筆者として出版社に雇用されていた大学教授が死去し，代役の著者と接触できるまで原稿の準備が遅れる.

　次に数学教科書印刷に関する記述のある1947年5月22日付の「在米史料」"Regular Weekly Conference"（前掲 史料3.10）を見てみよう．この史料の第1，第3，第4段落は以下の通りである.

1. Mr. Wada introduced Mr. Aoike who has recently joined the Bureau of textbooks as a compiler of elementary mathematics.

3. The Algebra-Analysis text will be printed in two instead of three volumes as originally planned.

4. The Geometry textbook will be printed in a single volume instead of two volumes.

1. 和田は，算数の教科書編集者として最近教科書局に着任した青池[12]を紹介した.

---

11 在米史料，No. CIE(A)3070，CIE(C)324.
12 青池実：当時，文部省教科書局第二編修課.

3. 代数-解析の教科書は当初3冊に印刷予定だったが，2冊に印刷することになった.

4. 幾何の教科書は2冊ではなく1冊に印刷される予定である.

1946年11月5日付の「在米史料」"REVISED PROGRAM FOR TEXTBOOK PUBLICATION"（前掲 史料3.4）で見た通り1946年11月時点で新制高等学校用数学教科書の発行計画は，

Algebra-Calculus　　　　--1 volume
Geometry-Anal, Geom　--1 volume

と各1冊であったが，いったん"Algebra-Calculus"が3冊に，"Geometry"が2冊に変更され，1947年5月22日にはさらに2冊と1冊に変更されたことが読み取れる．このように教科書の部冊数が増減することには，深刻な紙不足への対応に関する苦慮が表れている.[13]

第5節　『数学 解析編（Ⅰ）（Ⅱ）』の検閲と認可，発行

第1項　英訳原稿提出から認可・発行まで

1947年6月10日，新制高等学校の数学教科書原稿がCIEのハークネスに提出されたことが「在米史料」"Submission Manuscripts"[14]（史料3.13）で明らかになる.

この史料には，

1. Mr. Wada submitted manuscripts for mathematics for the first term of the 9th grade, Algebra-Analytics, and Geometry-Statics. Same have been

---

13 近藤唯一「新教科書発行の経過とその将来（一）」（二）」『文部時報』1947年12月号，1948年2月号を参照.
14 在米史料，No. CIE(A)3069，CIE(C)352.

88

第3章　占領下における新制高等学校数学科用教科書の成立

forwarded to the office of the Secondary School officers for concurrence in approval.

1. 和田は第9学年の前期部分，代数－解析，幾何－統計の数学の原稿を提出した．同じものが中等学校事務官の事務所[15]に認可を得るためにすでに送られている．

史料3.13　Submission Manuscripts
(1947年6月10日付)

と記されており，第9学年（中学3年生）の前期部分のものに加えて，"Algebra-Analytics"（代数-解析），"Geometry-Statistics"（幾何-統計）の2冊の教科書原稿が提出された旨が報告されている．この2冊は明らかに新制高等学校数学科のものであるが，「代数」"Algebra"や「統計」"Statistics"という表記は「発学156号」の科目名にも，後に発行される教科書名にも使用されていない．しかし，この時期に及んで既定の科目とは異なる内容のものが提出されたとは考えられない．したがって，実際のどの教科書の原稿が提出されたかを読み取るには注意が必要である．

まず"Algebra-Analytics"（代数-解析）という表記についてであるが，「在米史料」では教科名の「解析学」のことは"Analysis"あるいは"Algebra-Calculus"などと表記されている．したがって，この史料の"Algebra-Analytics"（代数-解析）は数学教科書『数学 解析編（Ⅰ）』とみて間違いない．実際，この『数学 解析編（Ⅰ）』では関数を中心に内容が構成されている一方で，各所で方程式が取り扱われており「代数-解析」"Algebra-Analytics"という名前で表現されることは相応しい．

一方，この史料にある教科書"Geometry-Statistics"（幾何-統計）は"Geometry"という語を含んでいるから幾何の教科書であるかにみえるが，『幾何編』の2冊のいずれの原稿とも考えにくい．なぜならば，約3か月後の9月18日付の「在米史料」（後掲 史料3.15）に「『幾何』9月末に翻訳終了の予定」

---

15 CIEのSecondary School officeのことである．

とあり，9月23日付の「在米史料」（後掲 史料3.16）には「『解析』はすでに認可済みだが，「幾何」は翻訳が済み次第提出する」という旨が報告されている．したがって，「幾何」の2冊の英訳は6月10日にはまだ完成していないはずである．この時点で「幾何」の教科書の原稿が提出されたとなると，後の「在米史料」の記述とは明らかな矛盾が生じる．

つまり，ここで提出された"Geometry-Statistics"（幾何―統計）の原稿は『数学 解析編（Ⅱ）』のものの可能性が高い．『数学 解析編（Ⅱ）』には「統計と確率」という章があり，統計学"Statistics"の内容を含んでおり，この点でも整合がとれる．結論的に言えば，6月10日に提出された2冊の原稿は『解析編（Ⅰ）』と『解析編（Ⅱ）』すなわち解析の2冊の教科書のものと考えられる．前掲の「表3.1」「表3.2」からも，『解析編』が『幾何編』の2冊に先行して成立していることがわかることから，このように考えるのが極めて自然である．ここで『解析編』の認可から発行に至るまでの日程をまとめると次の「表3.3」の通りである．（　　）のある日付は「可能性が高い」と考えられるものである．

表3.3　『解析編』の英訳原稿提出から発行までの経過

教科書名	数　学 解析編（Ⅰ）	数　学 解析編（Ⅱ）
英訳原稿提出日 文部省 和田義信 → CIEハークネス	1947年6月10日	（1947年6月10日）
CIEによる試し刷り許可日 （ハークネス）	（1947年6月）注	1947年8月25日
文部省検定日	1947年8月19日	1947年10月21日
印刷日	1947年8月19日	1947年10月21日
発行日	1947年8月23日	1947年10月15日

注　数学解析編（Ⅰ）に対する許可日は本章掲載の表3.1の注を参照．

『解析編（Ⅰ）』と『解析編（Ⅱ）』のどちらも十分な供給量が印刷されたかは別にして1948年4月の新制高等学校発足に間に合ったのである．なお，これらの教科書は新学制発足後の移行期間中残存していた旧制中学校でも用いられたことが分かっている．

第2項　オズボーンの批評

CIEに提出された『数学 解析編（Ⅱ）』の英訳原稿はマイクロフィッシュ4枚

26）に収められており，中等学校事務官のM.L.オズボーン[16]による批評，"COMMENTS ON TEXTBOOK ON "MATHEMATICS ANALYSIS" (2)"[17]（史料3.14）が添付されている．これは『解析編（Ⅱ）』の検閲の際，CIEがこの教科書に対し「期限と条件」を付した記録である．

　本史料の和訳は次のようになる．

教科書『数学解析編（Ⅱ）』に対する批評

　この数学の課程は大学進学希望でない新制高等学校の生徒が使用することは想定できない．この年齢の生徒にとっては難し過ぎ実用的な意義がない．ここに納められている内容の多くは新制大学の下級段階（最初の2年）に価するもので，この種の数学が必要とされる専門的研究に進もうとする生徒のためのものである．実際，非常に低いパーセンテージの新制高等学校生徒しかその必要性が見出せないだろう．

　新制中学校用として新しいタイプの数学課程が文部省により編成中である．第7，8学年の教科書はとりわけ高度に実用的なものとなる．第9学年は実用的数学と新制高等学校科目への準備とのおよそ中間に位置付けられる．このように高度にアカデミックで実用的とはいえない大学レベル準備課程のために，中学校の生徒が時間を浪費することはあってはならない．

　本年度と次年度，新制高等学校に在学する生徒はこのようなものにある程度対応した課程で過ごしてきているので，1947年度と1948年度に限定

史料3.14　COMMENTS ON TEXTBOOK ON "MATHEMATICS ANALYSIS"（2）

16　Monta L. Osborn：当時，CIE Education Division Secondary School Officer．1946年6月GHQに入る．

17　在米史料，No. CIE(B)4625．この史料は，第1章第2節に掲げたものの再掲である．

してこの教科書の使用を認めるものとする．1949年度用の新しい課程と教科書の準備は，ただちに始めなければならない．

この教科書の内容を認め，植字を許可する．ただし，教科書で実践される例と問題は，事前に絶対的な厳格さをもってチェックされるべきだ．

モンタ．L. オズボーン

中等学校事務官

　新制中学校では「実用的な数学」の習得を目指させている．その一方で，新制高等学校にこのように「アカデミックで実用性に欠ける課程」を置いてしまえば，中学3年次はその準備期としての影響を受けてしまう．それは「時間の浪費」だと述べられている．そして，『解析編（Ⅱ）』は「2年間のみ使用」という「期限」，さらに「新科目と教科書の作成開始」という「条件」が付され認可が得られたのである．

　なお，『解析編（Ⅱ）』は翻訳原稿提出からCIEの許可までに約2か月半がかかっている（表3.3参照）．これはCIEが「期限・条件付で認可を与える」という決定を下すまでの検討に時間を要したものと思われる．

第6節 ▌『数学 幾何編（1）（2）』の検閲と認可，発行

第1項　英訳原稿の提出

　『解析編』に続いて『幾何編』について原稿提出，認可，印刷，発行を見ていく．まず1947年9月18日付の「在米史料」"Mathematics Textbook"[18]（史料3.15）を見る．第1段落目に着目する．

1. Mr. Wada reported that he had consulted the publishers and that the textbook in Geometry can be translated by the end of the current month; type-setting can be completed by 20 October and the printing completed

---

18 在米史料，No. CIE(A)3068, CIE(C)384.

92

第3章 占領下における新制高等学校数学科用教科書の成立

by the end of November. In view of the delay in getting out the textbook, the undersigned officer asked the compilers to consider the advisability of putting the text out in three volumes. This would permit the printing of Vol.3 for using during the remaining months of the present school year,

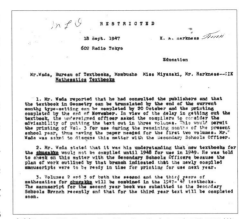

史料3.15 Mathematics Textbook（1947年9月18日付）

thus saving the paper needed for the first two volumes. Mr. Wada was asked to discuss this matter with the Secondary School Officer.

1. 和田は，出版社と打ち合わせた結果，今月末までに幾何の教科書の翻訳が終了，10月10日までに植字が終了，11月末までに印刷が完了することを報告した．教科書発行が遅れていることから，署名官は，教科書を3冊に分けるのが賢明ではないかと編集者に聞いた．これは，本年度の残りの月で使用する第3巻の印刷を許可し，最初の第1巻と第2巻に必要な紙を節約することになるからである．和田は，このことについて中等学校事務官と相談しておくよう言われた．

和田はハークネスから紙の節約のためにも1947年度の残りの期間に（旧制中学校で）使用する部分（Vol. 3）のみの印刷を許可することが提案された．これについて中等学校事務官（オズボーン）と相談しておくよう指示を受けている．この「在米史料」からは『幾何編』についてはまだ9月時点でも英訳ができておらず，『解析編』に比べて作業が著しく遅れていることが分かる．

次に1947年9月23日付の「在米史料」である "Status of Mathematics Textbooks"[19]（史料3.16）では和田がCIEの中等学校事務所を訪れオズボーン

---

19 在米史料，No. CIE(B)6671, CIE(C)382, CIE(D)1792.

に会い新制の中学校用と高等学校用の数学の教科書発行に関し全体的な進捗状況の報告を行っている.

この史料の高等学校の教科書に関係する部分の抜粋する. 冒頭には,

史料3.16 Status of Mathematics Textbooks
（1947年9月23日付）

Mr. Wada outlined the present status of mathematics textbooks for the chugakko and kotogakko as follows:

和田は中学校と高等学校の数学教科書の現在の進捗の概要を以下のように示した.

と記されている. さらに, 新制高等学校が相当する第10学年から第12学年に対して,

Three textbooks were planned for the new kotogakko. The textbooks on "Analysis" has been approved by the Education Division. The Geometry textbook has been completed and will be submitted as soon as it can be translated. Part I will be submitted on 27 September, Part II on 7 October.

新制高等学校用には3冊の教科書が計画された.「解析」の教科書はすでに教育課で認可済みである. 幾何の教科書はすでに完成し, 翻訳され次第提出される. 第1部は9月27日に, 第2部は10月7日に提出される.

この史料に見られる新制高等学校用の3冊の教科書 "Three textbooks" という記述を「解析」1冊と「幾何」の第1部と第2部の2冊で計3冊と読み取ってしまいがちだがそうではない. 実は, ここでは「解析2冊」「幾何1冊」, 計3冊であることを示しているのである」.『解析編（I）』はすでに8月19日に印刷済み,『解析編（II）』は8月25日で印刷許可済みの状態（表3.3参照）となっており,「解析」の教科書についてはすでに2冊が出揃っているのである. 5日

94

前にさしあたり旧制中学校で1947年度中に使用する「幾何」の教科書について，その後半部分のみを分冊として発行することがハークネスから提案されてはいるが，新制高等学校用の教科書としては前掲「史料3.10」の5月22日付「在米史料」"Regular Weekly Conference"で確認された「代数-解析は2冊，幾何は1冊」という方針は変更されていない．

　したがって，印刷許可済みの「解析」の2冊と，翻訳が済みしだい原稿提出予定の「幾何」の第1部と第2部を合わせた1冊で，計3冊とするとCIEは考えていたのである．これは後の10月21日に「幾何編」が2分冊となり，その後CIEは「幾何編2冊の印刷は許可できない」と主張することからも確かめられる．記述は以下のように続く．

　　和田は幾何の本の植字を今すぐ進め，原稿は後で提出し，必要な訂正があれば試し刷り原稿で行いたいと言ったが，中等学校事務官は教育課の認可が下りるまで植字は待つように指示し，認可もしくは変更の指示を急がせることで合意が得られた．

　教科書編集のスケジュールが遅れており，和田は今すぐ幾何の植字を行い，英訳原稿は後で提出し，必要な訂正があれば試し刷り原稿で行いたいと提案するが，オズボーンは許さず，CIEの認可が下りるまで植字は待つよう指示をする．その代わり認可あるいは変更の指示を急ぐことの合意を和田は取り付けるのである．

第2項　『数学幾何編』の内容変更の指示

　1947年9月23日，CIEは『幾何編』の植字を急ぐ和田に対して，植字を許可しないかわりに「認可あるいは変更の指示を急ぐ」と約束した．1947年10月21日付の「在米史料」"Mathematics Textbooks for 9th Grade-Kotogakko"[20]（史料3.17）には，和田は「変更の指示」を受けて作業した後，CIE中等学校事務所のビル・ホリングスヘッドに『幾何編（1）』の「最終的な変更」の報告を

―――――――――――――――――――――

20 在米史料，No. CIE(A)3100，CIE(B)6660.

したことが記されている.

まず,「史料3.17」の冒頭には次の記述がある.

The final revisions for the 9th grade textbook in Mathematics and for the textbook in Elementary Geometry were arranged for. The section on Trigonometric Ratio was moved from the 8th grade into the work for the 9th grade.

第9学年の数学と初等幾何の教科書の最終的な変更がなされた. 三角比の節は第8学年から第9学年の演習問題へと移された.

史料3.17 Mathematics Textbooks for 9th Grade-Kotogakko (1947年10月21日付)

CIEの認可を得る際,『幾何編 (1)』の内容は新制中学校用教科書『中等数学』も絡めていくつかの内容変更が行われたことが分かる. ここに記されているように, 1947年発行の新制中学校教科書『中等数学 第2学年用』には三角比は扱われておらず,『中等数学 第3学年用 (2)』には「三角比」は単元「直線と角」「種々の問題」の小単元として組み込まれている. なお, これと同様の変更指示は, 2週間ほど前の10月6日付の「在米史料」"General Mathematics Textbook for Grade VIII (Section II)"[21] (史料3.18) でも確かめられる.

史料3.18 General Mathematics Textbook for Grade VIII (Section II)(1947年10月6日付)

なお, 実際に刊行された『幾何編 (1)』は, 以下の7つの章から成り立って

---

21 在米史料, No. CIE(B)6671.

96

いる.

第1章 図形の直観　　　　　　第2章 公理と証明
第3章 図形の性質　　　　　　第4章 軌跡・作図
第5章 中学三年の復習 直線と角　第6章 中学二年の復習 三平方の定理
第7章 第1章の復習 図形の直観

これら7つの章のうち，第1章から第4章までと第5章から第7章までの認可
過程が異なっていたことを，前掲の1947年10月21日付の「在米史料」
"Mathematics Textbooks for 9th Grade - Kotogakko"（史料3.17）から読み取
ってみたい．この史料には，

For the Kotogakko Elementary Geometry, the four chapters as developed
were approval; three other chapters in the form of reviews were added as
follows:
高等学校の初等幾何では4つの章が作られていたがこれらは承認され，復
習形式をとり，次の3つの章が別途加えられた.

と記されている．すなわち，第4章までの提出原稿がこの日にそのまま承認さ
れ，次の3つの章が新たに加えられ，第5章，第6章，第7章となっていったこ
とが分かる.

Liners and Angles from the 9th grade
Pythagorean Theorem from the 8th grade
Chapter 1 on the textbook itself
第9学年の復習 直線と角
第8学年の復習 ピタゴラスの定理
この教科書の第1章の復習

さらに，「これらは第1部の作業でおそらく今年いっぱいかかるだろう」

"This constitutes the work of Part I, and probably is enough for the entire year" との記述が続く．この日に第5章以降を追加する合意がなされ，第5章以降は1947年末を目途として追加の編集作業を終えることにしたのである．また『幾何編 (2)』に関しては，以下の記述がなされている．

Part II, which was Analytical Geometry was put into a separate volume, and was to be a purely elective course for students majoring in Mathematics, Engineering, etc. It was recommended that after this year the course be postponed until Daigaku.
第2部は解析幾何となっており，別の教科書となった．これは数学や工学などを専攻する生徒用の純粋な選択科目であり，後の年度に大学の数学に送ることが忠告された．

これまで，「幾何」の教科書は1冊とするという方針であったが，ここで2冊目の幾何教科書が『数学 幾何編 (2)』として発行することになった．ただしこの教科書は「数学や工学などを専攻する生徒用の純粋な選択科目」であるとして「後の年度には大学の数学に送ることが忠告」され，前節で見た『数学 解析編 (II)』と同様，期限と条件が付けられた．さらに，この史料には，

Also further revision in the form of suggestions to Teachers were added to each Unit. In these suggestions were those on selection of aims co-operatively by teachers and pupils, evaluation on aims by teachers (and pupils), and instructions for entering their accomplishment in the pupils Cumulative Record.
それぞれの単元に教師に対する注意を付加することになった．教師と生徒が共同で目標を決め，教師（または生徒）は評価方法を選択し，生徒の成績推移を評価の記録として残すことが指示された．

と記されている．実際に2冊の『幾何編』の冒頭には「教師に対する注意」（史料3.19）が置かれておりこの日の決定が忠実に実行されていることが確かめ

第3章　占領下における新制高等学校数学科用教科書の成立

られる．この「在米史料」では最後に，

史料3.19　『幾何編』にある
「教師に対する注意」

> Mr. Wada and the Committee have
> worked very long and hard to make
> these revisions, and seem anxious to
> start on a completely revised Course of
> Study and Textbooks in Mathematics for all grades of the Chugakko and
> Kotogakko.
> 和田とその委員会は改訂のために大変長い間しかも熱心に作業をしている．
> そして中学校と高等学校の学習指導要領と教科書の完全な改訂を始めるこ
> とを強く望んでいるようだ．

とあり，和田の委員会仕事に評価を与え，彼らの改訂への意欲に触れられている．

第3項　『数学幾何編』をめぐる植字許可と発行の延期

1947年10月27日付の「在米史料」である"GEOMETRY Textbooks"[22]（史料
3.20）及び10月31日付の「在米史料」"Geometry Textbooks"[23]（史料3.21）に
は『幾何編』の2冊の教科書の認可に関して最終的な記述が見られる．どちら
も和田がハークネスを訪問した記録である．CIE側にはハークネスの他にDoi
という人物も見られる．

まず，10月27日付の"GEOMETRY Textbooks"（史料3.20）の本文を全訳する．

（和訳）

1. 教科書局の数学教科書の編集者の和田は高等学校用の幾何教科書のA
巻とB巻の原稿を提出しに訪れた．

2. なぜこのように学校年度の遅い時期に両方の巻が必要なのかと問うた．
和田は一定期間，学校現場で暫定教科書の使用を進めてきたことにより教

22　在米史料，No. CIE(A)3067，CIE(C)390.
23　在米史料，No. CIE(A)3067，CIE(C)389.

科書の第2巻が必要なところまで進んだ生徒がいる一方で，まだ第1巻を必要とする生徒もいるのだと説明した．

3. 署名官は中等学校事務官にその必要性について議論することは認めたが，いずれにせよ生徒の在籍人数を超える2冊を印刷する権限は認められないだろうと説明した．

史料3.20　GEOMETRY Textbooks
（1947年10月27日付）

なぜなら，各生徒に2冊ずつの教科書を発行する十分な用紙がないためである．

和田は，ハークネスを訪ね，新制高等学校は1948年4月から学年進行で発足させていくことに加え，残存している旧制中学校での進度状況も考えて，第1巻，第2巻の両方が必要であることを和田は説明したのである．ハークネスは中等学校担当官のオズボーンに相談することを認めたが，紙不足のため2冊の印刷が許可される見通しは極めて低いことを告げたのであった．

また10月31日付の"GEOMETRY Textbooks"（史料3.21）には，

1. 教科書局の編集者である和田は関連するすべての要素を考慮した上で，幾何の教科書の第2巻の活字割を行う決定はしたものの，今年は印刷発行をしないと報告に来た．

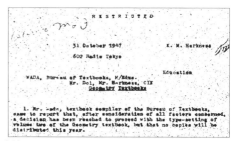

史料3.21　GEOMETRY Textbooks（1947年10月31日付）

とある．結局のところ，『幾何編』について1947年度中の印刷が許可されたのは『幾何編（1）』だけであった．『幾何編（2）』は植字だけが許可され，印刷，

100

第3章　占領下における新制高等学校数学科用教科書の成立

発行は翌1948年度に持ち越されたのであった．

ここで，『幾何編』についても「在米史料」の記述と教科書の奥付を基にして，認可から発行に至るまでの日程をまとめると「表3.4」のようになる．『幾何編 (2)』については1948年度の印刷となっていることが確かめられる．

表3.4　『幾何編』の英訳原稿提出から発行までの経過

教科書名	数 学 幾何編 (1)	数 学 幾何編 (2)
英訳原稿提出日 文部省 和田義信 → CIE ハークネス	1947年10月27日	1947年10月27日
CIE による試し刷り許可日 （ハークネス）	1947年10月27日	1947年10月27日[注]
文部省検定日	1947年11月22日	1948年5月29日
印刷日	1947年11月22日	1948年5月29日
発行日	1947年11月26日	1948年6月2日

注　10月31日付の"Geometry Textbook"には活字割"typesetting"を10月31日に許可した旨が書かれているが，『数学 幾何編 (2)』の英訳Geometry Part II Analytical Geometry" には"Proof Approval 27 Oct. 47 K. M. Harkness"とハークネスのサインがあるので，この日を試し刷り印刷許可日とした．

第7節　第3章の総括

1948年4月の新制高等学校発足時，数学科の内容を決定づけた刊行物は，文部省検定教科書『数学 解析編（Ⅰ）』『数学 解析編（Ⅱ）』『数学 幾何編 (1)』『数学 幾何編 (2)』以外にはない．それゆえ，これらの検定教科書は数学科の成立にとって重要な意味を持つ．

本章では，新制高等学校の数学教科書が発行に至るまでの経過を「在米史料」の記録をもとにたどってきた．明らかになったことを以下の9点に総括しておく．

(1) 1946年10月9日付の「在米史料」よると，この日に，数学教科書は，文部省から中等学校教科書株式会社に外注し，発行することに決定した．

⑵ 1946年11月5日付の「在米史料」によると，1947年度の教科書発行計画は，「数表」1冊，「代数-解析」1冊，「幾何-解析幾何」1冊，計3冊であった．

⑶ 1946年12月17日，新制高等学校数学科の1冊目の「アウトライン」が提出される．数学科の構造がこの時期にまとまりつつあった．

⑷ 和田は，当初「数表」は旧制のものを復刻し，別冊教科書として発行しようとした．彼は，1946年11月末CIEに原稿を提出したが，1947年3月17日に，各教科書の巻末に組み入れるようCIEから念を押される．和田は，別冊での発行にこだわったが，「数表」は精選され，『幾何編⑵』を除く3冊の巻末に「附録」として載ることになった．

⑸ 数学教科書の編集は，『解析編』が『幾何編』に先行して行われた．その作業は，執筆者の死去もあり，他教科に比べ随分進捗が遅れた．

⑹ 『解析編（Ⅱ）』は，CIEによる検閲の際，オズボーンから「難しすぎる」「実用的でない」「大学の前半の課程である」との批判を受ける．2年間という「期限付き」，新しい科目編成を直ちに始めるという「条件付き」で印刷を許可される．

⑺ 『幾何編⑵』についても，『解析編（Ⅱ）』と同様に，「数学，工学の専攻科目」という批判がなされ，大学の数学に送ることをCIEは忠告した．

⑻ CIEは，『幾何編⑴』と『幾何編⑵』の2冊を同時に印刷，発行することを許可しなかった．『幾何編⑴』は，内容変更の指示がなされ，1947年度中に印刷認可を得て発行される．『幾何編⑵』は，1947年度中に植字をすることのみが許可され，印刷・発行は1948年度に送られた．

⑼ 教科書の発行計画は，1947年度の旧制中学校での使用も考えて，いったん「代数-解析」3冊，「幾何」2冊へと変更されるが，1947年5月22日の時点で，「代数-解析」2冊，「幾何」1冊とすることで合意された．しかし，最終的に『解析編（Ⅰ）』『解析編（Ⅱ）』『幾何編⑴』『幾何編⑵』の計4冊の発行がなされた．

第**4**章

新制高等学校の
基準をめぐる議論

第1節 ┃ 残存した旧制中学校への新教科課程の適用

　新制学校の算数・数学科は，小・中学校に対しては，1947年3月20日に刊行された『学習指導要領一般編（試案）』及び，同年5月15日に刊行された『学習指導要領算数科数学科編（試案）』により基準が定められた．その後，1948年6月2日に通牒された「小中学校の学習指導要領算数・数学科編の第3章「指導内容の一覧表」の訂正について」（発教92号）による改訂に至った．この「昭和23年改訂」は，後年には，いわゆる「1年ずつの足ぶみ」と言われ，1学年分の進行をとどめる内容易化の改変であったとされる．

　一方，新制高等学校は，1947年4月7日に上掲の『学習指導要領一般編（試案）』の補遺として通牒された「新制高等学校の教科課程に関する件」（発学156号）によって，その教科課程が定められたが，数学科編に相当する学習指導要領は発刊されなかった．これは，第1章で詳論した通り，1947年6月4日まで，文部科学省にあった和田義信らによって，高等学校の数学科に関する学習指導要領の編集作業は進められていたものの，その作業が中断されたことが分かっている．新制高等学校数学科の教科内容を定めたものは，当時発行された次の4つの1種検定教科書『数学解析編（Ⅰ）』『数学解析編（Ⅱ）』『数学幾何編（1）』『数学幾何編（2）』だったのである．本書第3章では，この教科書の編集過程を「在米史料」から明らかにした．新制小・中学校の数学科が学習指導要領の完備された状態で成立したことに比べ，新制高等学校は，「教科書が出ただけ」という，暫定的な成立を余儀なくされたことが著しい．

　なお，新制高等学校数学科の内容は，1947年度に残存していた旧制中等学校の第4，5学年にも採用されている．それは，1947年4月7日付の文部省通達「新制高等学校の教科課程に関する件」（発学156号）の冒頭に，次のように述べられている通りである．

　　新制度による高等学校は，昭和二十三年度から実施される予定になっている．しかし現在の中等学校生徒で，この新制高等学校の第一，二，三学年

第4章　新制高等学校の基準をめぐる議論

に相当するものは，それぞれその相当する学年の教科を学ぶことになる．

また，本通達には，

第一　高等普通教育を主とする高等学校の教科課程
一　教科と時間数
昭和二十二年度から課せられる高等学校の教科とその時間数とは，次のようである．（下線筆者）

として，本書第2章第5節末尾に掲げた教科表が掲げられている．

この後，新制高等学校発足2か月前の1948年2月5日付「昭和二十三年度における新制高等学校教科課程の運用について」（発学156号[1]）によって次のような通達がなされたのであった．

　　昭和二十三年度における新制高等学校の教科課程については，左記によってこれを運用するよう，貴管下の該当学校に対してご指導ください．
　　　　　　　　　　　　　　　　記
一，昭和二十二年四月七日文部省発学一五六号「新制高等学校の教科課程」に示す教科課程の基準は，昭和二十三年度より発足する新制高等学校及び旧制中等学校として存続する学校に対して，昭和二十三年度よりこれによらせる．

これにより，新制高等学校数学科を教科内容は，1950年度まで残存した旧制中等学校（史料4.1参照）にも適用することを指示されたのであった．

1　この通達「発学156号」は，1948年のものである．発番号が同じ「発学156号」である1947年の「新制高等学校の教科課程に関する件」と，混同してはいけない．

105

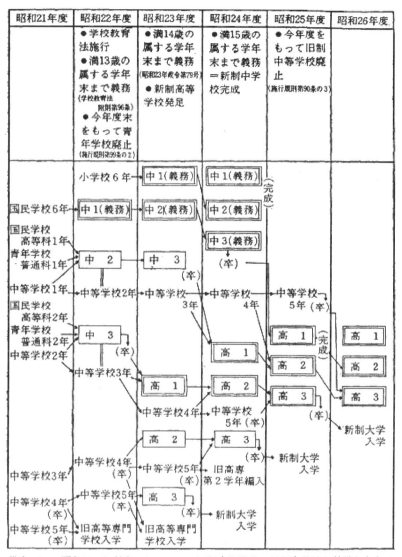

備考 1. 昭和22, 23年度においては，旧制中等学校に新制中学校を付設したものが多い。
2. 昭和23, 24, 25年度においては，旧制高等学校に旧制中等学校を付設したものが多い。

史料4.1　新学制実施の経過一覧
（文部省（1972）『学生百年史』, p.726）

第2節　新制高等学校認可制度に関する議論

　本節では，1948年4月に発足する新制高等学校の実施準備状況に関して，まずその認可制度に関する議論を見ていきたい．学校教育法（昭和22年3月31日法律第26号）が制定公布されるに先立って，1947年2月17日に，学校教育局長通牒「新学校制度実施準備に関する件」（発学63号）が各地方長官宛に発せられた．この折，本通牒の別冊資料として『新学校制度実施準備の案内』（史料4.2）も発行された．本通牒では，新学制実施準備協議会の設置など，学制改革の内容と手順が示された．また，この通牒では「高等学校に関する事項」として，次の9項目が明示されている．

1. 定義と目的
2. 修業年限について
3. 設置について
4. 義務制ではない
5. 男女共学について
6. 全日制あるいは定時制とすること
7. 独立の校舎をもち，専任の校長及び教職員を置くこと
8. 教科課程
9. 実施の時期

史料4.2　『新学校制度実施準備の案内』

　上記のうち「8. 教科課程」は，1947年4月7日の「新制高等学校の教科課程に関する件」（発学156号）により通達されるが，新制高等学校の実施に向けては，設置基準の問題，定時制に関する問題，実施の手引きの作成など，実施に至るまでの課題は山積していたのであった．

　新学制に基づく学校設置基準の検討は，1947年3月頃に着手され，3月25日に新制高等学校設置基準設定委員会の第1回会議が開催された．以後，この委

員会は，週に1，2回程度開催され，4月23日には設置基準の第1次案が提示された。しかし，設置基準そのものの性格に関する齟齬がCIEと文部省の間に存在し，議論は5月にずれ込んでいった。その齟齬を見出せる1947年5月16日の「在米史料」"Establishment of New Kotogakko"[2]（史料4.3）を掲げ，示してみたい。まず，この史料には，次のように記されている。

This conference was arranged at the request of Miss Holmes to clear up some vague points concerning the establishment of the new Kotogakko (Upper Secondary School). The questions arose a few days ago when Miss Holms stated that some of the universities with attached secondary schools were ready to recognize immediately by the 6-3-3-4 pattern; Mr. Hidaka stated at the time that no Kotogakko could be established until standard are set up, formal applications made to the Mombusho and approved by the Mombusho.

史料4.3 Establishment of New Kotogakko
（1947年5月16日付）

（和訳）
この会議は，新制高等学校（上級中等学校）の設置に係る曖昧な点を明確にしたいというホルムズ女史の要請に応じて持たれた。日高学校教育局長は，数日前，ホルムズ女史が大学附属の中等学校には，6-3-3-4制に組み入れて即時認可できるものがあると述べたことに異議を唱えていた。彼は，その時，新制高等学校は設置基準が設定され文部省に正式な申請がなされ，文

---

2 在米史料，No. CIE(B)6653, CIE(D)1781.

108

第4章　新制高等学校の基準をめぐる議論

部省の認可を経なければ設立され得ないと述べていた.

　このことから，日本側は，戦前と同様に，文部省が設置基準を定めてそれに
照らして設置認可を与えるという中央集権的な制度を考えていたことが分かる.
つまり，日本側は認可を得ることが高等学校の設置要件と捉えていたのだが，
CIEはそのようには考えていなかった. それは，続く記録から明らかとなる.
次の記述が続く.

In today's conference Mr. Hidaka's plans for the new Kotogakko become
fully evident. Members of the Education Division who are concerned with
this school have thought of it, throughout the process of development of
reorganization plans, as a level rather than a specific school, i.e., any
school operating on the 10th, 11th, and 12th grades is per se as kotogakko.
This would include daigaku preparatory schools, comprehensive schools,
and specialized vocational schools. There would be accredited kotogakko,
and non-accredited kotogakko. Some schools would be a accredited for
daigaku preparation, other would be not, but all schools on this level
would be kotogakko. This doctrine is fully established by "Hatsugaku #63,
"Handbook for Preparation of the New School System", published by the
Mombusho. The real Mombusho view as expressed by Mr. Hidaka is that
the Kotogakko is not a level, but a definite type of school. The plan is to
establish relatively rigid standards this summer; once the standards are
established and as schools meet them they will submit applications for
established ad Kotogakko; the mombusho will grant to the accepted
schools permission to use the term Kotogakko, while those schools which
do not meet the standards will be classified as miscellaneous schools.
（和訳）
今日の会議を経て，日高が考えていた新制高等学校のプランは明白となっ
た. この問題を担当する教育課（CIE Education Division）のメンバーは，再
編のプロセスを個々の学校を基にするのではなく，学年を基に考えている.

109

つまり，10・11・12学年は基本的に高等学校たるべきと考えるのである．ここには，大学予科の学校，総合制の学校，専門的な職業学校も含まれる．その中には認可する学校も，そうでないものも存在し得る．大学予科の学校であっても，認可校も非認可校もあり得る．しかし，この学年の学校はすべて高等学校となるのである．この原理は「発学63号」によって確立したもので，すでに「新学校制度実施準備の案内」として文部省から出版されている．日高の表明による文部省の真意は，高等学校は学年段階ではなく，学校の種類で定義されるというものだ．この夏には比較的厳格な基準を設ける計画で，基準を満たす学校は高等学校の設立申請を行い，認可された学校には文部省が高等学校の名称使用を許可し，基準を満たさない学校は各種学校に分類されようとしている．

　日本側は，高等学校設置に対して文部省が認可を与える制度を考えており，国の認可を得ずして高等学校の創立はあり得ないと考えていたのである．一方，CIE側は文部省による認可の必要性を否定し，第10・11・12学年に相当する学校は，すべてを高等学校という名で設立させることを前提としている．そしてそれらの高等学校に対して，後から適格性を公認させる方針を持っていたのである．すなわち，CIEは高等学校を公認のものと非公認のものを併存させることを可能としていたのである．これは，米国で採用されていた"accredit system"と同様の構想である．「在米史料」からは，こうした日米両者の考え方の違いが興味深く読み取れる．

第3節　新制高等学校の学力水準に関する議論

　戦前の高等学校（旧制高等学校）は，第2次世界大戦末期に臨時措置が取られた時期を除き，1918年の第2次高等学校令に基づいて中学校第4学年終了程度を入学資格としており，それに接続する3年制を基本としたものである．したがって，学齢的には，第11・12・13学年が相当したと言える（史料4.4参照）．このことを念頭に置いて，日米の高等学校の学力水準をめぐる議論を見ていこう．

110

第4章　新制高等学校の基準をめぐる議論

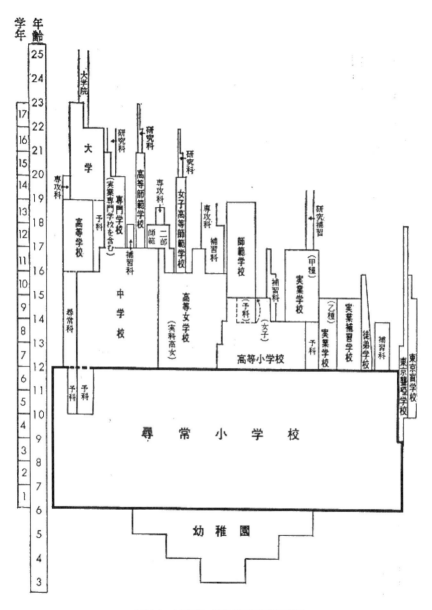

史料4.4　大正4年～昭和18年の学制系統図
（文部省（1972）『学生百年史 資料編』, p.338）

日本側は，教育刷新委員会での議論を経て，新制高等学校卒業の学力水準を旧制高等学校第2学年（学齢は旧制第12学年）修了の程度とする意向を明らかにしていた．すなわち，6-3-3制導入後の新制高等学校修了は第12学年となるはずだから，学齢水準をそのまま維持して，旧制高等学校2年生程度までの学力を想定していたのである．
　一方，CIEは，新制高等学校をより大衆的なものとして構想していたため，新制高等学校修了は第12学年の学齢となるものの，その学力水準は，高々旧制高等学校1学年，つまり旧制の第11学年程度までに留めるべきだと主張していたのである．それは，次に掲げる5月15日付の「在米史料」"Courses to be offered by Koto Gakko (New)"[3]（史料4.5）から知ることができる．

　史料の第3段落目は，

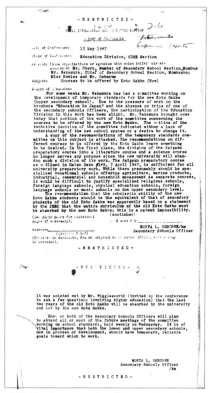

史料4.5　Courses to be offered by Koto Gakko (New)（1947年5月15日付）

The recommendation that the scholastic ability of the new Koto Gakko students should be the equivalent that of secondary students of the old Koto Gakko was apparently based on a statement by the JERC that the entire curriculum of the old Koto Gakko must be absorbed by the New Koto Gakko; this is a patent impossibility.

　新制高等学校生徒の学力を，旧制高等学校の中学年生徒と同等にすべきであるという勧告は，旧制

3　在米史料．No. CIE(B)6653，CIE(D)1781．

112

第4章　新制高等学校の基準をめぐる議論

高等学校の全体的カリキュラムを，新制高等学校に吸収させるという教育刷新委員会（JERC）による言明に基づいているが，それは明らかに不可能なことである．

とある．さらに，

It was pointed out by Mr. Wigglesworth (invited to the conference to ask a few questions involving higher education) that the last two years of the old Koto Gakko will be absorbed by the university and not by the new Koto Gakko.

ウィグルスワース（高等教育に関するいくつかの質問をするために会議に招かれた）は，旧制高等学校の最後の2か年は，新制高等学校ではなく，大学に吸収される予定になっていると指摘した．

とある通り，学識者として陪席していたCIE高等教育課のウィグルスワースが，旧制高等学校2年生，つまり，旧制度上で第12学年までの学力を，新制高等学校に求めようとした日本側の考えは，非現実的であり，旧制高等学校教育での第12学年以上の学力水準は，新制大学に求めるべきだと指摘した．つまりCIEは，学力水準に関しては，事実上1学年の低下を，日本側に指示したことになる．

この学力水準の問題については，5月22日の会議において，CIE主導の下で基本的な合意に至る．5月22日付の「在米史料」"Temporary Standards for the Upper Secondary School, Box5752"[4]（史料4.6）では，第1段落の後半に，

The Mombsho has adopted the idea that the new Kotogakko should be a school for mass educations: that no attempt should be made to set standards so high that there can be only a very few schools and a selected group of students: and that even vocational schools can be

---

4　在米史料，No. CIE(B)6653，CIE(D)1781.

113

Kotogakko of a specialized type. Most of today's conference was devoted to a discussion of the aims of the new Kotogakko.

新制高等学校は大衆教育であるべきだという考えを，文部省は採用した。そこでは，高い水準を設定して，ほんの少数の学校しか存在できなかったり，選ばれた生徒しか入学できなかったりしてはならないのである。職業学校も，特色のある高等学校となることが可能である。本日の会議は新制高等学校のねらいについての議論に費やされた。

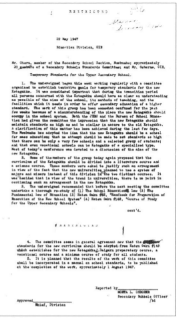

史料4.6　Temporary Standards for the Upper Secondary School, Box5752
（1947年5月22日付）

と，当初のCIEの主張の通りに会議の結論が得られたことが報告されている。また，この史料の末尾の第5段落に，

It is planed that the result of the work of this committee shall be incorporated in a manual on school standards, to be published at the completion of the work, approximately 1 August 1947.

本委員会での作業結果は，学校基準要領を盛り込んで，およそ1947年8月1日を見込んで出版される予定である。

とあるとおり，新制高等学校の設置基準策定の期限を1947年8月1日に定め，それを公布する計画が立ったのであった。しかしながら，後述するように，「高等学校設置基準」は，この計画通りには進まず，約半年遅れ1948年1月27日の公布となる。

第4節 ┃ 文部省の組織改変と改革課題

　学校教育法施行規則（文部省令第11号）が公布された1947年5月23日，文部省学校教育局の組織替えがなされた．すなわち，1946年12月4日の改組以来，学校教育局は，「大学教育課・専門教育課・師範教育課・中等教育課・青少年教育課」の5課体制を取っていたが，3月15日に新設された庶務課を合わせて，

　　庶務課・大学教育課・専門教育課・師範教育課・初等教育課・中等教育課・高等教育課

の7課体制へと移行することになった．これは，6-3-3制の新学制に対応した改編であったと言える．すなわち，以後，初等教育課（坂元彦太郎 課長）は新制小学校を，中等教育課（森田孝 課長）は新制中学校を，高等教育課（大田周夫 課長）は新制高等学校を所掌することとしたのである．

　なお，この組織改編の2日前の5月21日の日高第四郎学校教育局長とオズボーンの会談で，中等教育課長，高等教育課長とCIE中等教育担当官による定例週連絡会議を開いていくことを合意し，5月26日にその週連絡会議が開催されたのであった．5月26日付の「在米史料」"Establishing Liaison"[5]（史料4.7）では，

　　Mr. Ota has recently been appointed to head the new Kotogakko Section of the Bureau of school Education. He came to the Education Division today to get acquainted with the Secondary Schools Officers. A definite arrangement was made today for a regular weekly meeting with Mr. Ota and Mr. Morita, the latter the Chief of the New Chugakko Section. At this meeting the two chiefs will report on activities of the two sections during the week, and plans and programs in secondary education

---

5　在米史料，No. CIE(B)6653，CIE(D)1781.

will be discussed. It was pointed out today that several important problems will require solution within the next few months.

大田は，このほど学校教育局の新高等教育課長に任命された．彼は，今日教育課を訪れて，中等学校担当者と懇談した．今日，大田氏と森田氏（森田氏は新中学課長）との週1回の定例会議を持つことを決定した．この会議では，両課長が一週間の両課の活動状況を報告し，中等教育の計画やプログラムについて話し合われる．今日は，今後数か月の間にいくつかの重要な問題を解決する必要があることが指摘された．

史料4.7　Establishing Liaison（1947年5月26日付）

と記録されており，本定例会議は，CIEが新制の中学校と高等学校の具体的施策の舵取りをするとともに，と進捗報告を受けるためのものであったことが分かる．この会議では，"several important problems will require solution within the next few months"「数か月間で解決が求められる課題」として，次の4項目が掲げられている．

1. Establishing temporary standard for the New Kotogakko.
2. Making definite plans for organization of the new Kotogakko including the part-time Kotogakko.
3. Making extensive studies of the need for Kotogakko over Japan, the existing schools which can be used as their bases, and the relation of the new school to the student population in each prefecture.
4. Procuring teachers for the new schools and improvement of the professional standards of teachers now in the schools.

第4章　新制高等学校の基準をめぐる議論

1. 新制高等学校の暫定基準の策定
2. 定時制高等学校を含む新制高等学校の組織の明確な計画策定
3. 全国的な高等学校の必要性，既存の学校がその基盤として活用できるか，さらに各都道府県における新制学校の生徒人数との関係の詳細な調査
4. 新制の学校に対する教員の配当及び既存の学校における教員の専門的水準の向上

ここでは，新制学校の設置基準の問題，定時制高等学校の問題に加えて，旧制の諸学校の新制度への転換の問題，教員養成及び教員の資質向上の問題など，重要な改革課題の設定がなされていたことが分かる．この後，高島善哉（東京産業大学附属予科長）以下11名からなる新制高等学校設置基準設定委員会が組織され，これらの問題解決に取り組むことになった．

設置基準の問題について，5月28日付の「在米史料」"Standards for the New Kotogakko"[6]（史料4.8）では，新制高等学校の試案的な最小限の基準を作成するための，今後の2，3か月間の委員会の仕事が確認された．その仕事とは，次に掲げる20個の項目それぞれに対して，長期的な基準と最小限の基準の両者を策定することである．

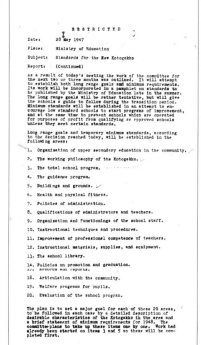

史料4.8　Standards for the New Kotogakko
　　　　（1947年5月28日付「在米史料」）

6　在米史料，No. CIE(B)6653，CIE(C)345，CIE(D)1781．

1. Organization of upper secondary education in the community
2. The working philosophy of the Kotogakko
3. The total school program
4. The guidance program
5. Buildings and grounds
6. Health and physical fitness
7. Policies of administration
8. Qualifications of administrators and teachers.
9. Organization and functionings of the school staff.
10. Instructional techniques and procedures.
11. Improvement of professional competence of teachers.
12. Instructional materials, supplies, and equipment
13. The school library
14. Policies on promotion and graduation
15. Daily and weekly schedules of activities
16. Administrative procedures.
17. Records and reports
18. Articulation with the community
19. Welfare programs for pupils
20. Evaluation of the school program.

1. 地域社会における高等教育の組織
2. 高等学校の運営理念
3. 学校全体の課程
4. 指導課程
5. 校舎とグラウンド
6. 健康と体力
7. 管理運営方針
8. 管理者と教師の資格
9. 学校職員の組織と機能
10. 指導技術と手順

第4章　新制高等学校の基準をめぐる議論

11. 教師の専門的能力の向上

12. 教材，備品，設備

13. 学校図書館

14. 進級および卒業に関する方針

15. 毎日および毎週の活動予定

16. 事務手続き

17. 記録と報告書

18. 地域社会との連携

19. 生徒のための厚生プログラム

20. 学校の課程の評価

また，この史料には，

Its work will be incorporated in a pamphlet on standards to be published by the Ministry of Education late in the summer.

　委員会での決定事項は，今夏の後半に文部省が発行する設置基準に関するパンフレットに組み入れる予定である．

と記録されている．ここに言及されている「パンフレット」とは，5月22日の会議で，期限を8月1日と定めて公布する計画された「高等学校設置基準」の解説書のことである．この基準が，学校教育局長に報告されるのは，7月下旬となるが，「高等学校設置基準」が，その夏の刊行に至ることはない．それは，定時制高等学校の構想が，未決着であったことと，新制高等学校実施準備のための通牒に，別冊として発刊する手引書の作成の実務が残っていたことの2つが原因である．

第5節　定時制高等学校の問題

　新制高等学校の定時制課程は，中学校卒業後勤務に従事するなどの理由で，全日制の課程に進めない青少年に対して，教育を受けるための機会を与えるた

119

めに設けられた制度である．定時制に関する議論は，1946年12月から行われ
ていた．そして，1947年2月17日付の文部省通達「新学校制度実施準備に関
する件」（発学63号）の「三 高等学校に関する事項」の第6項「全日制あるい
は定時制とすること」において，

　　高等学校には，昼間全日制のもの，夜間全日制のもの，定時制のものがある．
　　この定時制の設置とともに，現在の青年学校本科は廃止されることになる．

とあり，既存の青年学校を定時制高等学校に移行させる方針であったこと，ま
た，新制高等学校は，昼間全日制，夜間全日制，定時制の3つの課程を構想し
ていたことが分かる．このことについては，1947年3月31日に公布される「学
校教育法」第44条に，

　　高等学校には，通常の課程の外，夜間において授業を行う課程又は特別の
　　時期及び時間において授業を行う課程を置くことができる．

と定められる．しかしながら，1947年4月7日付の「新制高等学校の教科課程
に関する件」（発学156号）では，「第一 高等普通教育を主とする高等学校の教
科課程」「第二 実業を主とする高等学校の教科課程」が示されたが，備考欄に
おいて，

　　一 夜間において授業を行う課程においても第一及び第二で述べたことが
　　適用されるのはもちろんであるが，その修業年限は三年を超えるものとす
　　ることができる．
　　二 定時制の課程における教科課程の扱い方については追って示すことと
　　する．

と，定時制に関しては「追って示す」とされており，構想はまだ明確ではなかった．
　前項で取り上げた新制高等学校設置基準設定委員会の活動が進行する中で定
時制高等学校の問題を独自に検討する必要があるとの判断から，1947年6月20

第4章　新制高等学校の基準をめぐる議論

日付の「定時制高等学校設立委員会について」（発学257号）によって，定時制高等学校設立のための委員会が設置されるに至る．この委員会は，6月23日の第1回会議から検討を開始し，高等学校の課程としての全日制と定時制の同等性を確保する観点から単位制を採用し，卒業要件を85単位，必修教科・単位数を「国語9，社会10，体育9，数学5，理科5，合計38単位」とし，全日制の高等普通教育を主とする高等学校のものと揃える方向で議論は進んでいったのであった．

また，青年学校を定時制高等学校へと移行する構想については，すべての青年大衆に対する教育機関として設置される新制高等学校の中に，差別的な要因を残してはいけないというCIEの批判を受けて方針転換が図られた．

当時，文部省高等教育課において定時制高等学校問題を担当した大照完は，

　　　昭和二十二年四月，学校教育法施行当時はまだ十分明らかでなかった定時制課程の性格は，文部省に設置された定時制高等学校運営（ママ）委員会の検討を経て次第にその方向が明確になり，同年秋に至って，定時制課程は青年学校と関係なく，学習指導時間的配置を異にする以外は通常の課程と全く異なるところがない，との明確で動かすことのできない結論に達した．[7]

と語っている．定時制高等学校設立委員会は，一連の問題について1947年9月1日に答申を出し解散した．こうして，定時制高等学校の問題は一応の解決をみる．しかし，実際のところ「高等学校設置基準」は，予定よりも約半年遅れて1948年1月27日「文部省令第1号」として公布されることになる．これは，次項に示す通り，「新制高等学校実施準備に関する件」の別冊として配付する『新制高等学校の実施の手引』の作成に時間を要したからである．

なお，定時制高等学校に関することから外れるが，「高等学校設置基準」では，学級規模に関して「1学級40人以下」（40人学級規定）とする高水準な「恒久基準」と，現実に沿った「暫定基準」が併記されることが著しい．恒久基準

7　旺文社（1948.4.20），『新制高等学校の制度と教育』，p.67.

121

は将来達成されるべきものとして明記されるものの,暫定基準による運用が長く続き,結果的に,恒久基準は長らく達成されることはなく形骸化していく。なお,実際の40人学級の実施は,「平成の世」となる1991年を待たねばならない。

第6節　『新制高等学校実施の手引』に関する議論

　新制高等学校の発足に向けての手引書は,1947年9月から作成が行われた。9月18日付の「在米史料」"Handbook on New Kotogakko (Upper Secondary School)"[8]（史料4.9）には,手引書の内容構成を以下のように定めたことが報告されている。

　　Ⅰ　Organization of the New Kotogakko (Part-time and full-time)
　　Ⅱ　Standards of the New Kotogakko
　　Ⅲ　List of Equipment for the New Kotogakko
　　Ⅰ　新制高等学校の組織（定時制と全日制）
　　Ⅱ　新制高等学校の基準
　　Ⅲ　新制高等学校の設備一覧

　史料には,"These three parts will not necessarily be published an the same time"「これら3部を,同時に発行する必要はない」とあり,また,"Paret II is approximately half completed. The writing of part I will begin immediately. Part III will be worked out late in this year"「第Ⅱ部はほぼ半分完成して

史料4.9　Handbook on New Kotogakko (Upper Secondary School)（1947年9月18日付）

8　在米史料,No. CIE(B)6671, CIE(C)383, CIE(D)1779.

いること，第I部の執筆はすぐに取り掛かること，第III部は年末までには作成する予定である」と報告されている．

また，"The goal is to have the manuscript prepared and ready for the typesetters at all possible by 15 October, or 1 November at the latest"「草稿完成後，印刷に向けた植字完了までの目途を，10月15日，遅くとも11月1日に定めた」と記されており，これら3部の作業終了を，11月までに定めたことが分かる．

この後，「在米史料」に見出される新制高等学校実施に係る手引書に係る会議録は，

9月22日付の"Handbook on New Kotogakko"[9]

9月24日付の"Handbook on Kotogakko Organization"[10]

9月25日付の"Handbook on Organization of the New Kotogakko"[11]

10月3日付の"Handbook on Reorganization"[12]

10月6日付の"Handbook on Reorganization of Kotogakko"[13]

10月9日付の"Handbook on Kotogakko Organization"[14]

10月25日付の"Handbook on Kotogakko Organization"[15]

10月30日付の"Handbook on Organization of New Upper Secondary School"[16]

が見出せる．これらの会議の主な論点は定時制課程の修業年限，週授業時間数，職業課程の類型，夜間全日制課程のあり方などである．9月25日には，大照が作成した定時制高等学校に関する第1次草稿が検討されている．

上記の史料から10月25日付の"Handbook on Kotogakko Organization"（史料4.10）を掲げる．

---

9 在米史料，No. CIE(B)6671，CIE(C)382，CIE(D)1792.

10 在米史料，No. CIE(B)6671，CIE(C)382，CIE(D)1792.

11 在米史料，No. CIE(B)6671，CIE(C)382，CIE(D)1792.

12 在米史料，No. CIE(B)6671，CIE(C)388，CIE(D)1791.

13 在米史料，No. CIE(B)6671，CIE(D)1791.

14 在米史料，No. CIE(B)6671，CIE(D)1791.

15 在米史料，No. CIE(B)6670，CIE(D)1791.

16 在米史料，No. CIE(B)6670，CIE(C)390，CIE(D)1791.

本史料の冒頭には，

> Mr. OTRU submitted today the last section of that portion of the "Handbook on Kotogakko Organization" which pertains to the part-time kotogakko. Mr. ISHIYAMA has already submitted that portion which pertains to the full-time kotogakko.
>
> 大照は，本日「高等学校組織の手引書」のうち，定時制高等学校に係る最後の部分を提出した．全日制高等学校の関連する部分は，すでに石山により提出済みである．

史料4.10　Handbook on Kotogakko Organization（1947年10月25日付）

とあり，大照完が，定時制に関する最終原稿を提出したこと，石井好郎により全日制課程の原稿がすでに提出済みであることが報告されている．

続いて，10月30日付の "Handbook on Organization of New Upper Secondary School"[17]（史料4.11）を見る．

史料本文の冒頭には，

> This series of four meetings was devoted to a discussion of the entire "Handbook on Organization of New Upper Secondary Schools". This is a detailed outline of principles of organization of both the full-time courses and the part-time course of the new school. During this serious of meetings all differences in the texts, and all differences of opinion, were

---

17　在米史料，No. CIE(B)6670，CIE(D)1791.

第4章　新制高等学校の基準をめぐる議論

ironed out, except the specific classification of the old-type night secondary schools the new system.

　この4つの会議は，「新制高等学校の組織に関する手引書」全体の議論に費やされた．この手引書には，新制学校の全日制と定時制の両組織の原則の概要が詳細に示されている．この一連の会議の間に，旧制夜間中学の新制度への具体的な分類を除いて，文言上の相違点，考え方の相違点がすべて解消された．

史料4.11　Handbook on Organization of New Upper Secondary School（1947年10月30日付）

とあることから，10月30日には手引は基本的に完成していたことが分かる．これは，9月18日の史料 "Handbook on New Kotogakko (Upper Secondary School)" に記された「遅くとも11月1日」という期限が達成できたことを示している．

　しかしながら，「発学156号」で卒業に必要な最低単位数は85単位と規定されたにもかかわらず，高等教育課は特別な職業科に対しては115単位，音楽や美術などの課程では140単位とする意向を持っていたことが分かり，そのことをCIEは問題視するのであった．その対立関係が見出される12月2日付の「在米史料」 "Handbook on Upper Secondary School, and Qualifying Standards for Upper Secondary Schools"[18]（史料4.12）の冒頭段落を見てみよう．

　　The handbook on organization of upper secondary schools is still held up by one point of disagreement; originally there were several, but they

---
18　在米史料，No. CIE(B)6670, CIE(D)1791.

125

have been ironed out. This particular point concerns the requirement of varying amounts of credit for graduation from the new upper secondary school. The Ministry has already published a plan (7 April 1947) providing that any pupil who completes 85 units of credit, including certain specified subjects, may receive a diploma from the upper secondary school. Now it is claimed that this does not apply to all fields; that 85 units can be required for some courses, perhaps 115 units for others (certain kinds of vocational work) and perhaps 140 units for others (music, art, etc.).

史料4.12 Handbook on Upper Secondary School, and Qualifying Standards for Upper Secondary Schools（1947年12月2日付）

The adoption of such a scheme is not considered sound by the members of the Secondary Education Unit. One purpose of reorganization was to simplify the secondary school system; if this principle were adopted, there could be immense complications. It is claimed by the Ministry of Education representatives listed above that the School Education Law makes this mandatory; however, Mr. NAITO, who is supposed to be a / legal expert of the Bureau of School Education, admits that the requirement of a standard number of units for graduation, regardless of the field, is not illegal. There is no reference here to the so-called post-graduate course which is provided for in the law; the Ministry contemplates a regular course which may be three, four, five, or more years in length, which a student must complete before receiving any sort of a diploma or certificate of graduation. It is believed that the Education Division should be adamant on this point. The question was not solved today; another meeting will be held.

（和訳）

　　高等学校の組織に関するハンドブックには，当初不一致点が多々あったが，現在はほぼ調整済みである．だが，未だ1つの不一致点が存在する．それは新制高等学校卒業の要件とする単位数が，課程によって異なるという点である．文部省はすでに，特定の科目を含む85単位の単位を修得した生徒が，高等学校の卒業証書を取得できる計画を発表している（1947年4月7日）．現在では，これがすべての分野に適用されるわけではなく，85単位の課程もあれば，別の課程コース（ある種の職業訓練）でおよそ115単位の課程もある．また，さらに別の課程（音楽，美術など）では，おそらく140単位を課すことが可能と主張されている．こうしたスキームの採用は，中等教育単位の一部分として健全とは思われない．再編成の目的のひとつは，中等教育制度を簡素化することである．もしこの原則が採用されれば，非常に複雑なものになる可能性がある．上記の文部省の担当者は，彼らの主張は学校教育法に抵触するものではないと主張している．学校教育局の法律顧問である内藤が，分野を問わず卒業に標準単位数を一定にすることは違法ではなく，法に則ったものであると助言しているにもかかわらずである．なお，文部省は，法律に規定された卒業後の専攻科を含めた単位数を言っているのではない．文部省が考えているのは，生徒に対して3年，4年，5年，あるいはそれ以上の長さが必要な課程を，卒業証書や卒業証明書等を手にする前の正規のコースで課そうとしているのである．この点については，われら教育課の意見を断固主張すべきと思われる．この問題は今日解決に至らず，別途会議が持たれることになった．

　文部省は高等学校の卒業必要単位数をめぐって，CIEと対立姿勢を貫いてい

た．しかし，CIEは新制高等学校の中で異なる水準を持つ学校の存在を断固として認めなかった．

　ここで，年月を下り，この問題の結末を見よう．1951年の『学習指導要領一般編（試案）』の「Ⅱ　教育課程」「3. 高等学校の教科と時間配当および単位数」「(2) 教科，科目，必修，選択」には，

　　　高等学校を卒業するためには，生徒は右の必修38単位の外に，自己の必要や能力や興味に応じて，47単位の科目を選択し，3年間に合計85単位以上を履修しなければならない．しかし一定の専門的，職業的な知識，技能の履修を目標とする生徒に対しては，学校はここに述べた必修38単位のほかに，それぞれ専門の科目を必修として課することができる．（その詳細については「普通課程と職業課程」の項で説明する.）以上の必修科目以外については，生徒は学校が設けるどの科目を選択してもさしつかえない．したがって，学校としてはできるだけ多くの選択科目を設けて，生徒の必要に応ずるよう努めなければならない．

と記され，「高等学校を卒業するためには，…（中略）…，3年間に合計85単位以上を履修しなければならない」と，卒業必要単位数は85と共通にしているが「一定の専門的，職業的な知識，技能の履修を目標とする生徒に対しては，学校はここに述べた必修38単位のほかに，それぞれ専門の科目を必修として課することができる」とし，85単位を満たすだけでなく，職業課程では，普通教科の必修科目38単位とは別に，専門的な科目から適宜必修科目を定めることが可能になっている．卒業必要単位数の「共通化」はCIE側の理念であるが，それぞれの課程による必修の単位増は，「共通化に反する」考えであり，これは文部省の意向が現れたものと読み取れる．

　また，この「学習指導要領」に続く「(3) 普通課程と職業課程」の項には，

　　　高等学校には，普通教育を主とする課程と，職業教育を主とする課程とがある．前者を普通課程，後者を職業課程と呼ぶ．職業課程とは農業・工業・商業・水産・家庭枝芸などをいっそう広く深く専門的に学習し，卒業

後，それを自己の職業として選択しようとする生徒によって選ばれる課程である．職業課程を選ぶ生徒は，普通課程における必修の単位のほかに，職業関係の科目を最低30単位とらねばならない．たとえば機械工作作業に従事したいという希望と適性を有する生徒が，学校が編成した計画に従って，85単位のうちで，機械実習15単位，機械工作5単位，製図5単位，設計3単位，電気一般2単位，計30単位を履修した場合，この生徒は機械課程を終了したといわれる．職業関係の他の教科についてもこれと同様なことがいえる．商業に関する課程においては，商業に関する科目を30単位以上履修しなければならないが，その中に外国語と商業外国語とを合わせて10単位以内を合わせてもよい．なお，詳細は職業関係の各教科の学習指導要領を参照されたい．

　職業課程修了の基準とされる30単位は，最低であるから，学校は30単位を越えて課してもよいのであるが，あまりに多くの単位を生徒に要求することは，生徒の過重負担となるから注意しなければならない．そして職業課程の生徒も85単位が卒業の最低の条件であることを忘れてはならないのである．（下線筆者）

とあり，職業課程では最低の30単位を超えて職業に関する科目を必修に定めてもよいが，「職業課程の生徒も85単位が卒業の最低の条件であることを忘れてはならない」と釘が刺されている．文部省とCIEの着地点を，ここに興味深く見取ることができる．

　続いて，12月26日付の「在米史料」"Weekly Liaison Meeting"[19]（史料4.13）を掲げる．本文の第2段落目の記述は，次のようになっている．

2. Handbook on Organization of New Upper Secondary School

Mr. OTA was informed that the Education Division has now approved the handbook, including the qualifying standards for Upper Secondary School. The handbook will be dispatched in mimeographed form to the

---

19 在米史料，No. CIE(B)6669，CIE(C)410，CIE(D)1790.

prefectural governments at an early date. An attempt will be made later on to publish copies for the use of individual schools.

2. 新制上級中等学校の組織に関するハンドブック

大田は，ハンドブックが，高等学校の資格基準を含め，CIE教育課で承認されたことを報告した．本ハンドブックは，近日中に，にガリ版刷りの形で各都道府県に送付される予定である．後日，各学校で使用できるような複写版を発行する試みも行われる．

史料に示されている通り，12月26日にCIE教育課は手引書を承認した．翌日の1947年12月27日付で，都道府県知事宛に学校教育局長通牒「新制高等学校実施準備に関する件」（発学534号）が発せられた．本通牒には，

史料4.13　Weekly Liaison Meeting
（1947年12月26日付）

どの場合でも，すべて，文部省令第　号として公布される「高等学校設置基準に照らし合わせて実施されることになる．

と記され，省令の発番号が空欄の状態で示された．したがって，12月27日の「発学534号」通達時点で，翌1948年1月27日になされる「高等学校設置基準」の公布も見通しが立っていたことが分かる．

ところで，12月27日の「発学534号」の別冊として，『新制高等学校実施の手引』（史料4.14）が頒布されることになったが，この手引書には奥付がなく発

第4章　新制高等学校の基準をめぐる議論

行日が確認できない．しかし，次のようにして，頒布したのは通達よりも1か月以上後となったことが分かる．手引書の「まえがき」には，

　　第一部　新制高等学校の全日制課程について
　　第二部　新制高等学校の定時制課程について
　　第三部　新制高等学校の運営指針
　　第四部　新制高等学校設備の参考

史料4.14
『新制高等学校実施の手引』

の4部構成であることが書かれており，「準備の都合でとりあええずここに第一部と第二部を発表し，第三部と第四部は追って発表する」と述べられている．

　ここで『新制高等学校実施の手引』の第一部の最終項「第七　新制高等学校の設置基準」には，

　　次に示す「高等学校設置基準」は，昭和二十三年一月二十七日文部省令第一号として公布されたもので，新制高等学校を設置する場合には，この基準にしたがわなければならないことが学校教育法第三條に規定されている．

と述べられ，通達済みの「高等学校設置基準」の全文が掲載されている．したがって，『新制高等学校実施の手引』は1948年1月27日以後に発行され各都道府県に頒布されたと考えられるのである．こうした手引書の作成を伴った実施準備の過程を経て，1948年4月に新制高等学校は発足したのである．

　なお，第三部については，新制中学校の運営指針と合わせて，さらに1年以上後の1949年4月10日に，『新制中学校新制高等学校望ましい運営の指針』（史料4.15）として発行されることになる．

史料4.15　『新制中学校新制高等学校望ましい運営の指針』

131

第7節　新制中学校・高等学校の中等教育としての一体化

　新制中学校は大衆的な教育を行う学校として構想されたが，第3節で見たように，文部省は，旧制の中学校第4，5学年と高等学校の1，2学年段階に位置付く新制高等学校を，高度な教科課程を持った選抜的学校として構想する傾向があったが，CIEは，これを断固容認せず，新制高等学校も含めた中等教育全体を一体として，大衆的な学校とするよう構想していた。

　こうした中等教育の一体化の捉え方は，学校の運営指針を『新制中学校新制高等学校望ましい運営の指針』として，中・高等学校に関する運営指針が1つの冊子にまとめて示されたことに表れている。

　一方，1947年5月23日の文部省学校教育局の改組によって，中等教育課と高等教育課がそれぞれ独立した組織となったが，それぞれの課が別個に新制度を設計していくのではなく，一括りにして，これら両課の課長とCIE教育課との間で，"Weekly Meeting"（週連絡会議）を持ち，議論を進めていくことになる。こうした会議の持ち方にも，中等教育を一体的に捉える意思が表れていると言ってよい。

　第1回の週連絡会議は1947年6月6日に開かれた。その内容は同日付の「在米史料」"Weekly Liaison Meeting with Chiefs of Secondary Schools Sections"[20]（史料4.16-1, 2, 3）

史料4.16-1　Weekly Liaison Meeting with Chiefs of Secondary Schools Sections（1947年6月6日付）

20　在米史料，No. CIE(B)6653，CIE(C)349，CIE(D)1781.

で知ることができる．本史料は全3
頁からなる．

ここでは，史料の3頁目末尾のま
とめの部分に着目したい．次のよう
に記されている．

After a great deal of
discussion it was decided that
four of the principal problems
now facing the two sections
are:
1. Establishing standards for
the kotogakko.
2. Establishing standards for
the chugakko.
3. Planning for the new
kotogakko, including the full-
time and part-time schools.
4. Planning for the new
chugakko. This will involve
surveying what has been
a c c o m p l i s h e d   i n
reorganization all over
Japan, giving further
assistance in the firm
establishment of the first
year of the chugakko, and
planning for the 8th and 9th
grades.

Mr. Ota agreed to present next

史料4.16-2　Weekly Liaison Meeting with Chiefs of
Secondary Schools Sections（1947年6月6日付）

史料4.16-3　Weekly Liaison Meeting with Chiefs of
Secondary Schools Sections（1947年6月6日付）

Friday the results of a prefecture by prefecture survey on the status of school reorganization.

（和訳）

　多くの議論の後，現在両課が直面している主な問題のうち，次の4つが確認された：
1. 高等学校の基準を策定すること
2. 中学校の基準を策定すること
3. 全日制・定時制学校を含む新制高等学校の計画
4. 新制中学校の計画．これは，全国的に再編成の実態を調査し，中学校創立を確実なものにするため，中学校の初学年（第7学年）のための追加支援を行うとともに，第8学年と第9年生の計画を立てるというものである．

　大田は，来週の金曜日に，学校再編成の実態について，都道府県別の事前調査の結果を発表することに同意した．

　この史料には，両課が直面する課題4項目が総括されている．4項目のうち，第1，3項目は新制高等学校の基準・学校制度に関する議論，第2，4項目は新制中学校の基準とすでに第1学年だけを新制度のもと発足しているこの時点で，その実態調査を踏まえて，第2学年，第3学年の計画を策定することである．中学校と高等学校の課題を並立して取り上げ，中等教育を一体的に改革していこうという姿勢が読み取れる．

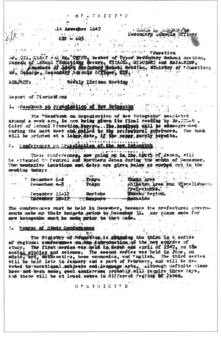

史料4.17-1　Weekly Liaison Meeting
（1947年11月14日付）

　なお，新制中学校については，すでに1947年4月に発足していたが，新制中

134

第4章　新制高等学校の基準をめぐる議論

学校の設置基準を早急に作成しなければならないという問題意識が存在していたことが分かる。しかし、実際の作業は遅れていくのであった。

5カ月以上経過した1947年11月14日付の"Weekly Liaison Meeting"[21]（史料4.17-1, 2, 3）のうち、「史料4.17-3」の末尾には、

> 8. Nature of New Chugakko
> Mr. MIZUTANI handed in an outline of a proposed publication titled "Handbook on the New Chugakko", This will be studied and suggestions made at a later date.
>
> 8. 新制中学校の本質
> 水谷から『新制中学校の手引』と題する出版物の概要を受け取った。今後これが検討され、後日提案されることになる。

と記されている通り、文部省学校教育局中等教育課から、『新制中学校の手引』の概要が提出され、これをもとに編集作業を行っていく提案がなされたのである。

そして、11月20日の「在米史料」"Handbook on the New Lower Secondary

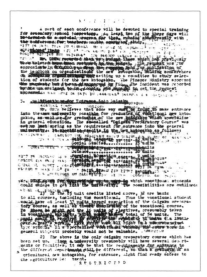

史料4.17-2　Weekly Liaison Meeting
（1947年11月14日付）

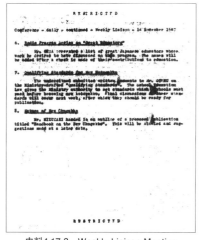

史料4.17-3　Weekly Liaison Meeting
（1947年11月14日付）

21　在米史料、No. CIE(B)6670, CIE(C)395, CIE(D)1790.

135

School"[22]（史料4.18）には全14章からなる手引きの概要が記され，新制中学校の設置基準の構想がまとめられたことが分かる．そして，新制中学校設置基準準備委員会が，1948年1月に発足する．

しかし，実際のところ，直ちに設置基準が公布されることはなく，1年3か月後の1949年2月20日に，文部省学校教育局辺『新しい中学校の手引』が，明治図書出版社から発行されるのを待たねばならないのである．

本節で見てきたように，新制の中学校と高等学校を，中等教育一体化の観点で再編がなされ，これをCIEは牽引したのである．取られた方法は，文部省学校教

史料4.18 Handbook on the New Lower Secondary School（1947年11月20日付）

育局で新制中学校と高等学校のそれぞれを所轄する中等教育と高等教育課とCIEの3者による"Weekly Liaison Meeting"という週連絡会議を持って進めることであった．こうして，成果物であるいくつかの手引書が，中・高等学校を一括りにして発行されていくのである．

さらに，1949年5月31日には，学校教育局を初等中等教育局と改称，高等教育課を廃止して，小学校を所轄する初等教育課と中・高等学校を所轄する中等教育課の2課に再編し，中等教育を所轄する部署を完全一体化し，初等教育から分離した教育行政の体制を整える．こうした「中等教育の一体化」は，数学科編成にも大きく影響を与えていくのである．すなわち，高等学校初の「学習指導要領数学科編」は，中学校数学科との合冊となり，1951年の『中学校高等学校学習指導要領数学科編（試案）』として，編集がなされていくのである．

---

22 在米史料．No. CIE(C)402，CIE(D)1790．

第4章　新制高等学校の基準をめぐる議論

第8節　第4章の総括

　本章では，1948年に発足した新制高等学校の基準をめぐる文部省とCIEの議論を追ってきた．明らかになったことを以下の6点に総括しておく．

⑴　新制高等学校は1948年4月に発足したが，その後しばらくは，旧制中等学校からの経過措置が取られ，1950年度までは，旧制中等学校も部分的に存続した．これに係る教科課程は，1948年2月2日付「昭和23年度における新制高等学校教科課程の運用について」（発学156号）で示された．これにより，各教科の教科書については，残存した旧制中等学校にも新制高等学校の教科課程が適用され，数学教科書も，新制高等学校用の『数学 解析編（Ⅰ）（Ⅱ）』及び『数学 幾何編⑴⑵』が用いられた．

⑵　文部省は，高等学校の設立には，国の認可を経させることが必須と考えた．一方，CIEは，米国で採用されていた"accredit system"に倣い，第10・11・12学年に相当する学校は，すべてを高等学校という名での設立を許し，後からその適格性を公認する方針を持っていた．すなわち，CIEは高等学校を公認のものと非公認のものを併存させる構想を持っており，ここでも，両者の意向は対立した．

⑶　文部省は，教育刷新委員会での議論を経て，新制高等学校の学力水準は旧制学校のものを維持する意向を明らかにした．しかし，CIEは，新制高等学校をより大衆的なものとして構想していたため，新制高等学校卒業時の学力水準は，高々旧制高等学校1学年，つまり旧制の第11学年程度までに留めるべきだと主張した．結果的に，1947年5月22日に，こうしたCIEの主張に沿った合意がなされた．

⑷　「高等学校設置基準」の交付は，1947年5月22日の会議で，同年8月1日に発表することが目指された．しかし，定時制高等学校の構想が未決着であったことと，手引書作成の実務の遅れから，約5か月以上遅

137

れ1948年1月27日の公布に至る.

⑸ 1947年4月7日付の「発学156号」で高等学校卒業に必要な最低単位
数は85単位と規定されたにもかかわらず,文部省は,職業科や音楽・
美術などの課程で,これを超えた要件を課すことを容認した.そのこ
とをCIEは問題視し,どの課程においても,一律に85単位とすべきと
強く主張をした.両者の折り合いは困難であったが,結果的に,1951
年発行の『学習指導要領一般編（試案)』では,これらの課程では,専
門科目を増やし,都合85単位を超えても構わないことになる.ただし,
「職業課程の生徒も85単位が卒業の最低の条件であることを忘れては
ならないのである」と付記された.

⑹ 1947年5月23日の文部省学校教育局の改組によって,中等教育課と高
等教育課がそれぞれ独立した組織となったが,それぞれが別個に新制
度を設計していくのではなく,両課の課長とCIE教育課との間で,
"Weekly Meeting"（週連絡会議）を持ち,議論を進めることになる.こ
れは,CIEの中等教育を一体的に捉える意向が表れたと言ってよい.
結果的に,高等学校数学科初の「学習指導要領」も,中学校数学科と
一体とした『中学校高等学校学習指導要領数学科編（試案)』として,
編修作業が進められていくのである.

第 **5** 章

新制高等学校教科課程の
改訂と一般数学

第1節　「発学156号」の改訂

　1948年4月に発足した新制高等学校の教科課程を定めたものは，1947年4月7日の「新制高等学校の教科課程に関する件」（発学156号）であったが，その通達からはや7か月後には，改訂の動きが起こったことが「在米史料」には見出せる。1947年11月11日付の"Revision of Hatsu-Gaku #156"[1]（史料5.1）を掲げる。

　本史料の冒頭には，

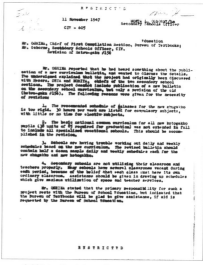

史料5.1　Revision of Hatsu-Gaku #156
　　　　（1947年11月11日付）

Mr. OSHIMA reported that he had heard something about the publication of a new curriculum bulletin, and wanted to discuss the details. The undersigned explained that the project had originally been discussed with Messrs, OHTA and MORITA, chiefs of the two secondary school sections. The project does not include publication of a new bulletin on the secondary school curriculum, but only a revision of the old (hatsu-gaku #156). The following reasons were given for the necessity of revisions.

　大島が，新しい教科課程に関する通達を発出する件を側聞したので，その詳細について議論をしたいとの申し出。本件は大田，森田両中等教育

1　在米史料，No. CIE(B)6670, CIE(C)396, CIE(D)1791.

140

課長と協議した結果であることを説明した．このプロジェクトには，中等教育の教科課程に関する新しい通達は含まれておらず，旧通達（発学156号）の改訂だけが含まれるのである．改訂の必要性については次のような理由が挙げられている．

とあり，教科書局第一編修課長の大田文義が，新しい教科課程の通達の予定を耳にしたことで，詳しい議論を行いたい旨を申し出たが，CIEは，これは学校教育局で新制高等学校を所轄する高等教育課長大田周夫と新制中学校を所轄する中等教育課長森田孝の両名との協議によって進めているとし，新教科課程の通達ではなく，「発学156号」で示された現行教科課程の改訂であることを説明している．続いて「発学156号」の改訂が必要となった4つの理由が列記されている．その4つとは，以下である．

1. The recommended schedule of classes for the new chugakko is too rigid. 30 hours per week are listed for compulsory subjects, with little or no time for elective subjects.

2. The basic national common curriculum for all new kotogakko pupils (38 units of 85 required for graduation) was not extended in full to include all specialized vocational schools. This should be accomplished in the revision.

3. Schools are having trouble working out daily and weekly schedules based on the new curriculum, The revised bulletin should contain half a dozen sample daily and weekly schedules each for the new chugakko and new kotogakko.

4. Secondary schools are not utilizing their classroom and teachers properly. Many schools have several classrooms vacant during each period, because of the belief that each class must have its own ordinary classroom, Assistance should be given in drawing up schedules which give maximum utilization of space and teacher services.

上記4項目を和訳すると，

1. 新制中学校の基準的な授業時間割は，あまりにも厳格すぎる．週30時間が必修科目に割り当てられ，選択科目の時間がほとんどない．
2. 全新制高等学校生徒に適用される国民的共通課程（卒業要件である85単位のうちの38単位）を，すべての職業人の準備課程にまで十分に適用されていない．これは本改訂で達成されるべきである．
3. 新教育課程に基づく日課表・週課表の作成に各学校が苦労している．改訂通達では，新制中学校と新制高等学校の日課表・週課表の作成例を，それぞれ6つほど示すべきである．
4. 中等学校において，教室と教師が適切に活用されていない．各クラスに専用の教室が必要だという考えで，各学期に教室の空きを生じさせてしまっている．校舎と教育活動を最大限に引き出せるよう時間割の作成を支援すべきである．

である．上記「2」に注目する．「発学156号」には，

国民の共通の教養として，これらいずれの課程[2]を修めるにしても，次の単位はこれを必ず修めさせるようにする必要があろう．
国語9，社会10，体育9，数学5，理科5，計38

と明記されていたにもかかわらず，これが実業高等学校では十分に守られていない実態があり，それが問題視されていることが分かる．ところで，そもそも「発学156号」では，必修教科は国語9単位，社会5単位，体育9単位だけであり，数学，理科は選択教科に位置付けられている．数学と理科の2教科は必修教科ではなく，あくまでも選択教科である．しかしながら，上記の規定が適用されるため，「必修ではない」が「必ず修めさせる」という矛盾が存在してい

---

2 「発学156号」には，「高等普通教育を主とする高等学校の教科課程」において，「大学進学の準備課程」，「職業人の準備課程」の2例が挙げられている．「これらいずれの課程」とは，この2つのことである．

第5章　新制高等学校教科課程の改訂と一般数学

た．実業高等学校では，専門科目を重視するあまり，「共通の教養」であるこれらの38単位の履修が担保できていない実態があった．これは，必修要件の曖昧さ，矛盾がもたらした結果である．「発学156号」を改訂し，実業高校での問題を解消することになったのは必然であった．

なお，数学がこのような「準必修」的扱いとなった経緯については，本書第2章で詳論した．また，実業高等学校の教科課程運用の問題については，第4章第6節で触れた通りである．

余談になるが，本史料末尾には，

Mr. OSHIMA stated that the primary responsibility for such a project rests with the Bureau of School Education, but indicated that the Bureau of Textbooks will be glad to give assistance, if aid is requested by the Bureau of school Education.

大島教科書局長は，こうした改革の第一義的な責任は学校教育局にあるものの，学校教育局からの援助要請があれば，教科書局は協力を惜しまないと述べた．

とあり，文部省学校教育局と教科書局の両部署の教科課程改訂の連携について言及されている．ただ，史料冒頭の記述から，教科書局には，教科課程改訂の計画に関する情報が与えられていなかったことが分かる．本件に関して，両局の意思疎通が不足していたのだろうか．教科課程の改訂は，大島にとってはまさに「寝耳に水」だったのである．教科書局長大島は，「協力は惜しまない」旨を述べているものの，本史料からこの点が興味深く読み取れる．

さて，このように「在米史料」には1947年11月時点で「発学156号」の改訂に関して言及が見られるが，実際に新制高等学校の教科課程を改訂する決定がなされたのは，新制高等学校が発足した1948年4月になってからであった．1948年4月22日付の「在米史料」"Problems in Secondary Education"[3]（史料5.2）を見る．文部省高等教育課の大照完が，CIEのオズボーンを訪れ，改訂の

3　在米史料，No. CIE(B)6675，CIE(C)447，CIE(D)1789.

方向性について確認を行っている．本史料の第2段落と第3段落の原文と和訳を提示する．

2. Mombusho Curriculum Committee

The Mombusho curriculum committee, as e result of considerable discussion, has decided that the curricula of vocational schools on the secondary level should be revised to bring them in line with the curricula of other secondary schools. The committee agreed that students in schools which specialize in Vocational subjects should be required to accumulate 38 units of credit in general education subjects, and that the requirement for graduation should be the same.

Mombusho desires to introduce into the Diet a law on Standards of Upper

史料5.2 Problems in Secondary Education（1948年4月22日付）

Secondary schools. Mr. OTERU was advised to co-ordinate another Mombsho meeting, which is at present working on first draft of the law.

Mombusho curriculum committee has decided that the curricula of vocational schools on secondary level be raised; this is in line with Education Division recommendations. Monbusho submitted recommend list of committee members to revise curriculum program. as in other upper secondary schools. (85 units.) All of this is in line with previous Education Division recommendations on the subject.

3. Committee for study of Upper Secondary School Curriculum

The Mombusho wants to organize a large committee to revise the entire curriculum program in line with the above decisions. A list of recommended committee members was submitted.

（和訳）

2. 文部省教科課程委員会

　文部省教科課程委員会は，数多くの議論を重ね，結果として中等段階の実業高等学校の教育課程を他の中等教育学校の教育課程と同様の基準にする改訂を行うことを決めた．委員会は，実業科目を専門とする学校の生徒にも一般教養科目で38単位の単位を取得させ，また卒業要件も同一とすることで合意した．

　文部省は，高等学校の基準に関する法律を国会に提出することを希望している．大照委員長は，現在この法律の第一次草案の作成に取り組んでおり，次の会議をコーディネートするよう助言された．文部省教科課程委員会は，中等段階の職業学校の教科課程を改善することを決めた．これは，以前のCIE教育課の勧告に沿ったものである．文部省は，他の高等学校と同様に85単位すべての教育課程案を改訂するための委員の推薦リストを提出した．

3. 上級中等学校教科課程の改訂のための委員会

　文部省は上記の決定に沿って，大きな委員会を組織し，全体的な教科課程案を改訂したいと申し出た．委員会メンバーの推薦リストが提出された．

　上記のように，発学156号ですでに指示されていた85単位のうちの国民の共通的教養科目38単位の事実上の必修を，実業高等学校にも厳格に適用することを盛り込んで，発学156号を改訂する方向性を決定したのであった．また，文部省内の教科課程委員会はすでに存在していたが，それを拡大した大人数の委員会を組織することにもなった．

　拡大された教科課程改正委員会による議事概要は，4月28日付の「在米史料」"Revision of the Upper Secondary School Curriculum"[4]（史料5.3）に見出せる．

4　在米史料，No. CIE(C)450，CIE(D)1789.

本会議には高等教育課の大田、大照、角田、石川、CIE教育課のオズボーンの外に、25名の委員が出席している。本史料の全文を掲げ、和訳する。

This committee was organized to review the upper secondary school curriculum, to determine what revisions are necessary, and to make recommendations on a national minimum curriculum which may need to be incorporated into law.

The undersigned was asked to discuss the present curriculum and to outline problems which the committee might discuss. The following problems were presented and discussed in some detail.

史料5.3 Revision of the Upper Secondary School Curriculum (1948年4月28日付)

a. How can the curricula of vocational upper secondary schools be revised to fit within the general upper secondary framework?

    1. Applying the 38-unit basic minimum curriculum to all vocational" courses.

    2. Applying the 85-unit requirement for graduation to all vocational courses.

    3. Reducing the number of subjects, offered for 1 or 2 hours a week only and combining them into larger units.

    4. Determining whether there is a justifiable reason for 29 different specialized courses.

    5. Reducing the pupil class-work load to a maximum of 28 hours per week.

b. Does the present so-called "university preparatory course" given enough freedom to pupils in selecting electives?

c. Have necessary subjects been omitted from the general education area of the upper secondary school curriculum?

d. Does the present 38-unit national basic standard include all of the subject areas necessary, or the appropriate subject areas?

This committee will meet weekly for perhaps two months to review the entire upper secondary school curriculum.

（和訳）

　本委員会は，高等学校のカリキュラムを見直し，どのような改訂が必要かを判断し，国民として最小限と認められる教科課程を勧告するために組織された.

　現在のカリキュラムを検討し，委員会で議論すべき問題の概要を示すよう依頼した. 以下に示す問題提起がなされ，詳細に議論された.

　a. 実業高等学校の教科課程を，一般的な高等学校の枠組みに整合させ，どのような改訂ができるか？

　　1. すべての実業課程に，基礎的最小限の教科課程38単位を適用すること.

　　2. すべての実業課程に，卒業要件単位数を85単位として適用すること.

　　3. 週に1，2時間しか行われない科目を減じ，大きな単位の科目としてまとめること.

　　4. 29種類の専門コースを設ける正当な理由があるかどうかを判断すること.

　　5. 生徒の授業負荷を，週あたり最大28時間以内に縮減すること.

　b. 現在のいわゆる「大学準備課程」は，生徒が選択科目を選択する上で十分な自由度を与えているか？

　c. 必要な科目が，高等学校の教科課程の一般教養分野から抜け落ちていないか？

　d. 現行の国民の共通的教養科目に定めた38単位には，必要な科目領域がすべて含まれているか，また，適切な科目領域に充当されているか.

147

この委員会では，高等学校の教科課程全体を見直すため，およそ2か月間，毎週会合を開く予定である．

　新制高等学校の教科課程改訂委員会は，上記の諸問題について検討を行ったが，前掲の「史料5.2」（4月22日）で明らかなように，「a」の第1，2項については，文部省教科課程委員会はすでに結論を出しており，拡大された委員会はそれを追認するに過ぎなかったことが分かる．
　この委員会で合意された「発学156号」の改訂に係る勧告の報告は，5月14日付の「在米史料」"Report of Recommendation of Curriculum Revision Committee"[5]（史料5.4-1, 2）に見られる．

史料5.4-1　Report of Recommendation of Curriculum Revision Committee
（1948年5月14日付）

史料5.4-2　Report of Recommendation of Curriculum Revision Committee
（1948年5月14日付）

　本史料は，この改訂を通達した1948年10月11日付の文部省通達「新制高等学校教科課程の改正について」（発学448号）の基本理念を決定したものとして重要である．全文を掲げ和訳する．

5　在米史料，No. CIE(B)6675.

第5章　新制高等学校教科課程の改訂と一般数学

"Mr. OTERU submitted a list of recommendations adopted by the Curriculum Revision Committee, some of them for incorporation in a law on Standards for Upper Secondary schools. A list of the recommendations is given below:

1. There should be a national minimum standard curriculum. Each pupil should be required to accomplish the following work, regardless of the courses he may be following in the upper secondary school:

National Language	9 unit credits
Social Studies	10 unit credits
Physical Education	9 unit credits
Mathematics	5 unit credits
Science	5 unit credits

Mathematics and science may be considered in the category of related subjects in the vocational field for pupils taking Vocational work.

2. 85 units of credit should be required for graduation from the upper secondary school.

3. There should not be separate departments in the upper secondary school. Departments set up in Hatsu-gaku #156 should be abolished, and the curriculum reorganized into one comprehensive-type curriculum.

The Curriculum Revision Committee submitted a list of recommendations in regard to revision of the upper secondary school curriculum, and for writing a law on Establishment of School Standards.

4. Vocational subjects should be classified as electives in the new curriculum. However, the individual school can make 2/3 of 47 units required for vocational students.

5. The school week in the upper secondary school should be 30-34 hours.

6. To meet the requirement of 5 hours of mathematics for students who do not need specialized mathematics, a subject called "General Mathematics should be offered the upper secondary school. This course should be functional, related closely to the home and job, and combine elements of algebra, trigonometry, and geometry needed by all people.

7. The subject called "General Science" should be added to the upper secondary school curriculum for those students who intend to take only one science subject. This would be related closely to home life and employment, and would contain elements from the several fields of science needed by almost all people.

8. 15 units in National Language for university preparatory students is too much. This should probably be reduced to 10.

9. Calligraphy should be incorporated into National Language and Art, and cease to exist as a separate subject. Those elements of Calligraphy which are related to functional writing with a pencil or fountain pen would be incorporated into National Language. Brush writing would be incorporated into Art.

10. Oriental and Western History should be combined into one subject, to be called "World History".

The large committee has divided itself into a number of subcommittees for further consideration, of problems of upper. secondary school curriculum, as follows:

Agriculture Sub-committee

Industrial Sub-committee

Commercial Sub-committee

Fisheries Sub-committee

Vocational Homemaking Sub-committee

General Education Sub-committee

Each sub-committee will make recommendations on addition or

第5章　新制高等学校教科課程の改訂と一般数学

elimination of subjects, combination of subjects in the field with which it is concerned. The sub-committee chairmen will report on decisions to the sub-committee by 19 May. A Bill Preparing Committee was organized to write the draft of a School Establishing Standards Law.

（和訳）

大照は，教育課程改訂委員会で採択された勧告のリストを提出した．このうちのいくつかは，高等学校の基準となる通達に組み込まれる．提言のリストは以下の通り：

1. 国民的最低基準のカリキュラムを設けるべきである．各生徒は，高等学校で履修する課程に関係なく，以下の科目を習得する必要がある：

国語	9単位
社会科	10単位
体育	9単位
数学	5単位
理科	5単位

   職業訓練を受ける生徒は，数学と理科を職業分野の関連科目に含めることができる．

2. 高等学校卒業に必要な単位は85単位とする．

3. 高等学校に個別の学科を設けるべきではない．発学156号で設置された学科は廃止し，総合型の教科課程に再編成すべきである．

4. 職業科目は，新カリキュラムでは選択科目に分類されるべきである．ただし，各学校は，職業学生に必要な47単位のうち3分の2を選択することができる．

5. 高等学校の1週間の授業時間を30〜34時間とする．

6. 専門的な数学を必要としない生徒のための5時間の数学の要件を満たすために，高等学校では「一般数学」と呼ばれる科目を提供すべきである．この科目は機能的で，家庭や仕事に密接に関連し，すべての人に必要な代数，三角法，幾何の要素を組み合わせたものでなければならない．

151

7. 理科を1科目のみ履修する生徒のために，高等学校教科課程に「一般理科」と呼ばれる科目を加えるべきである．この科目は，家庭生活や就職に密接に関連し，大多数の人が必要とする理科のいくつかの分野の要素を含めたものとなる．
8. 大学進学準備のための国語の15単位は多すぎる．10単位に減らすべきである．
9. 書道は国語と美術に組み入れ，独立した科目として存在しないようにすべきである．書道の要素のうち，硬筆やペンによる機能的な筆記に関連するものは国語に組み込む．毛筆は美術に組み込む．
10. 東洋史と西洋史を1つの科目に統合し，「世界史」と呼ぶべきである．

　　この大きな委員会は，高等学校の教科課程の詳細な問題を検討するため，次の小委員会に分かれている：
　　農業小委員会
　　工業小委員会
　　商業小委員会
　　水産小委員会
　　家政委員会
　　一般教育小委員会
　　各小委員会は，担当する分野の科目の追加・廃止，科目の組み合わせなどについて提言を行う．小委員会の委員長は5月19日までに決定事項を小委員会で共有する．学校設置基準法の原案作成のため，通達の作成委員会を設置した．

　この1948年5月14日の委員会報告を受け，単位制の完全実施を敷き，卒業必要単位数を85単位と定め，「発学156号」では準必修的扱いであった「国語9単位，社会10単位，体育9単位，数学5単位，理科5単位」（計38単位）を，共通必修科目として再確認し，これを実業高等学校にも徹底して適用することになった．なお，数学科においては，科目「一般数学」を新設することになったことが著しい．この「一般数学」の位置付け等は，次々節で言及する．

152

第5章　新制高等学校教科課程の改訂と一般数学

　本節で詳述したように，1947年4月7日の「発学156号」で定められた新制
高等学校の教科課程は，1948年4月の学校発足時には改訂の大筋が決定され，
正式には，同年10月11日付で学校教育局長から都道府県知事に宛てられた文
部省通達「新制高等学校教科課程の改正について」（発学448号）として通牒さ
れるのである．

第2節 ▌「新制高等学校教科課程の改正について」（発学448号）

　新制高等学校は，その発足時に「学習指導要領一般編」相当するものとして，
1947年4月7日付の「新制高等学校の教科課程に関する件」（発学156号）によ
り，その教科課程が定められたが，1948年4月の学校発足後間もなく，その改
訂に係る議論がなされた．その経緯については，前節で言及した通りである．
　その改訂は，1948年10月11日付で学校教育局長から都道府県知事に通牒され
た「新制高等学校教科課程の改正について」（発学448号）として，広く周知され
運用に至った．本節では，その「発学448号」の特徴を捉えてみたいと考える．
　まず，その「発学448号」の記述全文と教科課程表を，次の枠内に掲げるこ
とにする．

新制高等学校教科課程の改正について

昭和二十三年十月十一日発学四四八号文部省学校教育局長より都道府県知事あて

　現在の新制高等学校の教科課程は，「学習指導要領」一般編第三章の補遺とし
て発表された昭和二十二年四月七日附発学一五六号通ちよう「新制高等学校の
教科課程に関する件」に基づいて実施されているが，その中，第一の1に示し
た教科課程表を今般別表のとおり改正し，昭和二十四年度より実業関係を含め
て新制高等学校の全部に対してこれを実施することになつたから，この旨御了
知ありたい．

　追つて，実業に関する教科については後に通達する．

153

なお，改正された教科課程については，別に解説書を作成配布する予定であるから，詳細は，その解説書について御承知願いたい．

備考

1，この表に示すもののうち，次の教科は，すべて生徒が，これを履修しなければならない．

   (1) 国語（※印）・一般社会・体育

   (2) 社会（一般社会を除く）・数学・理科のそれぞれの教科群において生徒の選択する各一教科

2，生徒は週当り三十乃至三十四時間，年三十五週以上学校において授業または指導をうけなければならない．但し夜間及び定時制の課程においてはこの限りではない．

3，職業過程においては，必要な場合に，適当な時間数の実習を85単位外に課し，又は，これを週三十四時間をこえて課することができる．

4，職業課程においては，備考1，に示すもの以外に履修する社会・数学および理科の単位数を必要に応じてこの表に示す数よりも減少させることができる．

高等学校教科課程表

教　　　科		教科別総時数（単位数）	学年別の例		
			第1学年	第2学年	第3学年
国語	国　　語	※315 (9)	105 (3)	105 (3)	105 (3)
		70 (2) ～210 (6)	70 (2)	70 (2)	70 (2)
	漢　　文	70 (2) ～210 (6)	70 (2)	70 (2)	70 (2)
社会	一般社会	175 (5)	175 (5)		
	日 本 史	175 (5)		175 (5)	
	世 界 史	175 (5)		175 (5)	
	人文地理	175 (5)		175 (5)	
	時事問題	175 (5)		175 (5)	
数学	一般数学	175 (5)		175 (5)	
	解析 (1)	175 (5)		175 (5)	
	幾　　何	175 (5)		175 (5)	
	解析 (2)	175 (5)		175 (5)	
理科	物　　理	175 (5)		175 (5)	
	化　　学	175 (5)		175 (5)	
	生　　物	175 (5)		175 (5)	
	地　　学	175 (5)		175 (5)	

体　　育		315 (9)	105 (3)	105 (3)	105 (3)
芸能	音　楽	70 (2) ～210 (6)	70 (2)	70 (2)	70 (2)
	図　画	70 (2) ～210 (6)	70 (2)	70 (2)	70 (2)
	書　道	70 (2) ～210 (6)	70 (2)	70 (2)	70 (2)
	工　作	70 (2) ～210 (6)	70 (2)	70 (2)	70 (2)
家庭	一般家庭	245 (7) ～490 (14)	245 (7)	245 (7)	
	家　族	70 (2)			70 (2)
	保　育	70 (2) ～140 (4)		70 (2)	70 (2)
	家庭経理	70 (2) ～140 (4)			140 (4)
	食　物	175 (5) ～350 (10)		175 (5)	175 (5)
	被　服	175 (5) ～350 (10)		175 (5)	175 (5)
外　国　語		175 (5) ～525 (15)	175 (5)	175 (5)	175 (5)
農業に関する教科		1,645 (47) 以内		1,645 (47) 以内	
工業に関する教科					
商業に関する教科					
水産に関する教科					
家庭技芸に関する教科教科					
その他の農業に関する教科					

史料5.5　「新制高等学校教科課程の改正について」(発学448号)(1948年10月11日付)

　この通牒「発学448号」では，その冒頭に示されているように，既刊の「学習指導要領一般編」の補遺として出された新制高等学校の教科課程に関する件」（発学156号）の改訂であることが明記されている．また，「追つて，実業に関する教科については後に通達する」「なお，改正された教科課程については，別に解説書を作成配布する予定であるから，詳細は，その解説書について御承知願いたい」とある．

　「解説書」とは，1949年4月30日に発行される『新制高等学校教科課程の解説』（後掲 史料5.7）のことである．「備考」の項目は，10月11日の通達では「1」から「4」までの4項目であったが，この解説書では，「5」及び「6」が加えられ，次のような，都合6項目となっている．

備考

1, この表に示すもののうち，次の教科は，すべて生徒が，これを履修しなければならない.

　　(1) 国語（※印）・一般社会・体育

　　(2) 社会（一般社会を除く）・数学・理科のそれぞれの教科群において生徒の選択する各一教科

2, 学校は週当り30乃至38時間，年35週以上，すなわち毎年1,050時限以上1,330時限以内，授業または指導を行わなければならない. 最低は週当り30時限であるができれば週当り33時限以上とすることが望ましい. 夜間および定時制の課程においては年1,050時限を下ることができる.

3, 職業過程においては，必要な場合に，適当な時間数の実習を85単位外に課し，または，これを週38時間をこえて課することができる.

4, 職業課程においては，備考1, に示すもの以外に履修する社会・数学および理科の単位数を必要に応じてこの表に示す数よりも減少させることができる.

5, 教科別総時数の欄の括弧外の数字は，教科毎の3年間に授業すべき総時限数を示し，括弧内の数字は，それだけの時限の授業をした場合の教科の単位数を表す.

6, 学年別の例の欄の括弧外の数字は各学年においてそれぞれの教科を指導すべき時限数を表わし，括弧内の数字はそれだけの時限の授業をした場合の単位数を表す.

　項目「2」で定める週当りの授業数は，10月11日の通達では，「三十乃至三十四時間」としていたが，ここでは，「30乃至38時間」となっている（下線筆者）. すなわち，通達時の1948年10月11日の時点では，5月14日時点の"Report of Recommendation of Curriculum Revision Committee"と同一の内容であったが，1949年4月末までに，重要な部分に変更が加えられた点に注意したい.

　さて，「発学448号」の特徴を捉えるために，本通達に添付の教科課程表（史料5.5）と「発学156号」の教科表（史料5.6）とを見比べて，その特徴を捉

第5章　新制高等学校教科課程の改訂と一般数学

教科		学年	総時数	第1学年	第2学年	第3学年
必修教科	国　語		315	105 (3)	105 (3)	105 (3)
	社　会		175	175 (5)		
	体　育		315	105 (3)	105 (3)	105 (3)
小　計			805	385 (11)	210 (6)	210 (6)
選択教科	国　語		210	70 (2)	70 (2)	70 (2)
	書　道		210	70 (2)	70 (2)	70 (2)
	漢　文		210	70 (2)	70 (2)	70 (2)
	社　会	東　洋　史	175		175 (5)	
		西　洋　史	175		175 (5)	
		人　文　地　理	175		175 (5)	
		時　事　問　題	175		175 (5)	
	数　学	解　析　学 1	175	175 (5)		
		幾　何　学	175	175 (5)		
		解　析　学 2	175	175 (5)		
	理　科	物　　理	175	175 (5)		
		化　　学	175	175 (5)		
		生　　物	175	175 (5)		
		地　　学	175	175 (5)		
	音　楽		210	70 (2)	70 (2)	70 (2)
	図　画		210	70 (2)	70 (2)	70 (2)
	工　作		210	70 (2)	70 (2)	70 (2)
	外　国　語		525	175 (5)	175 (5)	175 (5)
	実　業	農　業	1400	350 (10)	525 (15)	525 (15)
		工　業				
		商　業				
		水　産				
		家　庭				
総　　計			3150～3570	1050～1190 (30) ～ (34)	1050～1190 (30) ～ (34)	1050～1190 (30) ～ (34)

史料5.6　1947年4月7日付「新制高等学校教科課程に関する件」（発学156号）に所収の教科表

えてみたい．「史料5.6」は，本書第2章第5節の教科表の再掲である．

　第1に，必修科目・選択科目の扱いが大きく変化している．発学156号では，まず教科を大きく「必修科教科」と「選択教科」に大分類し，その下に各教科の分類がぶら下がる構造となっている．これは，本書第2章で見たように，CIEの意向に沿って，単位制・総合制を大きく打ち出したことの反映である．すなわち，必修科目を「国語9，社会5，体育9，計23」（数字は単位数）と最小

157

限にして，選択科目を大きく取り入れた構造となっている．ただし，一方で，通達の本文において「国語9，社会10，体育9，数学5，理科5，計38」は「これを必ず修めさせるようにする必要があろう」としており，必修科目については，「ダブル・スタンダード」的矛盾を孕んでいたのであった．発学448号では，必修か選択かについては，発学156号の必修科目に係る矛盾を解消して，備考欄の指示に従い，必修科目38単位をどの課程にも課す形になっている．

第2に，発学156号では，教科の構造が大分類（必修または選択）・中分類・小分類の3階層の構造になってい

史料5.7 『新制高等学校教科課程の解説』

たが，発学448号では，今日的な教科・科目の構造が整ったと言えるだろう．発学448号では，学習の分野を明確にした教科による大分類と小分類2階層となっており，新設された芸能科には，発学156号で選択教科として独立していた音楽・図画・工作・書道をまとめている．家庭科も新設し，一般家庭・家族・保育・家庭経理・食物・被服を組み入れている．また，実業として一括されていた教科が，農業に関する教科，工業に関する教科，……と，独立した教科として位置付いている点も著しい．

第3に，発学448号では，新しい科目が数多く新設され，一部科目が統合されたことである．上記の通り家庭科には，6つの科目が新設され，発学156号にあった東洋史と西洋史を「世界史」として統合し，新たに「日本史」が設けられた．しかし，発学448号での内容改変として最も著しいものは，「一般社会」「一般数学」「一般家庭」といった「一般」を冠する教科が登場したことである．これらのうち，「一般数学」の特徴については，次節で論じる．

第5章　新制高等学校教科課程の改訂と一般数学

第3節 ▎ 新設科目「一般数学」の特徴

第1項 「一般数学」の理念

「新制高等学校教科課程の改正について」（発学448号）が通達された1948年
10月11日から約1か月後の11月26日，東京都高等学校数学教育研究会が主催
する講習会において，文部省の島田茂[6]が，新設される「一般数学」に関して
講演を行っている．その講演内容については，「一般数学の取り扱いについて」[7]
と題し，日本数学教育会発行の『数学教育』第3巻第1号（1949年4月1日）に
所収されている．

「一般数学の取り扱いについて」において，まず，島田は，学校教育目標と
して，「1. 個性の伸長」「2. 良き社会人をつくる」「3. 職業資質を啓培する」の
3点を挙げている．そして，これら3つを目指す際，「今年のような解析（1），
解析（2），幾何というコースでは，ある種の子供には，どうもうまくないので
あります」と述べている．

「1. 個性の伸長」に対しては，あまり進んだ数学を必要としない子供に対し
て，現行の上記の3科目から1科目を選択必修とすることになるが，「どれも程
度や内容において，子供の要求に即さない場合がある」とし，これらどの科目
でも，個性を伸ばすという目標を達成することが困難である点に触れている．
「2. 良き社会人をつくる」に対しては，高等学校では，「中学校の数学より一
段進んだ数学を身につけることが要求される」から，「一般教養としての数学
が社会人としての行動の判断の上に，一層強く必要となってくる」と敷衍して
いる．「3. 職業資質を啓培する」については，特別難しい数学を必要とする方
向に進まない生徒であっても，「将来必要を感じた場合に，独学ででもそれに
進めるだけの芽をもつことは必要であります」と述べ，「代数，幾何，三角法
等の数学的な知識，技能基本的な考え方なりが，その萌芽を子どもの人格の中

---

6 島田茂：当時，文部省教科書局文部事務官.

7 島田茂（1949）「一般数学の取り扱いについて」．日本数学教育会発行『数学教育』第3巻第
1号．pp.9-14.

159

に根をもっていることが要求される」としている.

この島田の主張をまとめると,あまり進んだ数学を必要としない「ある種」の生徒を対象として,次の表の様な教育目標に対応した理念をもった科目として「一般数学」が編成されたことが分かる.

教育目標	「一般数学」の編成理念
個性の伸長	生徒のニーズに即した数学を学び,個性の伸長をはかる.
良き社会人をつくる	高度な数学的知識・技能というよりも,「一般教養」として社会人としての行動規範を涵養する.
職業資質の啓培	将来高度な数学が必要とされる場合があっても,自ら学べるだけの素養を培う.

史料5.8　島田茂による「一般数学」の編成理念の概要

このような特徴を捉えるとき,後年の高等学校数学科において,「数学一般」や「数学基礎」等の科目が登場することになるが,この「一般数学」はその先駆的な科目となったと言えよう.

第2項　「一般数学」の内容

続いて,島田は,「一般的教養ということについて,態度をはっきりさせてみたいと思います」として,教養とは,「子供が人生観,社会観を組み立てるのに役立つものでなかればなりません.その為には,単なる知識でなく,自分のもつ社会機能の考えの中に,それらの数学的技能,知識がしっかり位置づけられていなければなりません」と述べ,一般数学で培う教養は,生徒が人生観,社会観を形成する際に働く,数学的な知識,技能であるとしている.

また,島田は,一般数学の指導内容について,

1. 社会人として社会事象に対して,判断する場合の数学としての統計や確率
2. 社会人として,又職業人として経済的事象に対して判断する場合のものとして経済面における数学
3. 数学的な知識技能をまとめて,これを社会の働きの中に位置づけるものとしての,文明の進歩における数学の役割

第5章　新制高等学校教科課程の改訂と一般数学

の3つを挙げている．端的に言えば，社会・経済・文化に即して学ぶ数学を意味しているのである．なお，ここで，自然的な事象の欠落が見られるが，これは「一般数学」の特徴を物語っていると言える．

　最後に，島田は資料を提示して，一般数学の「目的」と「内容」を示している．まず，「目的」については，次の6項目である．

1. 数学の応用の広いことや，数学が文明の進歩の上に果している役割について理解させ，数学に対する関心を高める．
2. 日常生活で当面する実務や消費生活について，数量的な洞察をして，問題を構成する能力やその解決必要な（ママ）数学的な知識技能を身につけさせると共に，それらを用いる習慣を養う．
3. 種々の関係を簡単明確に表わすものとして，また，問題解決に当っての有力な道具としての数学を理解させ，数学的な記号や操作を用いる能力を養う．
4. 簡単な図形の性質を知り，それが実際的な問題の解決に当って果している役割を理解させ，また，新しい問題を解決していく能力を養う．
5. 論理的な考え方の本質と必要とを理解させ，また，すじみちを立てて，論理的に考えていく習慣を養う．
6. 数量的な処理をしていく時に，数値の正しさや，それに対する制限を考えていく習慣を養う．特に，統計的な資料のとり方の整理の仕方，解決の仕方についての理解を深めると共に，物事の真相をあやまりなくとらえる態度を養う．

　これらは，1951年発行の『中学校高等学校学習指導要領数学科編（試案）』の「一般数学の一般目標」に酷似しており，それは，学習指導要領が成立する2年前には，ほぼ出来上がっていたと見るべきである．

　次に「内容」については，報告の末尾に，「一般数学」の「指導内容の一覧表」が示されている．この一覧表は，①から⑪までの11件の「生活経験」に対し，培いたい数学的「技能」，そこで学ぶ数学概念である「用語」が示されている．その一部分である①と⑪の記述を「史料5.9」として示す．

161

生 活 経 験	技　　能	語用（ママ）
① 自然現象や社会現象についての変化を歩合百分率指数或いはグラフに表わしたり、また、これを用いたりする. （例）○新聞パンフレットなどに表わされる賃銀問題についての理解を深めるために、物価指数や生計費指数を用いる. 　　　○落体の運動を示すために、その位置とかゝつた時間との関係を式に書いたり、グラフにかいたりする.	○歩合、百分率、指数の意味を理解し、これを有効に用いる. ○歩合、百分率、指数の三つの用法について計算する ○一次関数や簡単な二次関数のグラフをかいたり、これを用いたりする.. ○方程式 $y=x^2$ のグラフを使つて、簡単な二次方程式を解く. ○変化率の意味を理解する.	○変化率
⋮	⋮	⋮
⑪ 数学が文明の進歩の上につくしている役割について理解する. （例）○幾何学が測量などに用いられていることについて理解する. 　　　○投影図が工作に用いられていることについて理解する. 　　　○三角関数が自然現象を表現するために用いられることを理解する. 　　　○道路、鉄道及び電信、電話をひくために測量の果している役割について理解する.	○いろいろな測量の仕方を知る. ○簡単な形をした物の投影図を読んだり、かいたりする. また、投影図を用いて、いろいろな物を作つたりする. ○一般角に対する三角関数の定義を知り、また三角関数やそのグラフを用いる. ○具体的な関係式を式にまとめて法則化する.	○一般角 ○周　期 ○振　幅

史料5.9　島田茂（1949）に示された「指導内容の一覧表」（部分）

　この一覧表の項目は「生活経験」「技能」「用語」の3つとなっている. これらの項目名は、新制小・中学校の算数・数学科の学習指導要領改訂として、1848年9月30日に発行された、『算数数学科・指導内容一覧表（算数数学科学習指導要領改訂）』の中学校に当たる部分（第7, 8, 9学年）と忠実に一致している. つまり、高等学校に新設した「一般数学」は、生活単元学習を標榜した中学校の数学を高等学校に延長したものだとみてよい.

　なお、島田が示した一覧表には、11の生活経験が記されているが、2年後の1951年に発行される『中学校・高等学校学習指導要領 数学科編（試案）』では、9つに整理されることになる. また、島田の表の項目は、「生活経験」「技能」「用語」であるが、1951年の学習指導要領では、「生活経験」「理解および能力」「用語」に改められる.（下線筆者）

　いずれにせよ、1948年11月時点で島田が示したこの資料は、1951年11月25日発行の『中学校・高等学校学習指導要領 数学科編（試案）』中の「一般数学の一般目標」及び「指導内容一覧表」と本質的には同等で、この学習指導要領の一般数学に係る部分は、すでに3年前に、かなりの完成を見ていたことを示す根拠になるものである.

162

第5章　新制高等学校教科課程の改訂と一般数学

第3項　「一般数学」の検定教科書

　本項では，当時の「一般数学」の検定教科書を取り上げる．公益財団法人教科書研究センター附属教科書図書館「教科書目録情報データベース」[8]をもとに，当時の「一般数学」の検定教科書を一覧にしたものが「史料5.10」である．全部で9社から20冊の教科書が検定・発行されている．

　「発学448号」の通牒により，新科目「一般数学」が登場したが，その教科書は，翌年の1949年から1955年にかけて発行された．なお，一般数学は，1951年の『中学校・高等学校学習指導要領　数学科編（試案）』にも位置付けられ，その後，1956年の学習指導要領改訂により削除される．「一般数学」が削除された新しい学習指導要領は，1956年度入学生から学年進行で実施されたから，「一般数学」の教科書は1955年度入学生が卒業するまで使用されたことになる．

---

8 公益財団法人教科書研究センター附属教科書図書館「教科書目録情報データベース」
　URL：https://textbook-rc.or.jp/search/（2024年3月22日最終閲覧）

163

番号	書名	記号｜番号	発行者名	発行者番号｜略称	著作者	使用学年	判型	頁数	出版年（西暦）	使用年度（西暦）
1	一般数学（1）	高数｜1004	中学校教科書株式会社※	5｜中教	数学学習指導研究会	1,2,3	B6	192	1949	1950～1952
2	一般数学（2）	高数｜1005	中学校教科書株式会社※	5｜中教	数学学習指導研究会	1,2,3	B6	328	1949	1950～1952
3	一般数学1	高数｜1006	大日本図書株式会社	4｜大日本	数学研究委員会（第三部）	1,2,3	A5	200	1949	1950～1955
4	一般数学2	高数｜1007	大日本図書株式会社	4｜大日本	数学研究委員会（第三部）	1,2,3	A5	200	1949	1950～1955
5	高等学校一般数学1	高数｜1008	株式会社好学社	37｜好学	中村幸四郎、ほか3名	1,2,3	A5	184	1950	1951～1951
6	高等学校一般数学2	高数｜1009	株式会社好学社	37｜好学	中村幸四郎、ほか3名	1,2,3	A5	192	1950	1951～1951
7	一般数学上	高数｜1012	日本書籍株式会社	1｜日書	阿部八代太郎、ほか8名	1,2,3	A5	232	1950	1951～1957
8	一般数学下	高数｜1013	日本書籍株式会社	1｜日書	阿部八代太郎、ほか8名	1,2,3	A5	206	1950	1951～1957
9	高等学校一般数学（1）	高数｜1014	績文堂出版株式会社	64｜績文	矢野健太郎	1,2,3	A5	200	1950	1951～1957
10	高等学校一般数学（2）	高数｜1015	績文堂出版株式会社	64｜績文	矢野健太郎	1,2,3	A5	200	1950	1951～1957
11	高等学校一般数学1	高数｜1017	株式会社好学社	37｜好学	辻正次、吉田洋一、田島一郎	1,2,3	A5	180	1951	1952～1957
12	高等学校一般数学2	高数｜1018	株式会社好学社	37｜好学	辻正次、吉田洋一、田島一郎	1,2,3	A5	192	1951	1952～1957
13	一般数学1	高数｜1025	大阪教育図書株式会社	93｜大教	日教組近畿協議会高校数学書編纂委員会近畿高校数学連合会	1,2,3	A5	192	1951	1952～1956
14	一般数学2	高数｜1026	大阪教育図書株式会社	93｜大教	日教組近畿協議会高校数学書編纂委員会近畿高校数学連合会	1,2,3	A5	206	1951	1952～1956
15	一般数学上	高数｜1027	三省堂出版株式会社	15｜三省堂	三省堂編修所、清水辰次、石合茂	1,2,3	A5	228	1951	1952～1955
16	一般数学下	高数｜1028	三省堂出版株式会社	15｜三省堂	三省堂編修所、清水辰次郎、石合茂	1,2,3	A5	176	1951	1952～1955
17	高等学校一般数学	高数｜1046	有限会社昇龍堂	102｜昇龍	小林善一	1,2,3	A5	402	1952	1953～1958
18	一般数学	高数｜1048	株式会社日本書院	57｜書院	泉信一、穂刈四三二、近藤基吉、ほか7名	1,2,3	A5	254	1953	1954～1954
19	一般数学（改訂版）	高数｜1052	株式会社日本書院	57｜書院	泉信一、穂刈四三二、近藤基吉	1,2,3	A5	258	1954	1955～1955
20	一般数学（三訂版）	高数｜1101	株式会社日本書院	57｜書院	泉信一、穂刈四三二、近藤基吉	2,3	A5	254	1955	1956～1958

※発行者名が変更され、1951年度より「中教出版株式会社」となる。

史料5.10 「一般数学」の検定教科書

第5章　新制高等学校教科課程の改訂と一般数学

　これらの教科書の一例として，大日本図書株式会社1949年7月19日発行の『一般数学Ⅰ』と『一般数学Ⅱ』（史料5.11）を見てみたい．

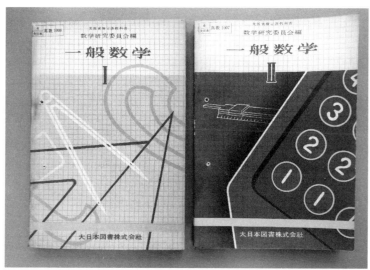

史料5.11　大日本図書株式会社『一般数学Ⅰ』，『一般数学Ⅱ』

　概要を摑むために，『一般数学Ⅰ』に記載されている「総目次」（史料5.12），『一般数学Ⅰ』の目次（史料5.13），『一般数学Ⅱ』の目次（史料5.14）を示す．

　目次を見て分かるように，物価などに関する経済的事象，家庭経済・家庭経営に関する題材，預貯金や保険に関することなど，日常生活・社会生活に密着した内容により「単元」が構成されている．平面幾何を扱う際でも，『一般数学Ⅱ』の「単元8 文明の進歩に数学はどのような役割をしたか」において，数学史的，文化史的な学習を基軸として展開されたことが分かる．

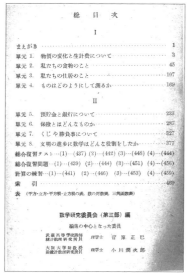

史料5.12　大日本図書株式会社『一般数学Ⅰ，Ⅱ』の総目次

165

目　次

I

まえがき ·· 1

単元 1. 物価の変化と生計費について ···························· 3

1. 家計簿のつけ方 ··· 5
2. 物価の変化と物価指数 ····································· 10
3. 生計費と消費者価格 ······································· 23
4. 物価はなにによって定まるか ··························· 32
5. 国家予算と税金 ··· 35
6. この単元でしらべたこと，さらに研究したいこと ··· 37
復習テスト ··· 39
復習問題 ·· 41
計算の練習 ··· 43

単元 2. 私たちの食物のこと ····································· 45

1. 私たちが生活していくために必要なものはなにか ····· 47
2. 1日に必要とする栄養と食品の栄養価 ················ 50
3. 計算尺 ·· 60
4. よい食事 ··· 66
5. 食品とその価格 ··· 76
6. 農業と水産業 ··· 80
7. 貯蔵と輸送 ··· 89
8. よい食事をつくるための図表 ··························· 91
9. この単元でしらべたこと，さらに研究したいこと ··· 95
復習テスト ··101
復習問題 ··103

計算の練習 ··106

単元 3. 私たちの住居のこと ····································107

1. 家の平面図と立面図 ·······································109
2. 屋根の勾配 ··118
3. 軒の深さと日のさし込み方 ······························126
4. 対数表の使い方 ··131
5. 装飾と模様 ··138
6. 土地の測量 ··147
7. この単元でしらべたこと，さらに研究したいこと ··157
復習テスト ··163
復習問題 ··165
計算の練習 ··167
表を引く練習 ··168

単元 4. ものはどのようにして測るか ··························169

1. 直接測定と換算 ··171
2. 間接測定 ··179
3. 誤差とその影響 ··187
4. 面積や体積の測り方 ·······································195
5. 測定と科学法則 ··200
6. 多くの測定値はどのようにまとめればよいか ········206
7. 統計はどんな役に立つか ··································220
8. この単元でしらべたこと，さらに研究したいこと ··225
復習テスト ··228
復習問題 ··230
計算の練習 ··232
表

史料5.13　大日本図書株式会社『一般数学I』の目次

目　次

II

単元 5. 預貯金と銀行について ·································233

1. 預貯金と利子 ··235
2. 単利と複利 ··242
3. 銀行の業務と手形の割引 ··································248
4. 公社債や株券の利まわり ··································259
5. 積立金，年賦金および年金 ······························265
6. この単元でしらべたこと，さらに研究したいこと ··275
復習テスト ··280
復習問題 ··282
計算の練習 ··286

単元 6. 保険とはどんなものか ·································287

1. 火災保険と保険料 ··289
2. 生命表 ···295
3. 生命保険と保険料 ··308
4. そのほかの保険および年金 ······························310
5. この単元でしらべたこと，さらに研究したいこと ··321
復習テスト ··323
復習問題 ··325
計算の練習 ··326

単元 7. くじや勝負事について ·································327

1. 偶然と確率 ··339
2. 確率の計算 ··336
3. 順列と組合せ ··354
4. 期望値 ···363
5. この単元でしらべたこと，さらに研究したいこと ··367

復習テスト ··371
復習問題 ··373
計算の練習 ··375

単元 8. 文明の進歩に数学はどんな役割をしたか ··········377

1. 古代東方諸国と数学 ·······································379
2. ギリシアの数学 ··384
3. ユークリッド幾何学 ·······································390
4. 簡単な幾何学の定理 ·······································399
5. 近世の数学 ··411
6. 三角函数と周期運動 ·······································418
7. 社会と統計 ··428
8. この単元でしらべたこと，さらに研究したいこと ··430
復習テスト ··432
復習問題 ··434
計算の練習 ··436

総合復習テスト··(1)··(437)　(2)··(442)　(3)··(448)　(4)··(454)
総合復習問題··(1)··(439)　(2)··(444)　(3)··(451)　(4)··(456)
計算の練習··(1)··(441)　(2)··(446)　(3)··(453)　(4)··(459)
索　引 ···460
計算尺

史料5.14　大日本図書株式会社『一般数学II』の目次

166

第5章　新制高等学校教科課程の改訂と一般数学

第4節　第5章の総括

　本章では，文部省通達「新制高等学校の教科課程に関する件」（1947年4月7日，発学156号）の改訂をめぐる日米の議論を「在米史料」をもとに辿ってきた．この改訂は，「新制高等学校教科課程の改正について」（1948年10月11日，発学448号）として結実するが，これは，「発学156号」で示された教科課程の問題点を克服しようとしたものである．

　この改訂が目指したものは，「発学156号」で示された「必ず修めさせる必要のある科目」を必修科目38単位として，明確に位置付けることと，それまで，職業科課程において必ずしも守られていなかった85単位取得の卒業要件を，普通科課程と同様に適用することの2点であった．職業科課程においては，38単位の必修を担保しつつ，数多くの専門科目を履修させ，都合85単位に収めることは，極めて困難であり，2点の課題解決は相反するものであったと言える．CIEは，この相反命題を文部省に突きつけるのであった．その決着については本章で詳論したが，以下に総括しておきたい．

　また，数学科においては，「発学448号」で示された「一般数学」の新設が本改訂での著しい特色であると言える．本章は，この「一般数学」の成立過程も追ってきた．次の6点が本章の総括である．

(1) 1947年4月7日付の「発学156号」で示された新制高等学校の教科課程には，「国民の教養」として，国語9，社会10，体育9，数学5，理科5，計38単位を，「必ず修めさせる」と記されていたが，この中の数学と理科は，正式には「必修科目」ではなく「選択科目」として位置付けられた．こうした必修要件の曖昧さもあり，実業高等学校等では，この「国民の教養」の要件が守られていない実態があった．CIEはこれを問題視し，「発学156号」の改訂が始まる．1947年11月11日の「在米史料」には，「発学156号」の改訂の必要性を，この問題も含めた4点に整理し，改訂作業に着手したことが見出せる．

167

⑵ 上記 ⑴ を受けて，文部省は，1948年5月，すでにあった教科課程委
員会を拡大した新委員会を組織し作業を始める．その後，実業課程に
も卒業要件85単位を厳格に適用しながら，「国民的教養」の38単位の
必修を義務付ける方向で検討される．これが，同年10月11日付の
「新制高等学校教科課程の改正について」（発学448号）に盛り込まれる
が，本書第4章の総括 ⑸ で言及したとおり，結果的に，実業高等学
校では85単位を上まわる単位修得を卒業要件とすることが容認される．
ただし，1951年発行の『学習指導要領一般編（試案）』において，「職
業課程の生徒も85単位が卒業の最低の条件であることを忘れてはなら
ないのである．」と付記されることになる．

⑶ 1948年10月11日付の「発学448号」の著しい特徴の1つとして，「一
般社会」「一般数学」「一般家庭」といった「一般」を冠する科目が新
設されたことが挙げられる．そのうち，「一般数学」は，「個性の伸
長」「良き社会人をつくる」「職業資質の啓培」の3つの教育目標が，
教科主義的な「解析」「幾何」では達成されにくい生徒が履修するこ
とを想定した科目である．すなわち，学問的な数学との親和性が高く
ない生徒を対象として，生徒の要求に即した内容を提供し，社会人と
しての行動規範の涵養し，その上で，中学校よりも進んだ基礎的な数
学を学ばせることを狙ったものである．

⑷ 「一般数学」の目標や内容は，生活単元学習を標榜した中学校数学か
らの連続性に依拠して編成された．それは，「一般数学」編成の実務
担当者であった島田茂が行った1948年11月26日の講演資料「一般数
学の取り扱いについて」の内容から明らかとなる．それは，島田が提
示した高等学校「一般数学」の「指導内容の一覧表」は，1948年9月
15日に発行された小・中学校の『算数数学科指導内容一覧表（算数数
学科学習指導要領改訂）』と同形式であることに顕著である．つまり，高
等学校の「一般数学」は，中学校の生活単元学習の延長に位置けられ
たのである．

⑸ 上記 ⑸ で言及した1948年11月の島田茂の高等学校「一般数学」の
「指導内容の一覧表」は，1951年11月に刊行される『中学校高等学校

学習指導要領数学科編（試案）』で示されるものと酷似している．したがって，この「学習指導要領」の高等学校「一般数学」に係る部分は，発行の3年前にはほぼ完成していたと見られる．

(6) 高等学校「一般数学」の教科書は，戦後整備された教科書検定制度に則り各社から1949年から1955年までの間刊行され，1950年度から1958年度まで使用された．

第 **6** 章

中等教育を一体化した
「学習指導要領数学科編」の構想

第1節　中等教育の一体化と新制高等学校数学科

　1947年に発足した新制小・中学校の教科課程と，そこに位置付く算数・数学科については，1947年3月20日発行の『学習指導要領一般編（試案）』，及び同年5月15日発行の『学習指導要領算数科数学科編（試案）』により成立をみる．その後，1948年6月2日に文部省通達「小中学校の学習指導要領算数・数学科編の第3章『指導内容の一覧表』の訂正について」（発教92号）が出され，同年9月30日には，小冊子『算数・数学科指導内容一覧表（算数数学科学習指導要領改訂）』が発行され，小・中学校の数学科内容については，「1年の足ぶみ」と言われるように，およそ1学年分指導内容の低下となった．

　一方，新制高等学校の学習指導要領については，「一般編」に相当するものとして，1947年の『学習指導要領一般編（試案）』の補遺である文部省通達「新制高等学校の教科課程に関する件」（発学156号）が出され，その後1948年10月11日の「新制高等学校教科課程の改正について」（発学448号），1949年の「新制高等学校教科課程中職業教科の改正について」（発学10号）の通達により，「一般編」に相当するものが整備された．しかしながら，「数学科編」に相当する学習指導要領は，本書第1章で言及した通り，1947年6月7日に作成中断の決定がなされ，発行には至らないまま，4冊の一種検定教科書『数学解析編（I）』『数学解析編（II）』『数学幾何編（1）』『数学幾何編（2）』によって数学科の教科内容が運用されたのであった．

　上記のように，小学校と中学校の算数・数学科は，これらをひとまとめにして，1947年の『学習指導要領算数科数学科編（試案）』によって成立し，その後内容一覧を整備する過程が踏まれた．一方，高等学校については，「一般編」に相当する「発学156号」と，その改訂「発学448号」「発学10号」が出されたが，「数学科編」に相当するものは刊行されず，教科書による暫定的成立をみたといえる．このように新制の小・中学校と高等学校で算数・数学科の成立過程は大きく異なる．

　当初，学校基準の策定において文部省とCIEの両者間に新制高等学校に対す

第6章　中等教育を一体化した「学習指導要領数学科編」の構想

る理念の対立があったが，それも影響して，戦後の教科成立期において，高等学校は上記のように小・中学校とは別の道程が取られたのであった．1947年5月23日に文部省組織を改編し，学校教育局に小・中・高等学校のそれぞれを所轄する初等教育課・中等教育課・高等教育課を発足させる．しかし，CIEは，新制の中学校と高等学校を一体化する構想を文部省に求め，中等教育課と高等教育課の課長を招聘してCIE教育課との週定例会議を設置し，さらに，1949年5月31日には，学校教育局を初等中等教育局と改称，高等教育課を廃止して，小学校を所轄する初等教育課と中・高等学校を所轄する中等教育課の2課に再編し，これにより中等教育を所轄する部署を完全一体化し，初等教育から分離した教育行政の体制を整える．このような葛藤を経た中等教育を一体とする流れについては，本書第4章で詳説した通りである．

　こうして中等教育が一体化した体制が整った上で，いよいよ高等学校初の「学習指導要領数学科編」の刊行が企図されることになる．これは，後の1951年5月15日発行の『中学校高等学校学習指導要領数学科編（試案）』として実を結ぶ．高等学校初の「学習指導要領数学科編」が中学校と合わせて成立する背景には，このような中等教育の一体化の施策あったといってよい．本章では，「在米史料」から，この学習指導要領の編集過程に係る記述を見出し，新制高等学校数学科の構想に関する議論を明らかにしたい．

第2節　小・中学校の算数・数学用「モデル教科書」の編集

　教科書検定制度は，学校教育法の規定に基づき，1948年度から始まる．文部省は，その下で使用される教科書の模範例を示すため，「モデル教科書」を作成する．これらは，戦後発行された文部省著作の国定教科書から，各社著作の検定教科書への移行段階において発行された．

　1948年度上半期，文部省はこの「モデル教科書」の作成に忙殺されていた．そのため，この時期の「在米史料」には，算数・数学の「学習指導要領」編集に関する記録がほとんど見出せず，第4学年（小学校4年生）用，第7学年（中学校1年生）の「モデル教科書」に関する史料が多く見られる．算数の「モデ

173

ル教科書」は，小学校第4学年用の『小学生のさんすう1・2・3』（3分冊）と
中学校1年生用の『中学生の数学（1）・（2）』（2分冊）の2つがある．「在米史
料」のうち，筆者が確認できたものを一覧にすると，次のようになる．

年	月	日	題目	報告者	人物1	人物2	国立国会図書館 マイクロフィッシュNo.
48	4	10	7th Grade Textbook in Mathematics	Osborn	Wada	Shimada	CIE(B)6675, CIE(D)1789
48	4	27	7th Grade Textbooks in Mathematics.	Osborn	Shimada	Hollingshead	CIE(C)450, CIE(C)6675, CIE(D)1789
48	5	14	7th Grade Textbook in Mathematics	Osborn	Shimada	Hollingshead	CIE(B)6675, CIE(D)183, CIE(D)1788
48	6	8	Fourth Grade Arithmetic Text	Farnsworth	Wada	Homura	CIE(A)3080, CIE(D)191
48	6	14	Fourth Grade Arithmetic Manuscript	Farnsworth	Wada		CIE(A)3080, CIE(D)193
48	6	19	Fourth Grade Arithmetic Textbook	Farnsworth	Wada		CIE(D)207
48	7	3	4th Grade Arithmetic Manuscript	Farnsworth	Wada		CIE(A)3080, CIE(D)200
48	7	13	Elementary Arithmetic Plans	Farnsworth	Wada		CIE(A)3080
48	7	15	Fourth Grade Arithmetic Book	Farnsworth	Wada	Osagi	CIE(A)3080, CIE(D)202
48	7	19	Fourth Grade Arithmetic Textbook	Farnsworth	Wada		CIE(A)3080
48	7	22	Textbook in Mathematics for the First Year of Chugakko.	Hollingshead	Wada		CIE(A)3099, CIE(B)6662, CIE(D)206

史料6.1 「在米史料」に見るモデル教科書の編集に関する記録

　「在米史料」からは，1948年度上半期，
和田らがこれらのモデル教科書の編集に
専念し，進捗報告をするとともに，CIE
による審査，指導，認可が行われたこと
が読み取れる．まず，第4学年用教科書
に言及された1948年7月19日付"Fourth
Grade Arithmetic Textbook"[1]（史料6.2）
を掲げる．
　この史料には，

史料6.2　Fourth Grade Arithmetic Textbook
（1948年7月19日付）

1　在米史料，No. CIE(A)3080.

第6章　中等教育を一体化した「学習指導要領数学科編」の構想

The final draft of the textbook was assembled and reviewed. After Mrs. Jeidy as had an opportunity look it over the text will be submitted to Mr. Harkness and the Review Board for final approval.

教科書の最終原稿が作成され，それが審査された．ヤイディー女史の校閲の後，ハークネス氏と審査委員会に提出し，最終審査を受ける予定である．

とあり，1948年7月22日時点で，第4学年用のモデル教科書の編集がほぼ終了していたことが分かる．一方，第7学年用に関する7月22日付 "Textbook in Mathematics for the First Year of Chugakko"[2]（史料6.3）を掲げる．

本史料の全文を記すと，

Mr. WADA, Mombusho member, who was instrumental in revising the Course of Study in Mathematics in the Upper and Lower Secondary Schools, submitted the manuscript for a textbook in Mathematics for the Seventh Grade. This textbook is much above the average; the approach is functional and interesting; the selection and development of each of the 10 Units is excellent, and the approach to Mathematics is made through such every day" activities as improving the house, the family budget, savings accounts and others. There were many other commendable factors about the textbook. A few suggestions were given Mr. WADA as to adding more reasoning problems, more suggestions to teachers, references, and suggestions on various means

史料6.3　Textbook in Mathematics for the First Year of Chugakko
（1948年7月22日付）

2　在米史料，CIE(A)3099，CIE(B)6662，CIE(D)206．

for evaluation of aims.

Mr. WADA of Mombusho submitted a textbook in mathematics for the 7th Grade to the Secondary Education Group for appraisal. The book was very commendable; a few suggestion for its improvement were given him.

（和訳）

　文部省の和田は，上級・下級中等学校の数学の学習指導要領改訂に携わっているが，第7学年の数学教科書の原稿を提出した．この教科書は，アプローチが機能的で興味深く，平均以上の出来栄えである．各10単元の教材の選定と開発が素晴らしい．それは，数学へのアプローチが，家屋，家計，預貯金等の改善など「日常」の事柄や活動を通すことになっているからである．本教科書には，他にも多くの賞賛すべき要素がある．もっと論証問題を加え，より教師に示唆を与えるよう，目標を評価することの様々な意味に関する参考事項や指示をより増やすよう和田に指示した．

　文部省の和田は，認可を得るために中等教育課に第7学年用の数学教科書を提出した．本教科書は非常に賞賛すべきもので，その改善のため，若干の指示を和田に与えた．

と記されており，本モデル教科書の内容を称賛するとともに，若干の指示を与えている．このことから，モデル教科書の編集は，第9学年用も1948年度前期には，ほぼ完了したことが分かる．実際の「モデル教科書」の体裁は，「史料6.4」「史料6.5」であり，それらの奥付に記された書誌データは「史料6.6」のようになる．これから，実際の発行日は1949年となっていることが分かる．

第6章　中等教育を一体化した「学習指導要領数学科編」の構想

史料6.4　文部省モデル教科書『小学生のさんすう　第四学年用』

史料6.5　文部省モデル教科書『中学生の数学 第一学年用』

教科書名	分冊	A.M.E 許可日	翻刻 印刷日	翻刻 発行日	発行所	頁数	定価（円）
小学生のさんすう 第四学年用	1	24.1.22	24.2.5	24.2.28	日書	1-79	30.80
	2	24.5.10	24.5.20	24.6.15	日書	80-198	20.70
	3	24.8.23	24.9.10	24.9.30	日書	199-301	18.70
中学生の数学 第一学年用	(1)	24.1.21	24.1.21	24.1.25	中教	1-158	21.90
	(2)	24.6.6	24.6.6	24.6.10	中教	159-454	35.00

史料6.6　文部省モデル教科書の奥付データ

177

こうして、モデル教科書の作業がほぼ完了した後の1948年9月15日の「在米史料」"Revision of Elementary Arithmetic Curriculum"[3]（史料6.7）の冒頭には、

In view of the fact that the Ministry of Education will no longer be compiling and writing textbooks it is felt that the energies of the mathematics staff should be directed toward leadership thru research, and the development of curriculum and methods.

文部省が、もはや教科書の編集と執筆を行わないことを考慮すると、数学科の委員のエネルギーは、調査研究の指揮を執って、教科課程や教育方法の開発に注がれるべきだ。

史料6.7　Revision of Elementary Arithmetic Curriculum（1948年9月15日付）

と記されており、教科書検定制度の整備が完了し、モデル教科書の編集が終わったことが分かる。よって、この時点以後の教科書作成は、民間の出版社が行うことになる。したがって、教科書編集は文部省の委員の手を離れることになる。そこで、「文部省が、もはや教科書の編集と執筆を行わないことを考慮すると、数学科の委員のエネルギーは、調査研究の指揮を執って、教科課程や教育方法の開発に注がれるべきだ」と記されている通り、いよいよ、和田らは、「学習指導要領」の作成に力が注げるようになった。次節以降では、高等学校としては初の「学習指導要領数学科編」となる『中学校高等学校学習指導要領数学科編（試案）』の全体構想が形をなしていく過程を追っていく。

3　在米史料、No. CIE(A)3080、CIE(D)232.

第6章　中等教育を一体化した「学習指導要領数学科編」の構想

第3節 ▌中・高等学校を一体化した「学習指導要領数学科編」の構想

　本書第4章，及び本章第1節で見たように，当初，新制高等学校を小・中学校から分割管理する状態で，1948年4月に新制高等学校は創立せられた．しかし，1947年5月以降の中等教育課・高等教育課とCIEの3者による"Weekly Meeting"（週連絡会議）の動きに象徴されるように，CIEは文部省の思惑を抑制して，高等学校を中学校に一体化させ，中等教育を一まとめにした教科課程編成が進行していくことになる．また，前節で見たように，教科書の検定制度が整備されるに伴い，算数・数学科においては，1948年度の上半期には，生活単元学習を標榜した文部省著作の「モデル教科書」の編集に取り組んでおり，文部省の算数・数学科の委員たちは，それに忙殺されていたが，夏ごろにはそれが一段落するのであった．

　こうして，中・高等学校を中等教育として一体化する体制が整ったことと，文部省における算数・数学科担当が「モデル教科書」の編集作業を終えたことに伴い，数学科においては，中・高等学校を一体化した「学習指導要領数学科編」の編集作業ができる「お膳立て」が整った．

　これにより，我が国における高等学校初の「学習指導要領数学科編」の編集作業が開始される．これは，いうまでもなく，中学校数学科と高等学校数学科をひとまとめにした『中学校高等学校学習指導要領数学科編（試案）』（1951年11月25日）として結実する．本節では，「在米史料」からその「学習指導要領数学科編」の構想が記されているものを掲げ，検討していくことにする．

　まず，1948年9月27日の「在米史料」"Plans for Curriculum Materials in Mathematics"[4]（史料6.8-1, 2）を掲げる．本史料には，和田がCIEのオズボーンを訪ね，「モデル教科書」の編集が一段落した段階で，中・高等学校数学科の「学習指導要領」と「現職教員の指導手引書」の2つを作成する構想を語るのである．この史料の冒頭に，次の様に記されている通りである．本文に続けてその和訳を示す．

4　在米史料，No. CIE(B)6674，CIE(D)228，CIE(D)1788.

Mr. Wada, who has put up a long running battle in an attempt to continue Mombusho compilation of mathematics textbooks for another year, stated that he now considers himself out of the business of writing textbooks, and asked for suggestions on two projects in mathematics which the Ministry wants to undertake:

(1) Writing a revised course of study for the lower secondary school and one covering the upper secondary school grades.

(2) Writing a book on teaching methods in mathematics for in-service training of teachers.

According to plans worked out during this conference, the two books will be published as one volume. A tentative outline was worked out; Mr. Wada will begin the writing at once. The outline below shows the nature of the work contemplated:

史料6.8-1 Plans for Curriculum Materials in Mathematics (1948年9月27日付)

史料6.8-2 Plans for Curriculum Materials in Mathematics (1948年9月27日付)

(和訳)

和田は,文部省著作の数学教科書の編集を,今後も続けようと長らく格闘してきたが,現在教科書編集の仕事から離れる意思があることを述べ,今から文部省が取り組もうと考える数学に係る次の2つのプロジェクトについての意見を求めた.

第6章　中等教育を一体化した「学習指導要領数学科編」の構想

(1) 高等学校段階もカバーする改訂中学校学習指導要領の作成
(2) 教師の現職教育のための数学科指導法に関する書籍の執筆

　これら2冊を1冊の本として出版する計画が，今日の会議を経て合意された．暫定的なアウトラインが作成され，和田氏はすぐに執筆を開始することになった．以下のアウトラインは，熟考の上作成されたものの原型を示している．（下線筆者）

　この史料の冒頭には，教科書の編集作業が一段落したことが記されている．本史料は1948年9月27日付のものであるが，「モデル教科書」は，前節において「史料6.6」で示した通り，実際は1949年の発行となる．「史料6.7」に「今後も続けようと長らく格闘してきた」と記されているのは，発行が完了する1949年度にかけて教科書の仕事を計画していたが，その作業が順調に進み，和田は「現在教科書編集の仕事から離れる」ことができるようになったことを示している．

　この時点で和田は「2つのプロジェクト」を計画中で，それに対してCIEの"suggestion"を求めに来たのである．この「2つのプロジェクト」とは，中学校と高等学校の「学習指導要領数学科編」の編集と，教員用の「数学科教授法に関する文献」の執筆である．

　この9月27日の会議での和田とCIEの合意の結果，「学習指導要領数学科編」と教員用の「数学科教授法に関する文献」の2冊を「1冊の本にまとめて出版すること」と，和田は，その作業に直ちに取り掛かることが認められたことである．確かに，戦後まもなく発刊された「学習指導要領」は，今日的なものとは異なり，数学科の目標，指導内容だけでなく，指導計画，評価などの細目に及んだ書籍である．それは，今日的には，「学習指導要領解説」として位置付けられるべきものとなっている．このように，教科課程の基準としての「学習指導要領」に，教師の手引書としての「数学科教授法」も組み入れる「学習指導要領数学科編」の編集方針が決定したと言える．

　なお，後でも触れるが，上記の (2) として記されている「数学科指導法に関する書籍」については，9月27日時点では，学習指導要領に組み入れて1冊とする方針が決定されたが，後に「2分冊」，すなわち別冊とする「在米史

181

料」の記述も出現する．この「数学科指導法に関する書籍」が，結果的に刊行されたのか，されなかったのか，学習指導要領の中に組み入れたのか，組み入れられなかったのかについては，不詳である．今後の研究課題としたい．

第4節 ┃ 「学習指導要領数学科編」の「原型（nature）」（9月27日案）

前掲の1948年9月27日の「在米史料」"Plans for Curriculum Materials in Mathematics"の「史料6.8-1」の第1段落の末尾には，"The outline below shows the nature of the work contemplated"「以下のアウトラインは，熟考の上作成されたものの『原型（nature）』」と記されている．

その「熟考の上作成されたものの原型」（以下，「原型」，"nature"または「9月27日案」）は次の通りで，『学習指導要領』目次に相当する．この時点での全体構想を知ることができる．

THE MATHEMATICS PROGRAM IN THE SECONDARY SCHOOLS

PART I   OUTLINE OF THE COURSE OF STUDY
PART II   THE TEACHING OF MATHEMATICS

PART I

Chapter I   The New Functional Approach to Mathematics
Chapter II   The Aims of Mathematics
Chapter III   How to Organize the Mathematics Program
Chapter IV   Scope and Sequence of Experiences in Mathematics
Chapter V   How to Organize a Resource Unit in Mathematics
Chapter VI   Outline of Units for the Lower Secondary School
Chapter VII   Outline of Mathematics Subjects in Upper Secondary School

1. General Mathematics

第6章　中等教育を一体化した「学習指導要領数学科編」の構想

	2. Algebra-Analysis I
	3. Geometry
	4. Algebra-Analysis II
Chapter VIII	Evaluation of Mathematics
Chapter IX	Standards for Compilation and Selection of Textbooks and Supplementary Materials

PART II

Chapter I	Creating a Learning Environment for Mathematics
	1. The Mathematics Teacher
	2. The Mathematics Classroom
Chapter II	The Psychology of Mathematics Teaching
Chapter III	How to Teach a Resource Unit in Mathematics
	1. Teacher Pre-planning
	2. Pupil-teacher planning
	3. Pupil Experiences in Mathematics (Unit activities)
	4. Evaluating a Unit
Chapter IV	Finding Functional Materials and Experiences in the School, Home and Community.
Chapter V	Use of the Textbook and Visual Aids
Chapter VI	Drill in Mathematics
Chapter VII	Remedial Teaching in Mathematics
Chapter VIII	Correlating Mathematics with Other Subjects
Chapter IX	Building Mathematics Curriculum

　この「9月27日案」を和訳する．実際に発行された『中学校高等学校学習指導要領数学科編（試案）』と対比するために，左に「原型」（9月27日案），右に『中学校高等学校学習指導要領数学科編（試案）』（1951年11月25日発行）の目次を2系列で記すことにする．

　前頁の「原型（9月27日案）」と『中学校高等学校学習指導要領数学科編（試

「原型」（9月27日案）和訳	『中学校高等学校学習指導要領数学科編（試案）』
	（1951年11月25日発行）の目次

「原型」（9月27日案）和訳

中等学校における数学科課程
第Ⅰ部　学習指導要領の概要
第Ⅱ部　数学科の教授

第Ⅰ部
　第Ⅰ章　数学科への新しい機能的アプローチ
　第Ⅱ章　数学の目標
　第Ⅲ章　数学科課程をどのように編成するか
　第Ⅳ章　数学における経験のスコープとシーケンス
　第Ⅴ章　数学における基盤的単元をどのように編成
　　　　　するか
　第Ⅵ章　中学校における単元の概要
　第Ⅶ章　高等学校における数学科目の概要
　　　1. 一般数学
　　　2. 代数‐解析Ⅰ
　　　3. 幾何学
　　　4. 代数‐解析Ⅱ
　第Ⅷ章　数学の評価
　第Ⅸ章　教科書及補助教材の編纂及び選定の基準

第Ⅱ部
　第Ⅰ章　数学を学ぶ環境づくり
　　　1. 数学教師
　　　2. 数学教室
　第Ⅱ章　数学教授の心理学
　第Ⅲ章　数学の基盤単元をどのように教えるか
　　　1. 教師の事前計画
　　　2. 生徒と教師間の計画
　　　3. 生徒の数学体験（単元における活動）
　　　4. 単元の評価
　第Ⅳ章　学校，家庭，地域で機能的な教材や経験を
　　　　　見出すこと
　第Ⅴ章　教科書と視聴覚機器の使用
　第Ⅵ章　数学のドリル
　第Ⅶ章　数学の学力回復指導
　第Ⅷ章　数学と他教科の関連づけ
　第Ⅸ章　数学カリキュラムの編成

『中学校高等学校学習指導要領数学科編（試案）』（1951年11月25日発行）の目次

まえがき
第Ⅰ章　中学校・高等学校の数学料の一般目標
§1. 数学科の一般目標
§2. 数学科の指導
第Ⅱ章　生徒の必要と，数学科の指導
　§1. 数学科における生徒中心の教育
　§2. 青年期の発達とその基本的必要
　§3. 数学科の指導における生徒の必要
第Ⅲ章　中学校数学科の一般目標と指導内容
　§1. 中学校数学科の一般目標
　§2. 中学校数学科の指導内容
第Ⅳ章　中学校数学科の指導内容の説明
　はしがき
　§1. 数
　§2. 四則
　§3. 計量
　§4. 比および数量関係
　§5. 表・数表およびグラフ
　§6. 代数的表現
　§7. 図形による表現（縮図・地図・投影図）
　§8. 簡単な図形
　§9. 実務
第Ⅴ章　高等学校数学科の各科目の一般目標と指導
　　　　内容
　§1. 各科目の性格
　§2. 一般数学の一般目標と指導内容
　§3. 解析Ⅰの一般目標と指導内容
　§4. 解析Ⅱの一般目標と指導内容
　§5. 幾何の一般目標と指導内容
第Ⅵ章　数学科における単元による学習指導
　§1. 単元による学習指導のねらい
　§2. 単元を構成するときの留意点
　§3. 単元による学習指導上の留意点
　§4. 単元による指導計画のたて方Ⅰ：年次計画
　§5. 単元による指導計画のたて方Ⅱ：単元構成
　§6. 単元による指導計画のたて方Ⅲ：指導細案
第Ⅶ章　数学科の学習指導における評価
　§1. 数学科の学習指導における評価のねらい
　§2. 評価の手順と方法
付録　生徒用参考図書目録

第6章　中等教育を一体化した「学習指導要領数学科編」の構想

案)』(1951年11月)の「目次」は大きく異なっているが，それぞれ，「原型」
の第Ⅰ部（Part I）を中心に対応関係が見出せる．それを表にすると次のよう
になる（史料6.9）.

事項	「原型（9月27日案）」	「学習指導要領数学科編（試案）」
数学科の目標	第Ⅱ章 数学の目標	第Ⅰ章 中学校・高等学校の数学科の一般目標
生徒の経験と単元の編成	第Ⅳ章 数学における経験のスコープとシーケンス 第Ⅴ章 数学における基盤的単元をどのように編成するか	第Ⅱ章 生徒の必要と，数学科の指導
中学校の単元	第Ⅵ章 中学校における単元の概要	第Ⅲ章 中学校数学科の一般目標と指導内容
高等学校の単元	第Ⅶ章 高等学校における数学科目の概要	第Ⅴ章 高等学校数学科の各科目の一般目標と指導内容
評価	第Ⅷ章 数学の評価	第Ⅶ章 数学科の学習指導における評価
単元による学習指導	第Ⅱ部 第Ⅲ章　　　　数学の基盤単元をどのように教えるか	第Ⅵ章 数学科における単元による学習指導

史料6.9　「原型（9月27日案）」と『中学校高等学校学習指導要領数学科編（試案）』の対照

　前頁の対比を見た印象としては，「原型」の方が，教科内容というよりは，
数学授業構成のための教師の「手引書」という性質が強いように思われる．学
習指導要領は，教科の基準を定めるものであるが，教師の授業の手引書でもあ
ったとされる．「原型」の段階では，後者の性質が強いものとして計画された
ことが分かる．なお，著しいことは，この日の決定により，中等教育を一体化
した学習指導要領の作成が具体的に構想され始めたことだと言えよう．

　また，第Ⅱ部（Part II）については，各章の見出し内容からして，9月27日
の「在米史料」の冒頭部分に掲げられている「(2) 教師の現職教育のための数
学科指導法に関する書籍」に当たるものであることは，間違いない．

185

第5節　一般数学の概要

1948年10月25日付の「在米史料」"Course of Study in Mathematics"[9]（史料6.10）からは，「学習指導要領」に掲載される「一般数学」に係る記録が見出せる．この全文と和訳を掲げる．

Mr. WADA submitted a portion of the Courses of Study in Mathematics which the Ministry of Education is writing. This portion consists of an outline of the subject General Mathematics, recently added to the upper secondary school curriculum. The aims of the subject are defined, followed by a chart showing functional experiences which pupils should have, the mathematical skills and processes involved in those functional experiences, and the mathematics vocabulary involved.

史料6.10　Course of Study in Mathematics（1948年10月25日付）

This outline will be reviewed. Although it will not be printed until the entire Course of Study is ready, it can be mimeographed in the meantime and used as the standard for compilation of textbooks for use in the subject.

（和訳）

和田は，文部省が作成している「数学の学習指導要領」の一部分を提出した．この部分は，高等学校のカリキュラムに最近追加された教科「一般

9　在米史料，No. CIE(B)6673，CIE(D)238，CIE(D)1787．

第6章　中等教育を一体化した「学習指導要領数学科編」の構想

数学」の概要である．この科目の目的が定義され，続いて生徒が出会う現
実的な経験，その現実的な経験に関わる数学的なスキルとプロセス，そし
て数学用語を示す表が示されている．

　この概要は検閲に付される．これは，学習指導要領全体の準備が整うま
では印刷しないが，当面，ガリ版刷りにして，この科目で使用する教科書
編纂の基準として使用可能である．

　この「在米史料」の記述によると，和田は約2年後に発行される『中学校高
等学校学習指導要領数学科編（試案）』の「一般数学」に係る部分をCIEに持
参したことが分かる．史料に，「この科目の目的が定義され，続いて生徒が出
会う現実的な経験，その現実的な経験に関わる数学的なスキルとプロセス，そ
して数学用語を示す図が示されている」と記されており，"aims"「目的」が定
義されるとともに，"functional experiences"「経験」，"mathematical skills
and processes"「数学の技能と過程」，"mathematics vocabulary"「用語」が整
理された表が提出されたことが分かる．

　なお，この「在米史料」が記録された1948年10月25日から1か月後の11月
26日，東京都高等学校数学教育研究会が主催する講習会で島田茂が「一般数
学の取り扱いについて」[10]という講演を行うが，上記の「目的」及び"chart"
「表」に記されたとされる「経験」「技能と過程」「用語」の3項目は，島田の
講演資料の項目である「目的」及び「生活経験」「技能」「用語」と一致してい
る（本書第5章第3節）．こうした記録から，和田が提出した「一般数学」の概
要は，島田の講演資料と酷似しており，10月25日にCIEの検閲を受けた後，
それに基づいて島田は東京で講演を行ったと考えられる．

　さらに，第5章第3節で触れた通り，島田の講演資料は，後の1951年に成立
する『中学校高等学校学習指導要領数学科編（試案）』の「一般数学」に係る
部分と若干異なるだけであることから，「一般数学」に関する学習指導要領の
記述は，3年前にはほぼ完成していたことが裏付けられる．

10　島田茂（1949），「一般数学の取り扱いについて」，日本数学教育会『数学教育』第3巻第1
　　号，pp.9-14.

第6節　「学習指導要領数学科編」の「概要 (outline)」(11月5日案)

本章第4節では，1951年に発行される「学習指導要領数学科編」の「原型」として示された「9月日27日案」を見た．その後，作業が進められ，1948年11月5日には，新しく「概要 (outline)」が提出される．これを「11月5日案」と呼ぶことにする．では，1948年11月5日の「在米史料」"Course of Study in Mathematics for Secondary Schools"[11]を「史料6.11」として掲げる．

この「在米史料」の冒頭部分には，

> This meeting was held to develop an outline for a course of study in mathematics. The outline which resulted is given below. Portions of the materials are already written.
>
> この会議は，数学の学習指導要領の概要を作成するために開催された．結果として，以下のような概要が出来上がった．教材の一部はすでに書き終えられている．

史料6.11　Course of Study in Mathematics for Secondary Schools
(1948年11月5日付)

とあり，続いて，数学の学習指導要領の「概要 (outline)」が記されている．これも，計画された『学習指導要領』の目次が相当するものである．それは，

11　在米史料．No. CIE(C)450．CIE(D)1789．

第6章　中等教育を一体化した「学習指導要領数学科編」の構想

次の通りである.

Outline of Course of Study in Mathematics Grades 7-12

PART I. AIMS AND PLACE OF MATHEMATICS IN THE CURRICULUM

Chapter I.　　　　The Aims of Mathematics

1. The general Aims of Education

2. The Aims of Secondary Education

3. The Aims of Mathematics in the Secondary School

Chapter II.　　　　The Place of Mathematics in the Now Education

1. Comparison of the New Program With the old

2. How Mathematics Meets the Present Needs of Adolescents and Trains Them for Adult Living

PART II. MATHEMATICS PROGRAM IN THE LOWER SECONDARY SCHOOL

Chapter III.　　　　Outline of the Program in the Lower Secondary School

1. Aims

2. Outline of the Scope and Sequence

Chapter IV.　　　　Organization by Units -- A Sample Unit for Each Grade

PART III. MATHEMATICS PROGRAM IN THE UPPER SECONDERY SCHOOL

Chapter V.　　　　The Place of Mathematics in the Upper Secondary school

Chapter VI.　　　　Outline of General Mathematics

Chapter VII.　　　　Outline of Algebra I

Chapter VIII.　　　　Outline of Algebra II

Chapter IX.　　　　Outline of Geometry

PART IV. GENERAL

Chapter X.　　　Suggested Methods and Activities in Mathematics
Chapter XI.　　　Methods of Evaluation
Chapter XII.　　　Annotated References

　ここで，左に「原型」（9月27日案）の和訳，右に「概要」（11月5日案）の和訳を示す.

「原型」（9月27日案）和訳　　　　　　　　　**「概要」（11月5日案）和訳**

中等学校における数学科課程	**中・高等学校の数学の学習指導要領**
第Ⅰ部　学習指導要領の概要	
第Ⅱ部　数学科の教授	
	第Ⅰ部　カリキュラムにおける数学の目的と位置
第Ⅰ部	第Ⅰ章　数学の目標
第Ⅰ章　数学科への新しい機能的アプローチ	1. 教育の一般的な目標
第Ⅱ章　数学の目標	2. 中等教育の目標
第Ⅲ章　数学科課程をどのように編成するか	3. 中等学校における数学の目標
第Ⅳ章　数学における経験のスコープとシーケンス	
第Ⅴ章　数学における基盤的単元をどのように編成	第Ⅱ章　現在の教育における数学の位置づけ
するか	1. 新プログラムと旧プログラムの比較
第Ⅵ章　中学校における単元の概要	2. いかにして数学が青年の現在のニーズを満た
第Ⅶ章　高等学校における数学科目の概要	し，大人の生活に必要な訓練をするか
1. 一般数学	
2. 代数 - 解析Ⅰ	第Ⅱ部　中学校での数学プログラム
3. 幾何学	第Ⅲ章　中学校でのプログラムの概要
4. 代数 - 解析Ⅱ	1. 目標
第Ⅷ章　数学の評価	2. スコープとシーケンスの概要
第Ⅸ章　教科書及び補助教材の編纂及び選定の基準	第Ⅳ章　単元構成：各学年の単元の例
第Ⅱ部	第Ⅲ部　高等学校における数学プログラム
第Ⅰ章　数学を学ぶ環境づくり	第Ⅴ章　高等学校における数学の位置づけ
1. 数学教師	第Ⅵ章　一般数学の概要
2. 数学教室	第Ⅶ章　代数Ⅰの概要
第Ⅱ章　数学教授の心理学	第Ⅷ章　代数学Ⅱの概要
第Ⅲ章　数学の基盤単元をどのように教えるか	第Ⅸ章　幾何学の概要
1. 教師の事前計画	
2. 生徒と教師間の計画	第Ⅳ部　一般
3. 生徒の数学体験（単元における活動）	第Ⅹ章　数学の方法と活動の提案
4. 単元の評価	第Ⅺ章　評価の方法
第Ⅳ章　学校，家庭，地域で機能的な教材や経験を	第Ⅻ章　注釈付き参考文献
見出すこと	
第Ⅴ章　教科書と視聴覚機器の使用	
第Ⅵ章　数学のドリル	
第Ⅶ章　数学の学力回復指導	
第Ⅷ章　数学と他教科の関連づけ	
第Ⅸ章　数学カリキュラムの編成	

第6章　中等教育を一体化した「学習指導要領数学科編」の構想

　さらに，左に「概要」（11月5日案），右に「学習指導要領」の目次として2系列で示す．

<table>
<tr><td>

「概要」（11月5日案）和訳

中・高等学校の数学の学習指導要領

第Ⅰ部　カリキュラムにおける数学の目的と位置
　第Ⅰ章　数学の目標
　　1. 教育の一般的な目標
　　2. 中等教育の目標
　　3. 中等学校における数学の目標
　第Ⅱ章　現在の教育における数学の位置づけ
　　1. 新プログラムと旧プログラムの比較
　　2. いかにして数学が青年の現在のニーズを満たし，大人の生活に必要な訓練をするか

第Ⅱ部　中学校での数学プログラム
　第Ⅲ章　中学校でのプログラムの概要
　　1. 目標
　　2. スコープとシーケンスの概要
　第Ⅳ章　単元構成：各学年の単元の例

第Ⅲ部　高等学校における数学プログラム
　第Ⅴ章　高等学校における数学の位置づけ
　第Ⅵ章　一般数学の概要
　第Ⅶ章　代数学Ⅰの概要
　第Ⅷ章　代数学Ⅱの概要
　第Ⅸ章　幾何学の概要

第Ⅳ部　一般
　第Ⅹ章　数学の方法と活動の提案
　第Ⅺ章　評価の方法
　第Ⅺ章　注釈付き参考文献

</td><td>

『中学校高等学校学習指導要領数学科編（試案）』
（1951年11月25日発行）の目次

まえがき
第Ⅰ章　中学校・高等学校の数学料の一般目標
　§1. 数学科の一般目標
　§2. 数学科の指導
第Ⅱ章　生徒の必要と，数学科の指導
　§1. 数学科における生徒中心の教育
　§2. 青年期の発達とその基本的必要
　§3. 数学科の指導における生徒の必要
第Ⅲ章　中学校数学科の一般目標と指導内容
　§1. 中学校数学科の一般目標
　§2. 中学校数学科の指導内容
第Ⅳ章　中学校数学科の指導内容の説明
　はしがき
　§1. 数
　§2. 四則
　§3. 計量
　§4. 比および数量関係
　§5. 表・数表およびグラフ
　§6. 代数的表現
　§7. 図形による表現（縮図・地図・投影図）
　§8. 簡単な図形
　§9. 実務
第Ⅴ章　高等学校数学科の各科目の一般目標と指導内容
　§1. 各科目の性格
　§2. 一般数学の一般目標と指導内容
　§3. 解析Ⅰの一般目標と指導内容
　§4. 解析Ⅱの一般目標と指導内容
　§5. 幾何の一般目標と指導内容
第Ⅵ章　数学科における単元による学習指導
　§1. 単元による学習指導のねらい
　§2. 単元を構成するときの留意点
　§3. 単元による学習指導上の留意点
　§4. 単元による指導計画のたて方Ⅰ：年次計画
　§5. 単元による指導計画のたて方Ⅱ：単元構成
　§6. 単元による指導計画のたて方Ⅲ：指導細案
第Ⅶ章　数学科の学習指導における評価
　§1. 数学科の学習指導における評価のねらい
　§2. 評価の手順と方法
　付録　生徒用参考図書目録

</td></tr>
</table>

191

上掲の2組の対比を見ると,「概要」(11月5日案)は,「原型」(9月27日案)の第Ⅱ部「数学科の教授」に関する内容を縮減して「概要」の第Ⅳ部「一般」に組み入れるとともに,「原型」の第Ⅰ部「学習指導要領の概要」の内容を,「概要」では第Ⅰ部から第Ⅲ部までに収め, より具体化したものとなっていることが分かる.

　ここで, 1948年12月9日付の「在米史料」"Course of Study in Mathematics"[12]（史料6.12）を見ておきたい.

　この史料の本文は次の通りである.

Mr. WADA brought a statement of the aims of mathematics in the lower secondary school and the aims of the General Mathematics Course in the upper secondary school, for use in the new mathematics course of study. The list was checked, a few additions were made, and the list was approved for inclusion in the course of study.

　和田は, 新しい数学の学習指導要領で使用するため, 中学校の数学の目標と, 高等学校の一般数学の目標を記載したものを持参した. そのリストを確認し, いくつかの加筆を行い, 学習指導要領への掲載を承認した.

史料6.12　Course of Study in Mathematics（1948年12月9日付）

　これにより, 中学校数学と高等学校の「一般数学」の目標が承認され, 学習指導要領掲載が許可されたことが分かる.『中学校高等学校学習指導要領数学科編（試案）』(1951年11月25日発行) の目次では,「第Ⅲ章の§1」と「第Ⅴ章

12　在米史料, No. CIE(B)6673, CIE(C)280, CIE(D)1786.

第6章　中等教育を一体化した「学習指導要領数学科編」の構想

の§2」がこれに相当する．中学校・高等学校の「学習指導要領数学科編」は，生活単元学習の部分から作業が進められ，他の部分に先んじて，CIEによる認可を得たことが史料から読み取れるのである．

第7節 ▎ 中等教育課・初等教育課の実務担当

　前節で見た数学の学習指導要領の掲げる数学科の一般目標の承認報告から約半年を経た1949年6月29日付の「在米史料」"Survey of Projects in Mathematics"[13]（史料6.13）を掲げる．

　この史料の冒頭には，文部省中等教育課から島田茂，中島健三，初等教育課から和田義信，Aokiの4名の算数・数学科担当の名前が掲げられている．ここで"Aoki"と記された人物は，「青池実」である可能性が高いが，あるいは「青木章心」[14]のことかもしれない．本史料は，1951年発行の『中学校高等学校学習指導要領数学科編（試案）』の実務的な担当者がこの4名であったことが読み取れる．この4名がそろって，CIEのオズボーンを訪問している．

　史料の本文は次の通りである．英文の後に和訳を記す．

　These Ministry of Education staff members requested this meeting in order to explain their place in the reorganized Ministry of Education, and to review existing projects.

　There are now two mathematics specialists in the Elementary Education Section and two in the Secondary Education Section. The Four will consider themselves a committee on Mathematics Curriculum and will work together to insure proper articulation between the elementary and secondary schools in mathematics curriculum.

　The following projects are under way in the field of mathematics:

---

13 在米史料，No. CIE(C)450，CIE(D)1789.
14 青木章心：当時，文部省初等中等教育局初等教育課.

193

1. Revision of Course of Study of Lower Secondary Schools.

2. Writing Course of Study for the Upper Secondary Schools.

One project, which has been listed for some time, has not yet gotten underway. This is the writing of a professional book titled "The Teaching of Mathematics".

（和訳）

これらの文部省スタッフは，改編された文部省での自らの担当を説明し，現在取り組んでいるプロジェクトを報告するためこのミーティングを要請した．

史料6.13　Survey of Projects in Mathematics（1949年6月29日付）

現在，初等教育課に2名，中等教育課に2名の数学専門家がいる．この4名は数学カリキュラムの委員会であることを自覚しており，初等・中等学校に亘って適切に連携を保ちつつ作業を協力することになる．

数学分野では次のプロジェクトが進行中である．

1. 中学校の学習指導要領の改訂

2. 高等学校の学習指導要領の作成

以前からリストアップされていたが，まだ進行していないプロジェクトがある．それは，「The Teaching of Mathematics」というタイトルの専門書の執筆である．

史料の第2段落には，「この4名は数学カリキュラムの委員会であることを自覚しており，初等・中等学校に亘って適切に連携を保ちつつ作業を協力することになる」と記されている．本書第4章で言及したように，1949年5月31日，文部省内の組織改編が行われ，学校教育局を初等中等教育局と改称，高等教育課を廃止して，小学校を所轄する初等教育課と中・高等学校を所轄する中等教育課の2課に再編し，中等教育を所轄する部署を完全一体化し，初等教育から

第6章 中等教育を一体化した「学習指導要領数学科編」の構想

分離した教育行政の体制を整えたばかりであった．この流れに沿えば，中学校と高等学校を一体化した数学の学習指導要領に関しては，中等教育課が担当しなければならないことになるが，数学に関しては，中等教育課の島田茂，中島健三だけでなく，初等教育課の和田義信，Aokiも自らこれを編集する任務があると自覚しており，これら両部署から選出された2名ずつが中・高等学校数学科の両者の学習指導要領編集を担っていたことが読み取れる．

第8節 「学習指導要領数学科編」の章の「再調整」（7月13日案）

1949年7月13日になると，数学の学習指導要領作成が進捗し，前年の「9月27日案」「11月5日案」よりもさらに進んだ内容報告がCIEになされる．その内容検討の前に，その報告の2日前の7月11日の「在米史料」"Mathematics Projects for the Next Year"[15]（史料6.14）を見てみたい．本史料の本文を掲げ，和訳を記す．

Mr. SHIMADA and Mr. NAKAJIMA, the two mathematics curriculum specialists in the Secondary Education Section, are currently working on one project: The writing of a two-volume book（ママ）titled "The Mathematics Program in the Lower and Upper Secondary Schools", of which Volume I is the "Course of Study in Mathematics" and Volume II "The Teaching of Mathematics". These books will be completed around the end of 1949.

史料6.14 Mathematics Projects for the Next Year（1949年7月11日付）

---

15 在米史料，No. CIE(B)6679，CIE(D)325，CIE(D)1785．

Mr. SHIMADA is now planning the work for 1950. He suggested that during that year a study be made of mathematics ability at the different age-grade levels. This would be a thorough study, designed to determine the ages and grades in which study of each mathematical concept and procedure would first be attempted. Mr. SHIMADA was informed that Education Division has no objection to listing that as a project, to be attempted after the two volume (ママ) work for teachers has been completed.

(和訳)

　現在，中等教育課の数学カリキュラム担当している2名の専門家である島田と中島は，1つのプロジェクトに取り組んでいる．その第Ⅰ巻は「数学の学習指導要領」，第Ⅱ巻は「数学科の指導」である．これらの本は1949年末頃に完成する予定である．

　島田は，現在1950年の業務を計画中である．その年に，年齢・学年別の数学の学力の調査を行うことを提案した．これは，それぞれの数学的な概念や手段の学習が最初に試みられる年齢と学年を決定するための徹底的な調査である．CIE教育課としては，教師向けの2巻の著作が完成した後に，この研究をプロジェクトとして挙げることに異論はないことが島田に告げられた．

　この日には，学習指導要領の編集に加えて，"The Teaching of Mathematics"「数学科の指導」という本の作成に取り組んでいることが報告されている．これは，本章第3節で1948年9月27日現在，

⑴ Writing a revised course of study for the lower secondary school and one covering the upper secondary school grades.

⑵ Writing a book on teaching methods in mathematics for in-service training of teachers.

⑴ 高等学校段階もカバーする改訂中学校学習指導要領の作成

⑵ 教師の現職教育のための数学科指導法に関する本の執筆

第6章　中等教育を一体化した「学習指導要領数学科編」の構想

と報告された「(2)」の書籍のことだと考えられる．その際，9月27日には，

> According to plans worked out during this conference, the two books will be published as one volume.

これら2冊を1冊の本として出版する計画が，今日の会議を経て合意された．

と記されており，別冊ではなく，「学習指導要領」の本冊に組み入れる決定がなされていた．しかし，この日には，明らかに"The writing of a two-volume book（ママ）" 「著作は2冊の本」と，2分冊であることが示されている．1951年発行の『中学校高等学校学習指導要領数学科編（試案）』の本体とは，この時点で別冊のとされている文部省著作の『数学科の指導』に当たるものについて，筆者は現在のところ未確認，不詳である．この書籍は，9月27日の決定の通り，学習指導要領に組み入れられたものと見るべきか，それとも，この日の記述の通り，『数学科の指導』に当たる文献が発行されたのか，明らかにする必要がある．これについては，今後の課題である．

続いて，1949年7月13日付の「在米史料」"Plan for Courses of Study and Other Publications in Mathematics"[16]（史料6.15）を取り上げる．本節の冒頭で述べたように，発行予定の数学の「学習指導要領」の全体構想・目次に当たる内容が報告されている．原文とその和訳を掲げる．

史料6.15　Plan for Courses of Study and Other Publications in Mathematics
（1949年7月13日付）

16　在米史料，No. CIE(B)6679，CIE(C)325，CIE(D)1777．

197

Plan for Courses of Study and Other Publications in Mathematics

This meeting was requested by the mathematics specialists to review work in progress and plan work for next year. The principal project with which these specialists are concerned two-volume work on the mathematics program, with titles as follows:

"The Mathematics Program in the Lower and Upper Secondary Schools"
Volume I -- Course of Study
Volume II-- The Teaching of Mathematics

Volume I, the Course of Study, is well under way. Chapters have been readjusted as follows:

Part I   The Program of Mathematics
    Chapter I   General Aims of Mathematics
    Chapter II   Pupil Needs and Mathematics
Part II   Mathematics in the Lower Secondary School
    Chapter III   Special Aims of Mathematics in the Lower Secondary School
    Chapter IV   Grade Placement of Mathematics Experiences
    Chapter V   Explanation of Grade Placement
    Chapter VI   How to Organize a Unit, and Examples of Units
Part III   General Mathematics in the Upper Secondary School
    Chapter VII   Special Aims of General Mathematics
    Chapter VIII   Contents of General Mathematics
    Chapter IX   Explanation and Illustration of Materials (in Chapter VIII)
    Chapter X   How to Organize a Unit, and Example of Units
Part IV   Algebra - Analysis I

第6章　中等教育を一体化した「学習指導要領数学科編」の構想

Chapter XI	Special Aims of Algebra-Analysis I
Chapter XII	Contents of Algebra-Analysis I
Chapter XIII	Explanation and Illustration of Contents
Part V	Algebra Analysis II
Chapter XIV	Special Aims of Algebra Analysis II
Chapter XV	Contents of Algebra-Analysis II
Chapter XVI	Explanation and Illustration of Contents
Part VI	Geometry
Chapter XVII	Special Aims of Geometry
Chapter XVIII	Contents of Geometry
Chapter XIX	Explanation and Illustration of Contents
Part VII	Evaluation and Adaptation
Chapter XX	Meaning of and Steps in Evaluation
Chapter XXI	Methods of Evaluation
Chapter XXII	Local Adaptation of This Course of Study

Work on this book will be completed soon. Then work on the book on teaching methods. will begin, to be completed possibly by 1 April 1950.

For the remainder of 1950, a nation-wide study of pupil abilities and progress in mathematics is planned, culminating in the writing of Volumes III and IV of the Mathematics Program series, titled "Mathematics Abilities in the Lower Secondary School Grades", and "Mathematics Abilities in the Upper Secondary School Grades".

（和訳）

　学習指導要領とその他の数学関連の著作

　この会議は，業務の進捗報告を行い，来年の業務計画を策定するため，数学の担当者からの要請に基づいて持たれたものである．これらの担当が関わっている主なプロジェクトは，数学科課程に関する2巻の著作で，タイトルは以下の通りである．

199

「下級および上級中等学校の数学科課程」
　　第1巻：学習指導要領
　　第2巻：数学科の指導

　　第1巻の学習指導要領は順調に進んでいる．各章は以下のように再調整される．

第1部　数学科の課程
　　第1章　数学科の一般目標
　　第2章　生徒の必要と数学
第2部　中学校数学科
　　第3章　中学校数学科に固有の目標
　　第4章　数学経験の学年配置
　　第5章　学年配置の説明
　　第6章　単元の構成法と単元の例
第3部　高等学校における一般数学
　　第7章　一般数学に固有の目標
　　第8章　一般数学の内容
　　第9章　教材の説明と図示（第8章にある）
　　第10章　単元の構成法と単元の例
第4部　代数学-解析Ⅰ
　　第11章　代数-解析Ⅰに固有の目標
　　第12章　代数-解析Ⅰの内容
　　第13章　内容の説明と図示
第5部　代数-解析Ⅱ
　　第14章　代数-解析Ⅱに固有の目標
　　第15章　代数-解析Ⅱの内容
　　第16章　内容の説明と図示
第6部　幾何学
　　第17章　幾何に固有の目的

第6章　中等教育を一体化した「学習指導要領数学科編」の構想

　　　第18章　幾何の内容
　　　第19章　内容の説明と図示
　　第7部　評価と適応
　　　第20章　評価の意味と手順
　　　第21章　評価の方法
　　　第22章　この教科の地域への適応

　この著作の作業はまもなく終了する．その後，指導法に関する本の作業を開始し，可能ならば1950年4月1日までに完成させる予定である．
　1950年の残りの期間，数学における生徒の能力と成長に関する全国的な調査が計画されており，「下級中等学校における数学の学力」と「上級中等学校における数学の学力」と題された数学科シリーズの第3巻と第4巻として完成する予定である．

　この史料に登場するCIEへの訪問者は，和田と島田の2名である．彼らが，新制中・高等学校の数学科に関する2巻の著作として，「第1巻：学習指導要領」と「第2巻：数学科の指導」の編集に携わっていることが報告され，「第1巻の学習指導要領は順調に進んでいる」と報告している．続いて，第1巻「学習指導要領」の章構成を示している．全部で7つのパートに分けて示されているが，全体を通して22の章からなるものである．
　また，この「在米史料」の記述には，これまで言及されていた第1巻と第2巻に加えて，新たに，「下級中等学校における数学の学力」と「上級中等学校における数学の学力」という第3巻，第4巻の発行計画に触れられている．
　戦後1950年代前半には，日教組や日本教育学会など様々な団体が児童・生徒の学力の調査を行っているが，この史料に言及されているものは，1952年から1954年までの3年間に亘り，文部省（国立教育研究所）が行った小学校6年生と中学校3年生を対象とした「全国小・中学校児童生徒学力水準調査」のことであろう．
　さて，ここでも，1948年の「在米史料」にあった「9月27日案」「11月5日案」の検討を行った際と同様に，1949年7月13日の「在米史料」"Plan for

201

Courses of Study and Other Publications in Mathematics"で示された学習指導要領の"readjust"（以下「再調整」，または「7月13日案」）を，「11月5日案」及び実際成立する『中学校高等学校学習指導要領数学科編（試案）』（1951年11月25日発行）の目次と対比してみよう．

まず，「7月13日案」と前年の「11月5日案」の比較であるが，「11月5日案」では，中等教育全般に位置付く数学科に言及した章が第Ⅰ・Ⅱ章であり，これが，「7月13日案」の第1・2章の基となっている．さらに「11月5日案」では，第Ⅲ・Ⅳ章に中学校数学，第Ⅴ〜Ⅺ章に高校数学の内容が配置されており，それらが「7月13日案」では，中・高等学校の各科目として具体化され，第3章から第19章までに位置付くことになる．

次に，「7月13日案」と完成された『中学校高等学校学習指導要領数学科編（試案）』（以下，『学習指導要領』）の目次を対比すると，ともに7つの章（「7月13日案」では「部」）で構成されており，構造が同じだとわかる．また，具体的な内容においても，「7月13日案」は，『学習指導要領』により近い構成となっている．それぞれの対比を一覧にしたものが，次の表「史料6.16」である．

第6章　中等教育を一体化した「学習指導要領数学科編」の構想

「概要」（1948年11月5日案）和訳

中・高等学校の数学の学習指導要領

第Ⅰ部　カリキュラムにおける数学の目的と位置
　第Ⅰ章　数学の目標
　　1. 教育の一般的な目標
　　2. 中等教育の目標
　　3. 中等学校における数学の目標

　第Ⅱ章　現在の教育における数学の位置づけ
　　1. 新プログラムと旧プログラムの比較
　　2. いかにして数学が青年の現在の必要を満たし、
　　　大人の生活に必要な訓練をするか

第Ⅱ部　中学校での数学プログラム
　第Ⅲ章　中学校でのプログラムの概要
　　1. 目標
　　2. スコープとシーケンスの概要
　第Ⅳ章　単元構成：各学年の単元の例

第Ⅲ部　高等学校における数学プログラム
　第Ⅴ章　高等学校における数学の位置づけ
　第Ⅵ章　一般数学の概要
　第Ⅶ章　代数Ⅰの概要
　第Ⅷ章　代数Ⅰ・Ⅱの概要
　第Ⅸ章　幾何の概要

第Ⅳ部　一般
　第Ⅹ章　数学の方法と活動の提案
　第Ⅺ章　評価の方法
　第Ⅻ章　注釈付き参考文献

「再調整」（1949年7月13日案）和訳

第1巻：学習指導要領

第1部　数学科の課程
　第1章　数学科の一般目標
　第2章　生徒の必要と数学

第2部　中学校数学科
　第3章　中学校数学科に固有の目標
　第4章　数学経験の学年配置
　第5章　学年配置の説明
　第6章　単元の構成法と単元の例

第3部　高等学校における一般数学
　第7章　一般数学に固有の目標
　第8章　一般数学の内容
　第9章　教材の説明と図示（第8章にある）
　第10章　単元の構成法と単元の例

第4部　代数学-解析Ⅰ
　第11章　代数-解析Ⅰに固有の目標
　第12章　代数-解析Ⅰの内容
　第13章　内容の説明と図示

第5部　代数-解析Ⅱ
　第14章　代数-解析Ⅱに固有の目標
　第15章　代数-解析Ⅱの内容
　第16章　内容の説明と図示

第6部　幾何
　第17章　幾何に固有の目的
　第18章　幾何の内容
　第19章　内容の説明と図示

第7部　評価と適応
　第20章　評価の意味と手順
　第21章　評価の方法
　第22章　この教科の地域への適応

「再調整」（1949年7月13日案）和訳

第1巻：学習指導要領

第1部　数学科の課程
第1章　数学科の一般目標
第2章　生徒の必要と数学

第2部　中学校数学科
第3章　中学校数学科に固有の目標
第4章　数学経験の学年配置
第5章　学年配置の説明
第6章　単元の構成法と単元の例

第3部　高等学校における一般数学
第7章　一般数学に固有の目標
第8章　一般数学の内容
第9章　教材の説明と図示（第8章にある）
第10章　単元の構成法と単元の例

第4部　代数学-解析Ⅰ
第11章　代数-解析Ⅰに固有の目標
第12章　代数-解析Ⅰの内容
第13章　内容の説明と図示

第5部　代数-解析Ⅱ
第14章　代数-解析Ⅱに固有の目標
第15章　代数-解析Ⅱの内容
第16章　内容の説明と図示

第6部　幾何
第17章　幾何に固有の目的
第18章　幾何の内容
第19章　内容の説明と図示

第7部　評価と適応
第20章　評価の意味と手順
第21章　評価の方法
第22章　この教科の地域への適応

『中学校高等学校学習指導要領数学科編（試案）』
（1951年11月25日発行）の目次

まえがき
第Ⅰ章　中学校・高等学校の数学科の一般目標
　§1. 数学科の一般目標
　§2. 数学科の指導
第Ⅱ章　生徒の必要と，数学科の指導
　§1. 数学科における生徒中心の教育
　§2. 青年期の発達とその基本的必要
　§3. 数学科の指導における生徒の必要
第Ⅲ章　中学校数学科の一般目標と指導内容
　§1. 中学校数学科の一般目標
　§2. 中学校数学科の指導内容
第Ⅳ章　中学校数学科の指導内容の説明
　はしがき
　§1. 数
　§2. 四則
　§3. 計量
　§4. 比および数量関係
　§5. 表・数表およびグラフ
　§6. 代数的表現
　§7. 図形による表現（縮図・地図・投影図）
　§8. 簡単な図形
　§9. 実務
第Ⅴ章　高等学校数学科の各科目の一般目標と指導
　　　　内容
　§1. 各科目の性格
　§2. 一般数学の一般目標と指導内容
　§3. 解析Ⅰの一般目標と指導内容
　§4. 解析Ⅱの一般目標と指導内容
　§5. 幾何の一般目標と指導内容
第Ⅵ章　数学科における単元による学習指導
　§1. 単元による学習指導のねらい
　§2. 単元を構成するときの留意点
　§3. 単元による学習指導上の留意点
　§4. 単元による指導計画のたて方Ⅰ：年次計画
　§5. 単元による指導計画のたて方Ⅱ：単元構成
　§6. 単元による指導計画のたて方Ⅲ：指導細案
第Ⅶ章　数学科の学習指導における評価
　§1. 数学科の学習指導における評価のねらい
　§2. 評価の手順と方法
付録　生徒用参考図書目録

第6章　中等教育を一体化した「学習指導要領数学科編」の構想

「再調整」（1949年7月13日案）	『中学校高等学校学習指導要領数学科編（試案）』（1951年）
第1部 数学科の課程 　第1章 数学科の一般目標	第Ⅰ章 中学校・高等学校の数学科の一般目標 　§1. 数学科の一般目標 　§2. 数学科の指導
第1部 数学科の課程 　第2章 生徒の必要と数学	第Ⅱ章 生徒の必要と，数学科の指導 　§1. 数学科における生徒中心の教育 　§2. 青年期の発達とその基本的必要 　§3. 数学科の指導における生徒の必要
第2部 中学校数学科 　第3章 中学校数学科に固有の目標	第Ⅲ章 中学校数学科の一般目標と指導内容 　§1. 中学校数学科の一般目標
第2部 中学校数学科 　第4章 数学経験の学年配置 　第5章 学年配置の説明 　（第6章 単元の構成法と単元の例）	第Ⅲ章 中学校数学科の一般目標と指導内容 　§2. 中学校数学科の指導内容
※右に対応する部・章は見当たらない.	第Ⅳ章 中学校数学科の指導内容の説明 　§1. 数　　§2. 四則　　§3. 計量 　§4. 比および数量関係 　§5. 表・数表およびグラフ　　§6. 代数的表現 　§7. 図形による表現（縮図・地図・投影図） 　§8. 簡単な図形　　§9. 実務
第3部 高等学校における一般数学 　第7章 一般数学に固有の目標 　第8章 一般数学の内容 　第9章 教材の説明と図示 　（第10章 単元の構成法と単元の例）	第Ⅴ章 高等学校数学科の各科目の一般目標と指導内容 　§2. 一般数学の一般目標と指導内容
第4部 代数学-解析Ⅰ 　第11章 代数-解析Ⅰに固有の目標 　第12章 代数-解析Ⅰの内容 　第13章 内容の説明と図示	第Ⅴ章 高等学校数学科の各科目の一般目標と指導内容 　§3. 解析Ⅰの一般目標と指導内容
第5部 代数-解析Ⅱ 　第14章 代数-解析Ⅱに固有の目標 　第15章 代数-解析Ⅱの内容 　第16章 内容の説明と図示	第Ⅴ章 高等学校数学科の各科目の一般目標と指導内容 　§4. 解析Ⅱの一般目標と指導内容
第6部 幾何 　第17章 幾何に固有の目的 　第18章 幾何の内容 　第19章 内容の説明と図示	第Ⅴ章 高等学校数学科の各科目の一般目標と指導内容 　§5. 幾何の一般目標と指導内容
第2部 中学校数学科 　<u>第6章 単元の構成法と単元の例</u> 　（下線筆者）	第Ⅵ章 数学科における単元による学習指導
第7部 評価と適応 　第20章 評価の意味と手順 　第21章 評価の方法 　第22章 この教科の地域への適応	第Ⅶ章 数学科の学習指導における評価 　§1. 数学科の学習指導における評価のねらい 　§2. 評価の手順と方法

史料6.16　「再調整（7月13日案）」と『中学校高等学校学習指導要領数学科編（試案）』の対比

205

中・高等学校を貫く数学科の「一般目標」と「生徒の必要（needs）」に関して，発刊された『学習指導要領』では，それぞれ，第Ⅰ章・第Ⅱ章で詳述されている．前年1948年の「11月5日案」では，「第Ⅰ章の3」「第Ⅱ章の2」で同様の項が企画されているものの，タイトルを見る限り，まだ『学習指導要領』と完全に対応しているとは言えない．一方，「7月13日案」では，『学習指導要領』の第Ⅰ章・第Ⅱ章が，「7月13日案」の第1部の第1章・第2章との確実な対応が見て取れる．

　中学校数学科に関しては，『学習指導要領』では，第Ⅲ章の「§1. 中学校数学科の一般目標」で中学校数学科に固有な一般目標が記述され，「§2. 中学校数学科の指導内容」は，生活経験から指導内容が構成されることの重要性が説かれたのち，「中学校数学科指導内容一覧表」を掲げて，数多くの生活経験に対応した数学的な理解及び能力の学年ごとの配当が示されている．この内容を見る限り，『学習指導要領』の第Ⅲ章§1が「7月13日案」の第2部第3章に，『学習指導要領』の第Ⅲ章§2が「7月13日案」の第2部第4章・第5章に完全に対応していると言える．また，「7月13日案」の「第6章 単元の構成法と単元の例」に相当する内容は，『学習指導要領』では，第Ⅲ章にはなく，別の章が立てられ，「第Ⅵ章 数学科における単元による学習指導」で詳細に示されることになる．（史料6.16，表中の下線）

　また，『学習指導要領』の「第Ⅳ章 中学校数学科の指導内容の説明」に相当する章が「7月13日案」では，独立した章としては見当たらない（下線筆者．史料6.16，表中の「※」）．筆者は，「7月13日案」では，中学校数学は，終始生徒の生活経験に基づいて数学内容を構成する経験主義を先行させた姿勢が表れており，教科主義的に数学内容から構成を考えるという視点が後回しになっていたと推察する．しかし，『学習指導要領』の編集にあっては，教科の観点から指導内容の説明の章が必要となり，設定されていったと言ってよいだろう．この点は，次章で検討したい．

　高等学校数学科に関しては，『学習指導要領』では「第Ⅴ章 高等学校数学科の各科目の一般目標と指導内容」の各セクション（§）で，一般数学，解析Ⅰ，解析Ⅱ，幾何の4科目の一般目標と指導内容に関する記述がなされるが，これら4つのセクションが，「7月13日案」の第3部・第4部・第5部・第6部に対

応している．一般数学に対しては，中学校数学科と同様の「指導内容一覧表」が示されているが，他の3科目にはない．これをもってしても，高等学校数学における経験主義的な科目は，「一般数学」だけであったことが確認できる．なお，高等学校数学には，中学校とは異なり，科目の学年配当が一切示されていない．高等学校の数学科科目は，3年間の学修期間の中で，1科目を選択必修としていたからである．

　高等学校の「一般数学」に対して，「7月13日案」では「第10章 単元の構成法と単元の例」が構想されている．これは中学校数学と同様の扱いである．ただし実際は，高等学校の「一般数学」の単元の構成法と例が『学習指導要領』で示されることはない．完成した『学習指導要領』では，別章の「第Ⅵ章 数学科における単元による学習指導」で示される単元の実例は，中学校の内容に限定したものとなる．

　以上，1949年7月13日の「在米史料」から，この時点で，『学習指導要領』の章構成が，"readjust"「再調整」として，ほぼ出来上がったことが分かった．本章では，「在米史料」に記録された『学習指導要領数学科編』の構想が，1948年「9月27日案」の"nature"「原型」，「11月5日の案」の"outline"「概要」，1949年「7月13日案」の"readjust"「再調整」を経て，より鮮明な形で，『中学校高等学校学習指導要領数学科編（試案）』の構成がまとまっていく様を追うことができた．

第9節 ┃ 第6章の総括

　本章では，CIEが示した中学校と高等学校を纏める「中等教育の一体化構想」に関する日米の議論を「在米史料」をもとに追ってきた．こうした中等教育の一体化は，学校設置基準やそれに係る通達，手引書の編集・発行に顕著に表れていく．

　この「中等教育の一体化」の流れの中で，高等学校数学科初の「学習指導要領」は，中学校数学科と1つになる形となっていく．さらに，その構想は3つの過程を経て具体化し，『中学校高等学校学習指導要領数学科編（試案）』とし

207

て結実していくのである.

本章の総括を以下の6点で示しておく.

(1) 終戦後の教育改革において,文部省局課組織は幾度も改編され,1947年5月23日,6-3-3制への移行に応じて,学校教育局に小・中・高等学校それぞれを所轄する初等教育課・中等教育課・高等教育課を発足させる.しかし,その後,CIEは,新制の中学校と高等学校を一体化する構想を文部省に求める.まず,中等教育課と高等教育課の課長を招聘してCIE教育課との週定例会議を設置する.さらに,1949年5月31日には,学校教育局を初等中等教育局と改称,高等教育課を廃止して,小学校を所轄する初等教育課と中・高等学校を所轄する中等教育課の2課に再編し,中等教育の部署を完全一体化する体制を整える.高等学校初の「学習指導要領数学科編」が中学校と合わせて成立する背景には,このような「中等教育一体化」の施策が存在した.

(2) 新制小・中学校発足時の算数・数学科教科書は,文部省著作の国定教科書,高等学校は,中等学校教科書株式会社の1種検定教科書であった.その後,文部省は,来るべき検定制度の下で発行される教科書の模範となる「モデル教科書」を作成する.1948年度の上半期,文部省はその編集作業に忙殺されていたが,1948年夏に,「モデル教科書」の認可がCIEから得られ,その作業が一段落する.以後,文部省は「学習指導要領」の編集に専念できることになる.9月27日の「在米史料」には,和田義信が,中・高等学校を一体とした「学習指導要領数学科編」と「数学科指導法」に関する書籍の編集に係わる指示を求めた記録が見出せた.

(3) 中・高等学校を一体化した「学習指導要領数学科編」の全体構想は,"目次"に相当する案で知ることができる.本研究では,「在米史料」から,次の3つの構想案が見出せた.これらを,1951年11月25日に発行される『中学校高等学校学習指導要領数学科編（試案)』の目次と比較することで,概ねこれら3つの段階を経て,作業が進行したことが明らかとなった.

208

第6章　中等教育を一体化した「学習指導要領数学科編」の構想

・1948年「9月27日案」：“nature”「原型」

・1948年「11月5日案」：“outline”「概要」

・1949年「7月13日案」：“readjust”「再調整」

⑷ 『中学校高等学校学習指導要領数学科編（試案）』の章構成は，上記
⑶ の「7月13日案」でほぼ確定したと考えられるが，「第Ⅳ章　中学
校数学科の指導内容の説明」に相当する章は見出せない．詳しく数学
内容に触れる第Ⅳ章の執筆は，他の章に比べて後れていた．ここに
は，『学習指導要領』編集に際し，終始生徒の生活経験に基づき数学
科内容を構成すること，つまり経験主義的教科観が強く表れたと捉え
られる．

⑸ 高等学校数学に関しても，中学校と同様，各科目に対し，「固有の目
標」「内容」「説明と図示」が「7月13日案」で示される．実際の『学
習指導要領』にかなり近い形式が，この時点で固まっていたことが，
読み取れる．

⑹ 高等学校の「一般数学」に対して，「7月13日案」では「単元の構成
法と単元の例」が構想されている．これは中学校数学と同様の扱いで
ある．しかし，実際の『学習指導要領』では，高等学校の「一般数
学」に関しては，「一般目標」と「指導内容一覧表」が示されるが，
「単元の構成法」と「例」は中学校数学の内容に限定されたものとな
り，示されることはない．

209

第 **7** 章

『中学校高等学校学習指導要領 数学科編（試案）』の CIE による認可過程

第1節　「第Ⅳ章」をめぐって

前章で1949年「7月13日案」を検討した際，筆者は，『学習指導要領』の「第Ⅳ章 中学校数学科の指導内容の説明」に相当する章が，「7月13日案」では独立した章として見当たらないと述べた．管見する限り，この第Ⅳ章の検討に関する記述が史料に現れるのは，翌1950年1月になってからである．1950年1月16日付の"Mathematics Course of Study in Lower Secondary School (all three grades). Chapter IX, Teaching Content"[1]（史料7.1）を掲げる．

本史料の記述は次の通りである．

史料7.1　Mathematics Course of Study in Lower Secondary School (all three grades). Chapter IX, Teaching Content
（1950年1月16日付）

　　Mathematics Course of Study in Lower Secondary School (all three grades). Chapter IX, Teaching Content

　　Mr. SHIMADA presented the following items for Chapter IX, for the course of study of the lower secondary school, which were approved:

　　1. Number system

　　2. Fractions

　　3. Four fundamental process of fractions: decimal fractions

　　4. Measurements - linear, area, volume, speed, et cetera

　　5. Approximations in measurements and computations

　　6. Quantitative relations

　　7. Scale drawings and projections

1　在米史料，No. CIE(A)3095，CIE(B)6669.

第7章 『中学校高等学校学習指導要領数学科編（試案）』のCIEによる認可過程

8. Simple figures - their characteristics; and how to draw them; similarity and congruence

9. Tables and graphs - how to read and interpret and also to construct them

10. Signed numbers - positive and negative

11. Introductory algebraic expressions

12. Simple algebraic equations

13. Practical business

buying and selling

banking

insurance

et cetera

The committee have finished two of these items.

A regular weekly meeting with Mr. SHIMADA, the chairman of this committee, has been arranged. At these meetings he will report the progress of the group, and bring in any materials with which they need and desire assistance.

（和訳）

下級中学校の数学学習指導要領（全3学年）. 第Ⅸ章，教育内容

島田は，中学校の学習指導要領の第Ⅸ章の以下の項目が提示され，承認された.

1. 数の体系

2. 分数

3. 分数・小数の基本計算

4. 測定 距離，面積，体積，速度，他

5. 測定と計算の近似性

6. 量の関係

7. 縮尺図と投影図

8. 単純な図形－その特徴と描き方，相似と合同

9. 表とグラフ－読み方，解釈の仕方，構成の仕方

213

10. 符号付きの数 – 正の数と負の数
11. 入門的な代数方程式
12. 簡単な代数方程式
13. 実用的なビジネス
　　購買と販売
　　銀行業
　　保険
　　他
委員会は，これらのうち2つの項目の作業を終えている．
この委員会の委員長である島田とは，毎週定期的に会合を持っている．
このミーティングでは，島田がグループの進捗状況を報告し，彼らが支援を求めるならば，どんな資料でも提供する．

この史料では，『学習指導要領』の「第Ⅳ章 中学校数学科の指導内容の説明」の項目が具体的に記され，"which were approved"とある通り，これが承認されたことが分かる．ただし，この史料ではこの章が"Chapter IX"と記述されているが，実際の成立は「第Ⅳ章」である．この後も，「在米史料」では，本章のことを"Chapter IX"として記されていくので注意が必要である．

ここで，前節までと同様，この史料に記された項目を「Chapter IX 1月16日案」として，実際の『学習指導要領』の「第Ⅳ章」の項目と対比させてみる．次の「史料7.2」の表の通りとなる．

表左側が「Chapter IX　1月16日案」，右側が，実際に1951年11月25日に刊行された『中学校高等学校学習指導要領数学科編（試案）』第Ⅳ章の各節である．

左の「1. 数の体系」は右の「§1. 数」に，「2. 分数」及び「3. 分数・小数の基本計算」が「§2. 四則」に，「4. 測定 距離，面積，体積，速度，他」及び「5. 測定と計算の近似性が「§3. 計量」に対応し，「6. 量の関係」が「§4. 比および数量関係」に，順次対応している．

次に，左の「7. 縮尺図と投影図」は，右では「§7. 図形による表現（縮図・地図・投影図）」が対応している．左では後出の「9. 表とグラフ」が右では

第7章 『中学校高等学校学習指導要領数学科編（試案）』のCIEによる認可過程

「在米史料」にある「Chapter IX 1月16日案」	『中学校高等学校学習指導要領数学科編（試案）』「第IV章 中学校数学科の指導内容の説明」
1. 数の体系	§1. 数
2. 分数	§2. 四則
3. 分数・小数の基本計算	§3. 計量
4. 測定，距離，面積，体積，速度，他	§4. 比および数量関係
5. 測定と計算の近似性	§5. 表・数表およびグラフ
6. 量の関係	§6. 代数的表現
7. 縮尺図と投影図	§7. 図形による表現（縮図・地図・投影図）
8. 単純な図形－その特徴と描き方，相似と合同	§8. 簡単な図形
9. 表とグラフ－読み方，解釈の仕方，構成の仕方	§9. 実務
10. 符号付きの数－正の数と負の数	1. 小学校との連絡・中学一年の指導
11. 入門的な代数方程式	2. 売買における実務の指導
12. 簡単な代数方程式	3. 必要な実務についての知識
13. 実用的なビジネス	4. 中学二年の指導
購買と販売，銀行業，保険，他	5. 中学三年の指導

史料7.2 「在米史料」にある「Chapter IX 1月16日案」と『中学校高等学校学習指導要領数学科編（試案）』「第IV章」の対比・対応

「§5. 表・数表およびグラフ」と第5番目の節に位置付き，節の順序変更がなされたことが分かる．「8. 単純な図形－その特徴と描き方，相似と合同」は「§8. 簡単な図形」が対応している．左の「11. 入門的な代数方程式」及び「12. 簡単な代数方程式」は，右では「§6. 代数的表現」として位置付くことも分かる．末尾にある「13. 実用的なビジネス」については，「§9. 実務」として，日常生活に現れる経済的な内容を小学校との連絡を持たせ，配置されている．

　なお，左の「10. 符号付きの数－正の数と負の数」は，実際の『学習指導要領』では，§1に組み入れられるが，「正の数・負の数」を扱う学年は，1年生ではなく2年生となる．「Chapter IX 1月16日案」で，「第10節」と，後出になっているのは，2年生での学びを想定していると捉えられる．なお，正負の数を2年生で履修することに関する議論は，本章第4節で後述する．

　この比較から「1月16日案」では，「数→量→図形→関数→代数→実務」という順であったが，『学習指導要領』では，「数→量→関数→代数→図形→実務」という順に整理されたことが分かる（下線筆者）．

　この後の「在米史料」には，『学習指導要領』の「第IV章 中学校数学科の指

導内容の説明」の検討の記録が，次の表（史料7.3）のように見出せる．これらは，「表・数表・グラフ」の節と，「実務」の節について，CIEからのアドバイスを得て内容検討がなされたものである．

日付	史料名	概略
1950.1.23	Section 9, "Tables and Graphs" of Chapter IX. "Explanation of Content" for the Course of Study for Upper Secondary Schools[1]	「表とグラフ」に関する「ねらい」・「実用的な材料」，「軸の考え方」・「大きなグラフの扱い」などが議論される．
1950.1.30	Section XIII, Practical Business, of Chapter IX, Explanation of Content, of Mathematics Course of Study[2]	「実用的なビジネス」に関する3つのトピックのうち，最初の2つをまとめ2つのトピックで構成するよう，CIEがアドバイスを与える．また「教材」・「単元」・「経験」とその学年配置に関する検討がなされる．
1950.2.1	Practical Business (Section 13 of Chapter IX, Mathematics Course of Study)[3]	「実用的なビジネス」に関するトピックの構成に関する検討，および各トピックのタイトル名を付加した．
1950.2.13	Revision of Section 13, Practical Business of Mathematics Course of Study[4]	「実用的なビジネス」に関する内容が承認された．
1950.2.20	Section 9, Tables, Numerical Tables and Graph, of Chapter IV, of Mathematics Course of Study[5]	『学習指導要領』第IV章の主要部分がCIEに提出され，次回の週定例会議で検討・協議することが決まる．
1950.2.27	Course of Study in Mathematics[6]	第IV章のうち「表・数表・グラフ」の検討・修正が行われた．
1950.2.28	Continuation of Review of Section 9, Chapter IV, of book Mathematics Course of Study[7]	前日からのSection 9（表・数表・グラフ）の検討が終了し，第IV章の再検討が完了した．

1. 在米史料，No. CIE(A)3095, CIE(B)6669. 2. 在米史料，No. CIE(A)3095, CIE(B)6669. 3. 在米史料，No. CIE(A)3095. 4. 在米史料，No. CIE(A)3094, CIE(B)6669. 5. 在米史料，No. CIE(A)3094. 6. 在米史料，No. CIE(A)3094. 7. 在米史料，No. CIE(A)3094.
※波線は筆者による．第IV章「中学校数学科の指導内容の説明」がChapter IXとして編集されてきたが，1950年2月20日になって，Chapter IV（第IV章）に位置付いたことが分かる．

史料7.3「Chapter IX」（『学習指導要領』の第IV章）の「在米史料」に見出される内容検討記録

　前述の通り，1951年の『学習指導要領』では，第IV章「中学校数学科の指導内容の説明」となる内容であるが，「1月13日案」以降，しばらくChapter IX（第9章）に位置付けられており，第IV章として明らかに位置付くのは，1950年2月20日の「在米史料」の記録からである．『学習指導要領』第IV章は，「§5. 表・数表およびグラフ」及び「§9. 実務」の検討が最後に残り，それが完了する2月28日をもって，概ね作業を終えていることが分かる．

第7章 『中学校高等学校学習指導要領数学科編（試案）』のCIEによる認可過程

第２節　1950年3月の進捗報告と７つの小委員会

　前節では，島田を中心とした文部省側の担当とCIEの間の『学習指導要領』「第Ⅳ章 中学校数学科の指導内容の説明」に関する議論の経過を追い，それが1950年2月末に一段落したことを見た．

　第Ⅳ章以外の節はどうであろうか．他の章は，第Ⅳ章よりも構想が早く固まり，作業が進められたことは，本書第６章で示した通りである．1950年3月初旬，文部省の島田茂から，他の章も含めた『学習指導要領』編集に関する進捗報告がCIEになされている．1950年3月6日付の"Report of Progress of Other Committee Members of Course of Study"[2]（史料7.4）を掲げる．

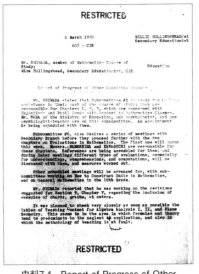

史料7.4　Report of Progress of Other Committee Members of Course of Study
（1950年3月6日付）

　Mr. SHIMADA states that Subcommittee #1 is ready for assistance in their part of the course of study; they are responsible for Chapters 1, 2, 3, which are concerned with Objectives and Pupil Needs with Respect to Mathematics Classes. Mr. WADA of the Ministry of Education, one psychologist, and one psychologist-teacher are on this subcommittee. An appointment is being scheduled with them.

　Subcommittee #6, also desires a series of meetings with Secondary

---
2　在米史料，No. CIE(A)3094.

217

Branch before they proceed further with the two chapters on Evaluations in Mathematics. The first one will occur this week. Messrs. NABESHIMA and KAWAGUCHI are responsible for these chapters. References are being assembled for them; and during later meetings different types of evaluations, especially for understandings, comprehensions, and computations, will be discussed with them, and measures worked out.

Other scheduled meetings will be arranged for, with subcommittees working on How to Construct Units in Mathematics, and on General Mathematics in the 10th Grade.

Mr. SHIMADA reported that he was working on the revisions suggested for Section 9, Chapter V, regarding the inclusion of examples of charts, graphs, et cetera.

It was planned to check very closely as soon as possible the Tables of Teaching Content for Algebra Analysis I, II, and Plane Geometry. This seems to be the area in which formulae and theory tend to predominate to the neglect to application, and also in which the methodology of teaching is, at fault.

（和訳）

島田は，第1小委員会は「数学の授業に関する目標と生徒のニーズ」に関する第1章，第2章，第3章を担当し，学習指導要領のうち彼らが担当する部分を支援する準備ができていると述べた．この小委員会には，文部省の和田と，心理学者1名，心理学者でもある教師1名が参加している．彼らとの会合が1つ予定されている．

第6小委員会は数学の評価に関する2つの章を担当しているが，作業を進める前に，同様に中等教育課との一連のミーティングを持つことを希望している．その最初のミーティングは今週中に行われる予定である．これらの章の責任者は鍋島[3]と川口[4]である．彼らのための参考資料が集められている．後の会議で，特に理解，理解度，計算に対する様々なタイプの

---

3 鍋島信太郎：当時，東京教育大学教授．
4 川口延：当時，東京学芸大学教授．

評価について彼らと議論し，対策を練ることになる．

その他，「数学の単元の作り方」「10年生の一般数学」などの小委員会を予定している．

島田からは，第5章第9節に提案されている図表の例示などの修正作業を行っていることが報告された．

また，代数-解析Ⅰ，Ⅱ，平面幾何学の指導内容表を早急に精査することになった．この分野は，数式や理論が先行して応用がおろそかになりがちで，指導方法にも問題があると思われる．

この史料からは，『学習指導要領』作成を分担した小委員会（subcommittee）の存在と分担が明らかになる．「第1小委員会は『数学の授業に関する目標と生徒のニーズ』に関する第1章，第2章，第3章を担当」とあり，実際の『学習指導要領』でも「在米史料」の記述内容に一致して，第1小委員会は，「第Ⅰ章 中学校・高等学校の数学料の一般目標」「第Ⅱ章 生徒の必要と，数学科の指導」「第Ⅲ章 中学校数学科の一般目標と指導内容」を担当したことが分かる．

また，「第6小委員会は数学の評価に関する2つの章を担当している」とある．『学習指導要領』では，「評価」に関しては，2つの章が成立するわけではなく，「第Ⅶ章 数学科の学習指導における評価」の単独の章があるのみである．「在米史料」では，「2つの章」と記述されているので，これは，第Ⅶ章の「§1. 数学科の学習指導における評価のねらい」「§2. 評価の手順と方法」の2つの節を示している可能性があるが，事実は不詳である．

他の小委員会として，「数学の単元の作り方」，「10年生の一般数学」の2つの委員会の結成が予定されたことも分かる．これらは，成立する『学習指導要領』では，それぞれ「第Ⅵ章 数学科における単元による学習指導」及び「第Ⅴ章 高等学校数学科の各科目の一般目標と指導内容」のうちの「§2. 一般数学の一般目標と指導内容」の担当となるものである．

末尾に，「代数-解析Ⅰ，Ⅱ，平面幾何学の指導内容表を早急に精査することになった．」と，高等学校の系統的な科目について触れられている．これは，『学習指導要領』では，第Ⅴ章「§3. 解析Ⅰの一般目標と指導内容」「§4. 解析Ⅱの一般目標と指導内容」，「§5. 幾何の一般目標と指導内容」の記述に係

るものである．この史料には「この分野は，数式や理論が先行して応用がおろそかになりがちで，指導方法にも問題がある」と記されており，経験主義的な生活単元学習を標榜した『学習指導要領』の理念から見て，数学的な理論よりも実用的な側面を重視する考えに立って意見が述べられたと捉えられる．

さらに，1950年3月15日の「在米史料」"Progress in the Development of the Mathematics Course of Study"[5]（史料7.5）も，3月現在の『学習指導要領』の全般に亘る編集作業の進捗を知る史料として注目できる．史料本文とその和訳を掲げる．

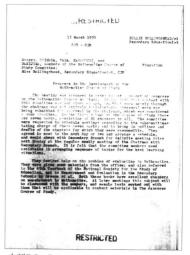

史料7.5 Progress in the Development of the Mathematics Course of Study
（1950年3月15日付）

The meeting was arranged in order to get a report of progress on the Mathematics Course of Study. It was felt that contact with this committee was not close enough, and that work merely through the chairman was not entirely satisfactory; piecemeal work was being submitted for approval by the chairman, which was considered a poor practice. In the first volume of the Course of Study there are seven parts, consisting of 21 chapters in all. The committee were requested to schedule meetings according to the subcommittees taking charge of these seven parts; and to bring in outlines and drafts of the chapters for which they were responsible. They agreed to meet in the next day or two and arrange a schedule, and would check with Secondary Branch for definite meeting dates next Monday at the regular weekly meeting of the Chairman with Secondary Branch. It is

---

5 在米史料．No. CIE(A)3094．

第7章 『中学校高等学校学習指導要領数学科編（試案）』のCIEによる認可過程

felt that the committee members need assistance in arranging sequence of topics for the best learning situations.

They desired help on the problem of evaluating in Mathematics. They were given some materials from the office; and also referred to the 45th Yearbook of the National Society for the Study of Education, and to Measurement and Evaluation in the Secondary Schools by Greene, et al. Both these books have excellent chapters measurement in Mathematics. At later meetings this subject will be discussed with the members, and sample tests worked out with them that will be applicable to content materials in the Japanese Course of Study.

（和訳）

　この会議は，数学の学習指導要領編集の進捗報告を目的に設定された．委員会との連絡が密に行われているとは決して言い難く，委員長を介して管理される作業は十分に満足がいくものではない．また，単に委員長に承認を得るためだけの断片的でお粗末な作業が行われていることも問題である．学習指導要領の第1巻は，全部で7つの部分で構成されており，都合21の章から構成されている．委員会には，これら7つの部分を担当する小委員会にごとに会議を設定し，それぞれが担当する章の概要と草稿を持参するよう依頼した．委員会は，一両日中に会議を開きスケジュールを調整し，次の月曜日に持たれる中等教育課との定例会議の際，具体的な会議日程を確認する予定である．最適な学習環境を整えるため，トピックの順序を整理する際には委員会メンバーへの支援が必要だと思われる．

　彼らは数学の評価に関する問題で支援を求めた．彼らには当事務所からいくつかの資料が与えられた．また，全米教育研究協会発行の『第45年報』やGreeneらによる『中等学校における測定と評価』という本も紹介された．これらの資料には，数学の評価に関する優れた章が含まれている．後の会議では，このテーマについて委員会メンバーと議論し，日本の学習指導に適用可能なサンプルテストを作成する予定である．

本史料は『学習指導要領』編集の進捗報告であるが，前半には編集を担当す

221

る委員会の体制に対してのCIEからの苦言が記されている.『学習指導要領』
編集を分割し, 7つの小委員会が担当していたが, それぞれの小委員会による
作業状況を適切にマネージメントするために, 小委員会ごとの会議の設定と作
成状況の報告を取りまとめるよう指示している.

なお, 出来上がる『学習指導要領』は全部で7つの章から構成されている.
この時点では, 7つの小委員会が作業に当たったことが記されているから, そ
れぞれの章ごとに小委員会作業をしていたことが分かる. なお,『学習指導要
領』を7つの章で構成することは, 1949年「7月13日案」の「再調整」として
定まったものである. また, 実際の『学習指導要領』は,「7つの章, 29の節」
で完成されるが, この1950年3月15日の史料には, "In the first volume of
the Course of Study there are seven parts, consisting of 21 chapters in all"と
ある通り,「7つのparts」「21のchapters」で構成されることになっており,
ここでいう"parts"は章,"chapters"は節を意味するから, 実際の『学習指導
要領』と章の数は一致するものの, 節の数はまだ実際のものよりも8つほど少
ない.「7月13日案」では, 22の"chapters"が記されていたから, この時点で
は, まだ「7月13日案」に近い構造であったと言えるだろう.

また, 評価を担当した第6小委員会に対して, 全米教育研究協会発行の『第
45年報』やGreeneらによる『中等学校における測定と評価』の2冊の書籍が
紹介されたことが興味深い.

第3節 ▌ 「第Ⅰ・Ⅱ・Ⅲ章」をめぐって

1950年3月末から5月にかけて,『学習指導要領』の第Ⅰ章「中学校・高等学校
の数学科の一般目標」, 第Ⅱ章「生徒の必要と, 数学科の指導」, 第Ⅲ章「中学
校数学科の一般目標と指導内容」に関する議論が,「在米史料」に記されている.

1950年3月27日の「在米史料」"Chanters I, II of Mathematics Course of
Study"[6](史料7.6)を提示し, 本文とその和訳を示す.

---

6 在米史料. No. CIE(A)3093.

第7章 『中学校高等学校学習指導要領数学科編（試案）』のCIEによる認可過程

The committee submitted Chapter I, General Aims of Mathematics in Upper and Lower Secondary Schools. In reviewing it, it was obvious that it was too general to be of much value to any teacher using it. Each topic was taken up, and suggestions worked out as to how to reword the statements so as to make them meaningful, and also to include examples and explanatory statements that would demonstrate what was meant. Aims that had been developed in the Science Courses of Study were examined and comparisons made, so that members could get better idea of how to revise their work. They will revise this chapter and return with it next week. The other chapter, was concerned with The Adolescent's Needs and Mathematics; this was left with Secondary Branch for more detailed examination; at their next meeting the materials in this chapter will be discussed with them.

史料7.6 Chanters I, II of Mathematics Course of Study（1950年3月27日付）

（和訳）

委員会は，第Ⅰ章「中学校・高等学校の数学科の一般目標」を提出した．それを検討した結果，それはあまりにも一般的過ぎて，教師の使用に役立たないことが明白となった．各トピックについて取り上げ，文言を校正して意味を明確にするとともに，具体的な例や説明文を追加し，意図を示すように提案した．理科の学習指導要領作成の際に作られた目標を検討し，比較することで，具体的に修正のアイデアを得ることができた．彼らはこの章を修正し，来週提出する予定である．もう1つの章は，「生徒の必要と，数学科の指導」に関する内容であった．この章は中等教育課による詳細な検討が必要とされ，次回の会議では彼らとともにこの章の内容を議論する予定である．

223

続けて，1950年4月3日付の"Chapter I Mathematics Course of Study"[7]（史料7.7）も本文に続けて和訳を示す．

Mr. SHIMADA and committee had revised Chapter I, The Aims of Mathematics' in the Lower and Upper Secondary Schools, and this was reviewed during the meeting. Practically all. the aims necessary were there but were buried under a mass of words, and a peculiar organization. The aims for each of the lower secondary schools, and upper secondary schools were pulled out, and enumerated, and discussions arranged appropriately under each. A section devoted to how these aims grow out of the general aims of education was organized and designated as such. Mr. SHIMADA will talk over these suggested revisions and report again on 10 April. The Teacher Training Educationist has been requested by Mr. SHIMADA to let him have copies of Needs of the Adolescent as soon as these materials are coordinated by Mr. ISAKA -and the Teacher Training Educationist.

史料7.7 Chapter I Mathematics Course of Study（1950年4月3日付）

（和訳）

島田と委員会は，第1章「中学校・高等学校の数学科の一般目標」を改訂し，本会議中にこれを再検討した．事実上必要な目標は記されていたが，大量の言葉と独特の構成に埋もれてしまっていた．中学校と高等学校の各目標を抜き出して列挙し，それぞれに適切に議論をして整理を行った．そして，これらの目標が教育の一般的目標からどのように生み出されるのか

---

7 在米史料．No. CIE(A)3093.

224

を説明する節が編成するよう指示された．島田氏はこの修正案を検討し，4月10日に再度報告する．なお，「生徒の必要」については，井坂[8]と教員養成課程の教員の間で調整がつき次第，島田からコピーの提供を受けることになっている．

「中学校・高等学校の数学科の一般目標」に関する議論に関連して，1950年3月27日と4月3日の「在米史料」を提示したが，これら2つの史料から，この時点で小委員会が作成していた一般目標は，一般的・抽象的であったり，記述が冗長であったりしたため，教師が理解しにくい内容と評価されたことが分かる．CIEは，理科の事例と比較検討させ，具体的な例や説明文を追加して目標の意図を分かりやすくするよう指示し，また，冗長さについては，各目標を抜き出して列挙させ，それらを教育の一般目標との関連を明らかに示すことも求めたのであった．

また，第Ⅱ章の「生徒の必要と，数学科の指導」についても，鋭意作業が進められ，CIEとともに検討をしていることが分かる．

続いて，1950年4月11日付の"Mathematics Course of Study"[9]（史料7.8）を見てみたい．本文とその和訳を示す．

Mr. SHIMADA reported the results of the meeting with the committee as a whole with respect to the suggested revisions for Chapter I, The General Aims of Mathematics in the Secondary Schools. He stated that the committee were in favor of direct aims for certain attitudes, ideals, appreciations, abilities and skills in the Lower Secondary Schools; but that the committee did not think there was any necessity of aiming for such things in the Upper Secondary Schools, since they believed that they would "naturally result if pupils had knowledge and understanding of mathematics". The whole matter was again discussed with him, and explanations given as to the need for aiming directly at any goal which

---

8 井坂行雄：当時，文部省初等中等教育局中等教育課．
9 在米史料，No. CIE(A)3093.

one was seriously desirous of accomplishing; that only haphazard accomplishment of aims usually resulted if they were not directly taught for, and content materials provided for that would help toward their accomplishment. Mr. SHIMADA seemed convinced himself and stated that he would either talk it over again with the committee or arrange an appointment for them to come in and discuss this point. It was suggested to him, that perhaps the committee would understand the psychology involved and be more likely to modify their viewpoint if they developed aims according to the four following categories: (1) Knowledges and Understandings, (2) Abilities and Skills, (3) Habits (with respects to mathematical thinking and practice), (4) Attitudes, Appreciations and Ideals. He thought that they could "work out compromise "on this basis.

史料7.8　Mathematics Course of Study
（1950年4月11日付）

（和訳）

　島田は，第1章「中等教育における数学の一般的目標」の改訂案について，委員会全体での会議の結果を報告した．彼は，下級学校では，ある種の態度，理想，価値観，能力，技能を直接目標とすることに賛成であるが，上級学校では，「生徒が数学の知識と理解を持っていれば，自然にその結果が得られる」と考えているため，そのようなものを目標とする必要はないと考えていると述べた．再度，島田氏と話し合い，真剣に達成したいと思っている目標を直接的に示す必要があること，直接目標に向かわないと，行き当たりばったりの達成になってしまうこと，目標達成に役立つ教材が提供される必要があることなどが説明された．島田は納得した様子で，委員会でもう一度話し合うか，委員会を招集し，この点を議論するためのアポイントメントを取ると述べた．島田は，次の4つのカテゴリーに分けて

第7章 『中学校高等学校学習指導要領数学科編（試案）』のCIEによる認可過程

目標を設定すれば，委員会はその意図を理解し，見方を変えることができるかもしれないと提案した．(1) 知識と理解，(2) 能力と技能，(3) 習慣（数学的思考と実践に関して），(4) 態度，価値観，理想．これをベースに「妥協点を探る」ことができると考えたのである．

本史料の記述からは，『学習指導要領』に記載する数学科の一般目標についての日本側の委員会とCIEの見解の相違が見て取れて興味深い．CIEは，"attitudes"（態度），"ideals"（理想），"skills"（技能），"abilities"（能力），"appreciations"（価値観）のような，形式に関わる陶冶を目指すことを「直接目標」"direct aims"と表現している．これは，数学の"knowledges"（知識）や"understandings"（理解）を持たせること，すなわち実質の陶冶とは別のものとして捉えている．CIEは，こうした「直接目標」を掲げ，それを目指すために数学教育によって知識や理解をつけることを説明した．

しかし，日本側の島田らの委員会は，中学校段階では，そのように目標を掲げることに賛成していたが，高等学校では，知識と理解をつければ，自然とそれらの形式が備わっていくと捉えていたのである．しかし，CIEの説明を受け，こうした直接目標を設定することに理解を示す．そして，

(1) Knowledges and Understandings（知識と理解）

(2) Abilities and Skills（能力と技能）

(3) Habits（with respects to mathematical thinking and practice）（数学的思考と実践に関する習慣）

(4) Attitudes, Appreciations and Ideals.（態度，価値観と理想）

の4つのカテゴリーに分けて目標を設定して，委員会で再検討を促し妥協点を探ることにしたのであった．なお，この時示された島田の目標カテゴリーの分類は，今日的な「評価の観点」につながるものであり，興味が惹かれるところである．

こうして，『学習指導要領』の中学校及び高等学校数学科の一般目標の検討がなされていったが，1950年5月1日の"Revision of Outlines of Chapters I, II, and III, Mathematics Course of Study"[10]（史料7.9）には，学習指導要領の第I

---

10 井坂行雄：当時，文部省初等中等教育局中等教育課．

章，第Ⅱ章，第Ⅲ章の概要がCIEに承認され，細部までが完成に至る記録が見出せる．この史料の本文と和訳を続けて記す．

Mr. SHIMADA and his committee had made a complete revision of the outline briefs of Chapter I, General Objectives of Mathematics in Upper and Lower Secondary Schools; Chapter II, Pupil Needs and the Teaching of Mathematics; Chapter III, General Objectives of Mathematics in Lower Secondary Schools (In addition to those mentioned in Chapters I and II).

These were reviewed and discussed, and with but few clarifications were approved. The committee had spent a great deal of time and thought on the revisions of these outlines.

Several meetings had been held previously with them to help them with concepts of educational and adolescent psychology that should be in developing a course of study in Mathematics. For their next meeting they will revise the objectives for Algebra I, II, Geometry, and General Mathematics in the Upper Secondary School; and will also start the detailed writing of Chapters I, II, and III.

史料7.9　Revision of Outlines of Chapters I, II, and III, Mathematics Course of Study（1950年5月1日付）

（和訳）

島田らの委員会は，第Ⅰ章「中学校・高等学校の数学科の一般目標」，第Ⅱ章「生徒の必要と，数学科の指導」，第Ⅲ章「中学校数学の一般目標」（第Ⅰ章，第Ⅱ章に言及されていないものも含めて）の概要の全面的な改訂を終えた．

これらに検討が加えられ，議論を経た後，若干の説明部分を除き承認した．委員会はこれらの概要の改訂に多大な時間と労力を費やした．

数学の課程を開発する際に注意すべき教育心理学，青年心理学的な概念に関して，彼らに助言するために，これまでにいくつかの会議が持たれた．次回の会議では，代数Ⅰ，Ⅱ，幾何学，高等学校の一般数学の目標を改訂し，第Ⅰ章，Ⅱ章，Ⅲ章の細部までを書きあげる予定である．

　以上，1950年3月27日，4月3日，4月11日，5月1日の4つの史料を時系列で提示したが，数学科の一般目標が示される第Ⅰ～Ⅲ章の作成において，最初に委員会が提示した目標は，「一般的過ぎて具体性を欠いている旨」がCIEから指摘された．理科の一般目標も参考にしながら，教育の一般目標が数学科にはどのように表現できるかを考慮しながら，より具体的なものにしていく過程が捉えられた．

　前章では，「在米史料」を用いて学習指導要領数学科編の編集過程を追う中で，その「目次」に当たるものの報告が，1948年9月27日の"nature"（原型），1948年の11月8日の"outline"（概要），1949年7月13日の"readjust"（再調整）となされ，実際に1951年11月26日に刊行される『中学校高等学校学習指導要領数学科編（試案）』に近づいていくさまを明らかにしてきた．しかしながら，刊行される「学習指導要領」の目次とは，かなりの相違点を含んだままであった．

　その後，編集作業が進捗し，1950年6月7日になって，実際のものにより近い構成となることが報告されている．同日の「在米史料」"Status of Course of Study in Mathematics"[11]（史料7.10）を掲げ，本文とその和訳を記す．

　Mr. SHIMADA reported that the following chapters had been completely revised in Japanese and would be submitted in English to Secondary Branch at an early date:

Chapter I,　　General Objectives of Mathematics in the Upper and Lower Secondary Schools

Chapter II,　　Pupils' Needs and the Teaching of Mathematics

―――――――――――――――――――――――
11　在米史料，No. CIE(A)791, CIE(A)3093.

Chapter' III,	General Objectives of Mathematics in the Lower Secondary School
Chapter IV,	Contents of Mathematics in the Lower Secondary School（Mr . SHIMADA states that perhaps Chapters III and IV will be combined.）
Chapter V,	Illustrations of Content of Mathematics in the Lower Secondary School（Part of this chapter has been submitted.）

史料7.10　Status of Course of Study in Mathematics
（1950年6月7日付）

Chapter VI,　How to Construct a Unit in Mathematics.

Chapter XX(ママ), Evaluations in Mathematics

All other chapters, Mr. SHIMADA says, will be finished by 1 July . This committee plan to publish the chapters on Aims, and Contents as soon as they are approved.

（和訳）

島田は，以下の章の改訂が日本語で完成した旨と，近日中に英語で中等教育局に提出する旨を報告した．

第Ⅰ章,	中学校・高等学校の数学の一般目標
第Ⅱ章,	生徒の必要と数学の指導
第Ⅲ章,	中学校数学科の一般目標
第Ⅳ章,	中学校数学科の内容（第Ⅲ章と第Ⅳ章を統合する可能性があると島田氏は述べている．）
第Ⅴ章,	中学校数学科の指導内容の図解（この章の一部が提出されている．）
第Ⅵ章,	数学の単元の組み方
第XX章（ママ）,	数学の評価

第7章　『中学校高等学校学習指導要領数学科編（試案）』のCIEによる認可過程

　その他の章は7月1日までには完成すると島田氏は言っている．本委員会では，"Aims"と"Contents"の章が承認され次第，出版する予定である．

　この「在米史料」からは，各章を日本語で改訂作業を終え，近日中にCIEに英訳を提出することが記されている．この史料に記された章立てと実際の『中学校高等学校学習指導要領数学科編（試案）』の章を，以下に対比してみる．

"Status of Course of Study in Mathematics" （1950年6月7日案）に示された章立て	『中学校高等学校学習指導要領数学科編（試案）』 （1951年11月25日発行）の章立て
	まえがき
第Ⅰ章　中学校・高等学校の数学の一般目標	第Ⅰ章　中学校・高等学校の数学科の一般目標
第Ⅱ章　生徒の必要と数学の指導	第Ⅱ章　生徒の必要と，数学科の指導
第Ⅲ章　中学校数学科の一般目標	第Ⅲ章　中学校数学科の一般目標と指導内容
第Ⅳ章　中学校数学科の内容	第Ⅳ章　中学校数学科の指導内容の説明
（第Ⅲ章と第Ⅳ章を統合する可能性があると 　　　　島田氏は述べている．）	
第Ⅴ章　中学校数学科の指導内容の図解	第Ⅴ章　高等学校数学科の各科目の一般目標と指導内容
（この章の一部が提出されている．）	
第Ⅵ章　数学の単元の組み方	第Ⅵ章　数学科における単元による学習指導
	第Ⅶ章　数学科の学習指導における評価
第XX章（ママ）　数学の評価	付録　生徒用参考図書目録

　上掲の対比を見る．まず，左の「6月7日案」で「第XX章」と記されているのは，明らかに第Ⅶ章のミスタイプである．その上で，第Ⅰ章，第Ⅱ章，第Ⅵ章，第Ⅶ章は，両者が完全に対応していることが分かる．左の「6月7日案」の第Ⅳ章には「第Ⅲ章と第Ⅳ章を統合する可能性がある」と補足されているが，実際にこれらは統合され，右の「学習指導要領」第Ⅲ章にまとめられ，「6月7日案」で示された第Ⅴ章「中学校数学科の指導内容の図解」は，「学習指導要領」では第Ⅳ章に繰り上がったことも明らかとなる．

　さらに，完成する「学習指導要領」では，高等学校数学科に関する内容が，「高等学校数学科の各科目の一般目標と指導内容」として，第Ⅴ章に加えられる．この6月7日以降の「在米史料」には，高等学校の「解析Ⅰ」「解析Ⅱ」「幾何」に関する記述が見られるようになり，高等学校数学科の編成が，この後，進んでいくことが分かる．

231

第4節　新制高等学校数学科の内容編成について

「在米史料」には，1951年に成立する『中学校高等学校学習指導要領数学科編（試案）』の編集に関する記録を多々発見できる．ここまで見てきたものは，その多くが中学校数学科の改訂に関するものであった．一方，1950年6月からは新制高等学校数学科のものが見られるようになる．

1950年6月13日付の"Progress in Mathematics Course of Study"[12]（史料7.11）を掲げ，本文とその和訳を記す．

史料7.11　Progress in Mathematics Course of Study（1950年6月13日付）

Mr. SHIMADA presented a draft of the Aims, and Major Topics in Geometry, Algebra Analysis I, II. The Aims were approved for content, but it was necessary to itemize them since they were grouped with as many as four aims of different types in one sentence. The topics were rearranged for more satisfactory learning sequence; and in a few cases, major topic headings were reworded to include a wider scope of meaning. In case of each of the three subjects, the contents were checked with each other, and with Mathematics in the Lower Secondary School to determine whether or not the integrations had been worked out. After all revisions had been made, approval was given.

12　在米史料．No. CIE(A)789，CIE(A)3093，CIE(B)6667．

第7章　『中学校高等学校学習指導要領数学科編（試案）』のCIEによる認可過程

Mr. SHIMADA also desired to make certain revisions in the Mathematics Course of Study of the Lower Secondary School; all the proposed revisions were sound with the possible exception of one, which was concerned with teaching of signed numbers in the 8th grade. It was suggested to Mr. SHIMADA that his committee work out a detailed outline of just how much of signed numbers they thought might well be taught in the 8th grade, and then Secondary Branch would discuss it with them. Eliminating the teaching of signed numbers in the 8th grade was first decided upon by the committee because early textbooks went into the problem in such a detailed and wholesale manner that little was left of the subject to teach in Algebra Analysis I, and II. But Mr. SHIMADA now thinks that they have "found a happy medium" to strike between the two extremes. A draft of Chapter I, in revised form was also presented for later review and discussion. The next meeting with Mr. SHIMADA will be 10 July.

（和訳）

　島田は，幾何，代数解析Ⅰ・Ⅱの目標と主要単元の案を提出した．目標は，内容的には承認されたが，1つの文に異なる4つの目標が記されており，項目別に整理する必要があった．単元は，学習の順序をより適切にするために再配置され，いくつかの箇所で，主要単元名を，より広い意味を含む言葉に換えた．これらの3つの科目を設置することとし，系統性がとれているかも踏まえ，それぞれの内容を相互に確認し，また，内容の相互関係及び中学校数学との連続性についても確認した．すべての修正を終え，承認された．

　また，島田は，中学校の数学の学習指導要領の一部変更を希望したが，8学年の正負の数の指導に関する改訂案を除き，妥当なものであった．島田には，8年生でどの程度の正負の数を教えるのがよいか，委員会で詳細に立案し，中等教育課で検討するように指示した．当初，委員会は，早い時期の教科書で，この問題を詳細かつ大胆に扱っており，第8学年では正負の数を扱わないことにしていたため，代数解析Ⅰ・Ⅱで教えるべき内容

がほとんど残っていなかった．しかし，島田は，現在，この両極に対する「中庸を得ること」を考えているという．また，第I章の原稿も提出されたので，それを見ながら議論することにした．次回の島田とのミーティングは7月10日となる．

本史料冒頭に，「島田は，幾何，代数解析I・IIの目標と主要単元の案を提出した．目標は，内容的には承認されたが，1つの文に異なる4つの目標が記されており，項目別に整理する必要があった」とある．島田茂は，新制高等学校の数学科科目である「幾何」「解析I」「解析II」の3科目の目標と単元構成の案を，CIEに提出したこと，さらに，これらの科目の一般目標について，CIEの指導をもとに整理を行ったことが分かる．さらに，各単元間の相互関係や中学校数学との連続性，系統性についても議論がなされた．なお，ここでは，目標を「4項目」から構成することを前提に議論がされている．これは，4月11日に示された次の4項目であると考えられる．

(1) Knowledges and Understandings（知識と理解）

(2) Abilities and Skills（能力と技能）

(3) Habits（with respects to mathematical thinking and practice）（数学的思考と実践に関する習慣）

(4) Attitudes, Appreciations and Ideals.（態度，価値観と理想）

実際のところ，1951年に成立する『中学校高等学校学習指導要領数学科編（試案）』の一般目標には，上記の4項目に整理された一般目標というものはなく，中・高等学校全体の数学科の一般目標が10項目，さらに，各科目に対して，「一般数学」が6項目，「解析I」が11項目，「解析II」が9項目，「幾何」が10項目と，それぞれ，多数の項目にまとまることになる．

また，興味が惹かれるのは，正負の数（符号付き数：signed numbers）の扱いに関する議論である．1947年発行の『学習指導要領算数科・数学科編（試案）』には，正負の数は第7学年（中学校1年）に配置され，第8学年での扱いはない．このことをCIEは，「早い時期の教科書で，この問題を詳細かつ大胆

に扱っていた」と記しており，中学校1年生で正負の数の学習を終えてしまうと中学校の内容が膨らみ，中学校数学に「解析Ⅰ」で扱うべき内容まで組み込まれることになると捉えたのである．

当初，島田らの委員会は，1947年の『学習指導要領』がそうであったように，第7学年で正負の数を扱い，新『学習指導要領』においても，第8学年では扱わない方向で考えていたようである．しかし，第8学年でこれをどう扱うか，CIEは島田に対して検討するよう指示する．本史料に"found a happy medium"とあるように，島田には，適切に「中庸を得る」ことを課題とし，約4週間後の7月10日に次回の会議をもつことになったのである．

結果的に，実際成立する1951年の『中学校高等学校学習指導要領数学科編（試案）』では，第8学年で負の数が初めて扱われることになり，第7学年は，正の数及び0（分数・小数を含む）の四則計算までででとどまっている．これは，1学年分以上内容を易しくしたものと言える．これについては，この史料に記された議論が基となったと考えられる．

続いて，1950年7月10日付の"Mathematics Course of Study"[13]（史料7.12）では，第Ⅰ章「中学校・高等学校の数学科の一般目標」が，全10項目のうち2つの項目を除いて承認された旨が記されている．実際の『中学校高等学校学習指導要領数学科編』では，第Ⅰ章「中学校・高等学校の数学科の一般目標」の「§1. 数学科の一般目標」に，次の10項目が掲げられるから，7月10日時点で，このうちの8項目にCIEの承認が得られたことが明らかとなる．

1. 数学の有用性と美しさを知って，真理を愛し，これを求めていく態度を養う．
2. 明るく正しい生活をするために，数学の果している役割の大きいことを知り，正義に基いて自分の行為を律していく態度を養う．
3. 労力や時間などを節約したり活用したりする上に，数学が果している役割の大きいことを知り，これを勤労に生かしていく態度を養う．
4. 自主的に考えたり行ったりする上に，数学が果している役割の大きいこ

---

13 在米史料，No. CIE(A)799, CIE(A)3093, CIE(B)6667.

とを知り，数学を用いて自主的に考
えたり行ったりする態度を養う．
5. 数学がどのようにして生れてきた
かを理解し，その意義を知る．
6. 数学についての基礎となる概念や
原則を理解する．
7.. 数量的な処理によって，自分の行
為や思考をいっそう正確に，的確
に，しかも能率をあげるようにす
る能力を養う．
8. 自分の行為や思考をいっそう正確
に，的確に，しかも能率をあげる
ようにすることが，どんなに重要

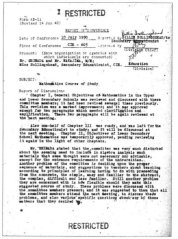

史料7.12 Mathematics Course of Study
（1950年7月10日付）

なものであるかを知り，これを日常生活に生かしていく習慣を養う．
9. 社会で有為な人間となるための資質として，数学についてのいろいろ
な能力が重要なものであることを知り，数学を生かして社会に貢献し
ていく習慣と能力とを養う．
10. 職業生活をしていくための資質として，数学についてのいろいろな能
力が重要なものであることを知り，いろいろな職業の分野で，数学を
生かして用いていく習慣と能力を養う．

さらに，この史料には，"This revision was a marked improvement"（今回
の改訂作業には著しい改善が見られた）と記述されており，CIEは高く評価して
いることが分かる．また，第Ⅱ章，第Ⅲ章についても進捗報告が見られる．
また，解析に関しては，

Mr. SHIMADA stated that the committee, was very much disturbed
about the seeming need to include in Algebra Analysis much materials
that some thought were not necessary nor advisable, except for the
entrance requirements of the universities.

第7章 『中学校高等学校学習指導要領数学科編（試案）』のCIEによる認可過程

と記されている通り，島田は，大学入試で必要となるにもかかわらず，組み入れる必要性や妥当性がないと指摘された多くの教材について，大変心配していると述べたのであった.

　さらには，具体的なものから抽象的な問題へと進むための教材配列の順序と，科目「解析」の学習指導上での学びの柔軟性をどう持たせるかに関する問題意識を持っていたことが記されている.

　次に，1950年7月31日付の "Checking of work in Courses of Study in Mathematics"[14]（史料7.13）を掲げる. この史料には，『学習指導要領数学科編』に関する5項目について，作業チェックが行われ発行許可が下った旨の記述がある. 本文と全訳を記す.

The following materials were reviewed and approved for publishing, and distribution to teachers:

1. General Objectives of Mathematics in the Upper and Lower Secondary Schools

2. General Objectives of Mathematics in the Lower Secondary Schools'

3. Some Suggested Revisions in Content Placement in the Mathematics of Lower Secondary Schools

史料7.13　Checking of work in Courses of Study in Mathematics（1950年7月31日付）

4. General Objectives of Algebra Analysis I Also Scope and Sequence and Objectives for Eight Units in this subject.

5. Announcement that in General Mathematics in the Upper Secondary Schools there were no suggested changes

---

14 在米史料，No. CIE(A)801，CIE(A)3093，CIE(B)6667.

Also Chapter II, Pupils' Needs and the Teaching of Mathematics was reviewed and approved. The committee had done a very satisfactory piece of work on this chapter; and have given some practical application as to how the teacher can so teach Mathematics as to meet many of the personal and emotional needs of the pupil.

The next meeting of this committee was requested for 7 August.

（和訳）

以下の資料が審査され，出版及び教師への配付が承認された．

 1. 高等学校及び中学校における数学の一般目標

 2. 中学校における数学の一般目標

 3. 中学校の数学の内容配置の若干の指示されていた改訂案

 4. 代数解析Ⅰの一般目標，及び，この科目の8つの単元のスコープとシーケンス及び目標．

 5. 高等学校の数学一般においては変更案がないことの公表

また，第Ⅱ章「生徒の必要と数学科の指導」についても検討され，承認された．委員会はこの章について非常に満足のいく仕事をし，生徒の個人的で情緒的な多くの必要に対応するために，教師がどのように数学を教えることが可能かについて，いくつかの実用的な活用例を提供した．

この委員会の次回の会合を，8月7日に持つことを要請した．

本史料は，学習指導要領編集作業のチェックと，印刷配付承認の記録である．"approved for publishing, and distribution to teachers"（出版及び教師への配付の承認）とある．史料に5項目が記されており，これらについては，最終的に完成したことを示している．

史料の5つの項目のうち，「1」は，完成する「学習指導要領」の第Ⅰ章「中学校・高等学校の数学科の一般目標」，「2」と「3」は，第Ⅲ章「中学校数学科の一般目標と指導内容」を指し，それぞれが完成したことを示すものである．「4」は，第Ⅴ章「§3. 解析Ⅰの一般目標と指導内容」が対応している．「5」については，高等学校の一般数学に関するものであるが，これについては，本書第5章第3節で見たように，1948年秋には，ほぼ完成を見ており，学習指導

第7章 『中学校高等学校学習指導要領数学科編（試案）』のCIEによる認可過程

要領に組み入れるにあたり，変更する必要がないことの確認である．

上で述べたように，項目「4」は，解析Ⅰの一般目標と8つの単元のスコープとシーケンスが承認されたことを示している．実際の『中学校高等学校学習指導要領数学科編（試案）』で，解析Ⅰの「指導内容」も，次の8つのものとして成立するから，本史料と実際の整合性も取れている．1950年7月末の時点で，解析Ⅰに関する編成は，完了したことが明らかとなる．

　Ⅰ. 中学校の数学の復習
　Ⅱ. 比例および一次の関係を用いること
　Ⅲ. 函数の概念を用いること
　Ⅳ. 数や式についての計算をすること
　Ⅴ. 連立一次方程式を用いること
　Ⅵ. 二次式や分数式を用いること
　Ⅶ. 図形を式を用いて研究すること
　Ⅷ. 数計算を能率よくすること

こうして，新制高等学校数学科の数学科編成は，1950年7月末に解析Ⅰに関するものが一段落する．残りの2科目である解析Ⅱ，幾何についてはどうであろうか．それらは，1950年8月7日，8月14日の「在米史料」に見出すことができる．これら，2つの「在米史料」を掲げ，本文と和訳を示すことにする．まず，1950年8月7日付の"Scope and Sequence for Algebra Analyses II; and for Geometry"[15]（史料7.14）を掲げる．

In this meeting the general objectives and the scope and sequence of major topics in Algebra Analyses II, and Geometry were reviewed.

The objectives and topics in Algebra needed some revisions to make them more specific and practical. These revisions will be brought in for reconsideration at their next meeting 14 August.

---

15 在米史料，No. CIE(A)808，CIE(A)3092，CIE(B)6667.

239

The materials in Geometry were approved with minor on-the-spot revisions. Two paragraphs in Chapter I, which they had suggested revising were reviewed; they were very practical and much improved.

（和訳）

史料7.14　Scope and Sequence for Algebra Analyses II; and for Geometry
（1950年8月7日付）

この会議では，代数解析Ⅱおよび幾何の一般的目標，主要トピックのスコープとシーケンスが再検討された．

代数の目標とトピックを，より具体的かつ実用的なものにするために，いくつかの修正が必要であった．これらの改訂は，次回8月14日の会合で再検討される予定である．

幾何の教材は，その場で若干の修正を加えて承認された．また，改訂を提案した第Ⅰ章の2つのパラグラフが見直され，非常に実用的になり，かなり改善された．

続いて，8月14日付の"Algebra Analysis I, II"[16]（史料7.15）を掲げ，原文と和訳を示す．

A final review was made of the following materials, at the request of Mr. SHIMADA and approval given:
 (1) General Objectives of Algebra Analysis I
   Introduction to Content
   Scope and Sequence of Major and Minor Topics
   Specific Objectives of Major Topics
 (2) General Objectives of Algebra Analysis II

16　在米史料，No. CIE(A)806, CIE(A)3092, CIE(B)6667.

第7章 『中学校高等学校学習指導要領数学科編（試案）』のCIEによる認可過程

Introduction to Content
Scope and Sequence of Major and Minor Topics
Specific Objectives of Major Topics
　This material, Mr. SHIMADA states, is now ready for publication, and distribution to teachers of Mathematics.
（和訳）
　島田からの依頼により，以下の資料について最終確認を行い，承認した．
　(1) 代数解析Ⅰの一般的目標
　　　内容紹介
　　　大小の単元のスコープとシーケンス
　　　大単元の具体的な目標
　(2) 代数解析Ⅱの一般目標
　　　内容紹介
　　　大小の単元のスコープとシーケンス
　　　大単元の具体的な目標

史料7.15　Algebra Analysis Ⅰ, Ⅱ
（1950年8月14日付）

この教材を出版し，数学の教師に配布する準備が整った，と島田は述べている．

　前掲の2つの史料のうち，8月7日の"Scope and Sequence for Algebra Analyses Ⅱ"では，解析Ⅱと幾何の一般目標と内容のスコープとシーケンスを検討した結果，解析Ⅱに関しては，より具体的で実用的なものにするため，修正が必要となったことが記されている．この点については，1週間後の8月14日に保留することになった．幾何に関しては，若干の修正を行った上，この日に承認されたことが記されている．

　続いて，8月14日の"Algebra Analysis Ⅰ, Ⅱ"では，すでに承認を得ていた解析Ⅰも含めて，8月7日に保留となった解析Ⅱの内容も，最終確認と承認がな

241

されたと記されている．したがって，新制高等学校数学科のCIEによる内容承認は，1950年8月に完了したことが明らかとなった．

最終的に，1951年11月25日に発刊される『中学校高等学校学習指導要領数学科編（試案）』では，新制高等学校数学科科目の「一般数学」「解析Ⅰ」「解析Ⅱ」「幾何」の指導内容は，次のように成立することになる．

一般数学の指導内容
①自然現象や社会現象を理解したり，これについての問題を解くために，公式やグラフを用いる．
②日常生活に関係して起る問題を，方程式を用いて解く．
③図形の取扱に慣れ，簡単な図形の性質を知る．
④測定値について，その代表値の信頼度やその制限の意味を理解し，また，これを計算に用いる．
⑤社会現象や自然現象について確からしさの意味を理解し，これに関する問題を解く．
⑥社会現象について，その実態を理解したり，将来を予測したりするのに，統計的な資料を用いる．
⑦経済や金融に関して用いられているいろいろな比率の意味を理解し，これに関する問題を解く．
⑧金銭に関する計画や記録の際にバランスを考えることが重要であることを理解し，これに関する計算をする．
⑨数学が文明の進歩の上に果している役割について理解する．
　　※「指導内容一覧表」として，上記の①～⑨の「生活経験」によって示される．　　　　　　　　　　　　　　　　　　　　（筆者注）

解析Ⅰの指導内容
Ⅰ．中学校の数学の復習
Ⅱ．比例および一次の関係を用いること
Ⅲ．函数の概念を用いること
Ⅳ．数や式についての計算をすること

242

第7章 『中学校高等学校学習指導要領数学科編（試案）』のCIEによる認可過程

Ⅴ. 連立一次方程式を用いること

Ⅵ. 二次式や分数式を用いること

Ⅶ. 図形を式を用いて研究すること

Ⅷ. 数計算を能率よくすること

解析Ⅱの指導内容

Ⅰ. 確率を理解し用いること

Ⅱ. 資料を整理し，解釈すること

Ⅲ. 数列や級数を用いること

Ⅳ. 函数の概念を拡張し，完成すること

Ⅴ. 変化率を用いること

Ⅵ. 計量において極限を用いること

Ⅶ. 三角函数を用いること

幾何の指導内容

Ⅰ. 中学校の復習

Ⅱ. 幾何に用いられる方法を理解すること

Ⅲ. 空間における図形の関係を理解し，用いること

Ⅳ. 直線図形の性質を用いること

Ⅴ. 円と球の性質を用いること

Ⅵ. 軌跡の概念を発展させること

以上，本章では，1950年1月から8月までの「在米史料」に記録された文部省による『学習指導要領数学科編』の編集に関する記述から，中学校及び高等学校の数学科の編成とCIEによる認可の状況を明らかにした.

第5節　第7章の総括

本章では，1950年の1月から8月までの『学習指導要領数学科編』の編集に

関する記録を「在米史料」から見出し，その過程を追った．以下の9点を総括
しておく．

(1) 『中学校高等学校学習指導要領数学科編（試案）』は，7つの章構成とな
るが，それぞれの章の執筆担当による小員会が組織されていた．CIE
は，「評価」を担当した第6小委員会に対して，資料として，全米教育
研究協会発行の『第45年報』やGreeneらによる『中等学校における
測定と評価』などを紹介した．

(2) 1951年11月に刊行される『中学校高等学校学習指導要領数学科編（試
案）』の章構成は，1949年の「7月13日案」でほぼ確定したが，その際，
「第Ⅳ章 中学校数学科の指導内容の説明」は構想されていなかった．
その後，この章の構想は，1950年1月から議論され，2月末にCIEの
承認が得られた．

(3) 「第Ⅰ章 中学校・高等学校の数学料の一般目標」「第Ⅱ章 生徒の必要
と，数学科の指導」「第Ⅲ章 中学校数学科の一般目標と指導内容」に
ついては，1950年3月末から執筆され，5月1日に概ね承認された記録
が見出せる．

(4) 1950年6月7日の「在米史料」に記された『学習指導要領数学科編』
の章立ては，実際に刊行されるものとほぼ同じであり，その全体像が
この時期に確立したと考えられる．

(5) 中学校・高等学校数学科の一般目標は，一般的過ぎて具体性に欠ける
旨がCIEから指摘され，島田らは，理科の一般目標を参考にして作成
するよう求められた．数学科の一般目標に関して，1950年7月10日付
の「在米史料」には，全10項目中の8項目が承認されたという記述が
見出せる．

(6) 改訂前の「学習指導要領」では，正負の数を中学校1年で扱ったが，
CIEに「早い時期の教科書で，この問題を詳細かつ大胆に扱ってい
た」と批判され，島田らは，CIEの指示に従うことになる．結果とし
て，1951年の『中学校高等学校学習指導要領数学科編（試案）』では，
中学校2年で負の数が初めて扱われることになり，中学校1年では，

第7章　『中学校高等学校学習指導要領数学科編（試案）』のCIEによる認可過程

正の数及び0（分数・小数を含む）の四則計算まででとどまった．

(7) 高等学校数学科の一般目標作成に際して，当初，島田らは，中学校と
は異なり，高等学校では「知識・理解」を涵養すれば，他の様々な目
標も自ずと達成されると考えた．これは，実質陶冶を重視する考え方
である．しかし，CIEの説明を受け，中学校数学に倣い，

　　1. 知識と理解　　2. 能力と技能

　　3. 数学的思考と実践に関する習慣　　4. 態度，価値観と理想

の形式陶冶も含めた4つのカテゴリーに分けて目標を検討することに
なった．

(8) 高等学校数学科の編成に係る記録は，1950年6月以降の「在米史料」
に見出せる．1951年に成立する『中学校高等学校学習指導要領数学科
編（試案）』の一般目標には，上記の(7)の4項目に整理された一般目
標というものはない．中・高等学校全体の数学科の一般目標が10項目，
さらに，各科目に対して，「一般数学」が6項目，「解析Ⅰ」が11項目，
「解析Ⅱ」が9項目，「幾何」が10項目と，それぞれ，多数の項目にま
とまることになる．

(9) 高等学校の数学科編成は，1950年7，8月に，順次，「解析Ⅰ」「幾何」
「解析Ⅱ」と，CIEによる認可が得られ，第Ⅵ章の内容となって成立
するに至る．こうして，高等学校数学科の編成の終了報告と，CIEに
よる最終的な許可は，1950年8月14日の「在米史料」に記録が見出せ
る．

245

第 **8** 章

『中学校高等学校学習指導要領 数学科編（試案）』の成立

第 1 節　文部省通達「中学校・高等学校の数学科について」(文初中第430号)

　さて，本書では，新制高等学校数学科初の「学習指導要領数学科編」として1951年11月25日に刊行される『中学校高等学校学習指導要領数学科編（試案）』の成立過程を追ってきた．前章では，CIEによる1950年8月の新制高等学校数学科の内容承認をもって，中・高等学校科の数学科編成が一段落したことを見た．そして，来るべき学校現場での実施に向けて，1950年8月22日の文部省通達「文初中第430号」として中間発表されることになる．

　まず，「在米史料」から，1950年8月18日付の"Notice to Officials"[1]（史料8.1）を掲げる．

　本史料のタイトルは，"Notice to Officials"となっている．この史料は，この日の4日後の8月22日に発出される文部省通達に認可を与えた記録である．この史料の本文と和訳を示す．

Mr. SHIMADA and Mr. NAKAJIMA had ready various previously approved materials concerned with the Course of Study in Mathematics in the Upper and Lower Secondary Schools, with a copy of the notice to accompany them as they were sent out to various officials. All the materials were rechecked and final approval given. The notice was approved by the deputy chief of Education Division.

史料8.1　Notice to Officials
（1950年8月18日付）

1　在米史料．No. CIE(A)813．CIE(A)3092．CIE(B)6666．

248

The Mathematics course of study committee are well over the half-way mark on their project: The only sections not finished to date are those concerned with; detailed explanations of content; how to organize a unit in mathematics; and evaluations in mathematics.

They think that they can finish the work in the near future.

（和訳）

　島田と中島は，「高等学校及び中学校における数学の学習指導要領」に関する既承認の資料を準備し，通知書を添付し，各関係部局に通達することとした．すべての資料は再確認され，最終的な承認を得，通知書も教育課の副課長から承認を受けた．

　数学学習指導要領委員会は，プロジェクトを半分以上終えることができた．未完成なのは，「内容の詳細な説明」「数学の単元の構成法」「数学の学習評価」に関する部分だけである．

　委員会は，近い将来，完成できると考えている．

　この史料は，1951年11月に刊行される『中学校高等学校学習指導要領数学科編（試案）』の中間報告として，1950年8月22日に発出される文部省通達「中学校・高等学校の数学科について」（文初中第430号）の承認に関する議事録である．本史料の日付は1950年8月18日であり，この日に承認を受け，4日後の8月22日にこの中間報告が通達されたのであった．この「在米史料」には，「内容の詳細な説明」「数学の単元の構成法」「数学の学習評価」に関する部分だけ」が，この時点で「未完成」である旨が記されている．これらは，成立する学習指導要領の第Ⅳ・Ⅵ・Ⅶ章の内容が当たるものである．

　文部省通達「文初中第430号」の全文は，1950年10月10日発行の『文部時報10月号（第877号）』に掲載されている．冒頭部分と目次を「史料8.2」として掲げる．

　本通達の冒頭には，次のように記されている．

　昭和26年度から使用する予定になっている中学校高等学校学習指導要領数学科篇について，目下改訂をしようと考え，その原稿を取りまとめて

います．そのうち，数学科の一般
目標，中学校数学科の一般目標と
指導内容，一般数学・解析I，II，
幾何のおのおのの一般目標と指導
内容が一應まとまりましたので，
これを公表します．

この記述の通り，「文初中第430
号」は，「学習指導要領数学科編」編
集の中間報告である．通達内容を見る
と，中学校数学科については，後成立
する「学習指導要領」の抜粋に留まり，

史料8.2　1950年8月22日付文部省通達
（「中学校・高等学校の数学科について」（文初中第430
号）の冒頭部分とその目次）

通達の書面の1割程度（上記史料では1頁強）の分量に留められているが，高等
学校数学科については，通達の大部分である9割（20頁弱）を占め，高等学校
の内容に力点が置かれたことが分かる．また，高等学校の内容については，
「学習指導要領」の内容と完全に同一で詳細なものとなっており，新新制高等
学校数学科の編成は，1950年8月時点で完了しており，その教科内容の詳細を
本通達は公表したことが明らかとなる．

　本通達の目次と，実際刊行される『中学校高等学校学習指導要領数学科編
（試案）』の目次と対比して，次頁に記す．

　この対比からは，通達「文初中第430号」の「I」は，「学習指導要領」の
「第I章」に，「II」と「III」は「第III章」に，「IV」は「第V章§2」に，
「V」と「VI」は「「第V章§3」に，「VII」と「VIII」は「第V章§4」に，
「IX」と「X」は「第V章§5」に，それぞれ対応することが見て取れる．

　また，8月18日の「在米史料」で「未完成」と報告されていた内容は，「学
習指導要領」の「第IV章」「第VI章」「第VII章」であり，中学校数学の詳細な内
容説明や，単元の構成法，学習評価に関する項目は「文初中第430号」に記述
されておらず，「在米史料」の記述とも整合する．なお，「第II章」についても，
本通達には記述がない．

250

第8章 『中学校高等学校学習指導要領数学科編（試案）』の成立

「中学校・高等学校の数学科について」
（文初中第430号1950年8月22日）の項目

Ⅰ　中学校高等学校の数学料の一般目標

Ⅱ　中学校数学科の一般目標

Ⅲ　中学校数学科の指導内容

Ⅳ　高等学校一般数学の一般目標と指導内容

Ⅴ　高等学校解析Ⅰの一般目標

Ⅵ　高等学校解析Ⅰの指導内容とその配列の一例

Ⅶ　高等学校解析Ⅱの一般目標

Ⅷ　高等学校解析Ⅱの指導内容とその配列の一例

Ⅸ　高等学校幾何の一般目標

Ⅹ　高等学校幾何の指導内容とその配列の一例

『中学校高等学校学習指導要領数学科編（試案）』
（1951年11月25日発行）の章立て

まえがき
第Ⅰ章　中学校・高等学校の数学料の一般目標
　§1. 数学科の一般目標
　§2. 数学科の指導
第Ⅱ章　生徒の必要と，数学科の指導
　§1. 数学科における生徒中心の教育
　§2. 青年期の発達とその基本的必要
　§3. 数学科の指導における生徒の必要
第Ⅲ章　中学校数学科の一般目標と指導内容
　§1. 中学校数学科の一般目標
　§2. 中学校数学科の指導内容
第Ⅳ章　中学校数学科の指導内容の説明
　はしがき
　§1. 数
　§2. 四則
　§3. 計量
　§4. 比および数量関係
　§5. 表・数表およびグラフ
　§6. 代数的表現
　§7. 図形による表現（縮図・地図・投影図）
　§8. 簡単な図形
　§9. 実務
第Ⅴ章　高等学校数学科の各科目の一般目標と指導内容
　§1. 各科目の性格
　§2. 一般数学の一般目標と指導内容
　§3. 解析Ⅰの一般目標と指導内容
　§4. 解析Ⅱの一般目標と指導内容
　§5. 幾何の一般目標と指導内容
第Ⅵ章　数学科における単元による学習指導
　§1. 単元による学習指導のねらい
　§2. 単元を構成するときの留意点
　§3. 単元による学習指導上の留意点
　§4. 単元による指導計画のたて方Ⅰ：年次計画
　§5. 単元による指導計画のたて方Ⅱ：単元構成
　§6. 単元による指導計画のたて方Ⅲ：指導細案
第Ⅶ章　数学科の学習指導における評価
　§1. 数学科の学習指導における評価のねらい
　§2. 評価の手順と方法
付録　生徒用参考図書目録

251

第2節　日本数学教育会第32回総会・全国数学教育研究会における講演

さて，この中間発表については，1950年9月20日及び21日に，お茶の水女子大学で開催された日本数学教育会第32回総会・全国数学教育研究会での講演会が持たれ，全国のリーダー的な数学教師に広められた．9月20日（第1日目）には，CIEのオズボーンの講演の後，文部省の島田茂が講演で中間発表の内容を敷衍している．「史料8.3」は，日本数学教育会の『数学教育第4巻第5・6号』に掲載されている「総会記事」である．第1日のプログラム上に，午後1時20分から午後3時30分までの間に，これらの講演が行われたことが記録されている．

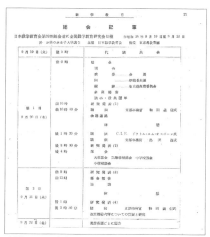

史料8.3　日本数学教育会『数学教育第4巻第5・6号』にある「総会記事」

9月20日，オズボーンの後に島田茂が講演を行っているが，島田の講演内容は，同誌に掲載されている「中学校・高等学校学習指導要領数学科編の中間発表について」という記事で詳細を知ることができる．

島田は，学習指導要領は，数学科において，何を，どう教えたら良いかという点について，

1. 先生方に役立つようなsuggestionを与えるものであり，
2. このようにしなくてはいけないというような拘束を先生方に与えるものではないのであります．

として，学習指導要領の意義を説明し，そこに記された一般目標と指導内容，指導法について，

252

第8章 『中学校高等学校学習指導要領数学科編（試案）』の成立

1. どんなねらいで数学科を指導するか，即ち，数学科の教育における位置ずけ（ママ）を明らかにすること．これが数学科の一般目標であります．

2. どんなことをどんな意味で教えるか．即ち，数学科でとりあげる内容について，上のねらいとの関係を明らかにすること．これが中学校の数学科の一般目標．高等学校数学科の一般目標であります．

3. 具体的にどんな内容をとりあげるか．これが，指導内容であります．

4. これをどう指導するか．これが，指導法に当たるといえます．

と整理をしている．さらに，「中学校・高等学校数学科の一般目標」に対しては，「数学科の教育における位置を明らかにするものであります」と述べ，次の4点を提示している．

1. 数学科は，他の教科や教科外の諸活動とともに，教育の目標としている人間育成の営みの一部門をうけもつ．

2. 数学科は，数学のもっているよさを通して，この面からその任務を果たすものである．

3. 数学のもっているよさとしては，次の3つの面が考えられる．

   a. 数学を用いることによって，ものごとをより正確に処理していけるようになる．

   b. 数学を用いることによって，ものごとをより明確に，即ちそのものずばりと，人にまちがいなく表わすことができる．

   c. 数学を用いることによって，ものごとをより能率のあがるように処理していくことができる．

4. 上のような点を明らかにすることによって，数学が人間としての働き，即ち教育の目的である態度とはっきりとむすびつく．

また，島田は，本報告では，高等学校の科目「解析Ⅰ」「解析Ⅱ」「幾何」の3つの科目それぞれに対して，「主なねらい」「改訂した主要な点」及び「変更のあった点」について，詳細な説明を述べている．

253

このようにして,『中学校高等学校学習指導要領数学科編』が刊行される約1年3か月前の1950年8月22日の文部省通達「中学校・高等学校の数学科について」(文初中発430号)により,その目標と内容部分が広報された後,日本数学教育会でも敷衍され,関係機関や学校現場は改訂数学科の準備を開始したのであった.

なお,中学校数学科の一般目標と指導内容に関しても,日本数学教育会『数学教育第4巻第5・6号』に,文部省の中島健三が「中学校数学科の一般目標及び指導内容について」という内容の記事を寄せている.「在米史料」には,1950年9月20日付の"Mathematics in the Curriculum of the Lower Secondary School"[2](史料8.4)に,オズボーンの講演に関する記録があり,日米両者の史料の整合性が取れる.史料を提示し,本文とその和訳を示す.

This meeting was the annual three-day National Convention of the Japan Mathematics Education Association. The 1300 participants, from all of the prefectures, consisted of mathematics teachers of all school levels. The undersigned discussed with the delegates the topic "Mathematics in the Lower Secondary School Curriculum". The following problems were discussed:

史料8.4 Mathematics in the Curriculum of the Lower Secondary School
(1950年9月20日付)

1. Aims of mathematics in the lower secondary school.
2. Grade placement of mathematics experiences in the curriculum.
3. Keeping mathematics related to life.
4. Proceeding from the concrete to the abstract.

---

2 在米史料.No. CIE(A)819, CIE(B)6680, CIE(D)1771.

第8章 『中学校高等学校学習指導要領数学科編（試案）』の成立

5. Some teaching methods in mathematics.

（和訳）

　本大会は，年に1度3日間にわたり開催される日本数学教育会主催の全国数学教育研究大会である．全都道府県からの参加者は総勢1300名で，各学校段階の数学教師で構成されている．事務官（オズボーン）は，「中学校の教科課程における数学」というテーマで代議員らと議論した．以下のような問題が議論された．

　　1. 中学校数学の目標.

　　2. 教科課程における数学経験の学年配置.

　　3. 生活と数学の関連.

　　4. 具体から抽象への移行.

　　5. 数学のいくつかの教授法.

　CIEのオズボーンは，中学校数学科について，上記の5点について議論を行ったと記している．

　なお，オズボーンは，この日に講演を行っている．この後，「中等学校の数学教育について」と題した小論を，日本数学教育会『数学教育第5巻第2号』（1951年6月10日発行）に寄稿し，「中等学校の一般目標」「数学科の一般目標」「生徒の発達心理に即した指導」「単元の構成法」「具体から抽象へ進む行き方」「女子の数学教育」について論じている．この小論は，「講演記録」と明記されてはいないものの，上掲の「在米史料」の記録と一致する部分が多く，オズボーンの1950年9月20日の同会での講演内容を推察できる史料である．

第3節　第Ⅵ章「数学科における単元による学習指導」へのCIEによる承認

　ここまで，GHQ/SCAP文書を主たる史料として，1951年11月25日に発行される『中学校高等学校学習指導要領数学科編（試案）』の編集過程を追ってきた．1950年8月22日にその中間発表として文部省通達「中学校・高等学校の数学科について」（文初中第430号）が出されたが，その時点で，CIEの承認

255

が得られていた章は，次の通りだと判明した．

 第Ⅰ章　中学校・高等学校の数学科の一般目標
 第Ⅲ章　中学校数学科の一般目標と指導内容
 第Ⅴ章　高等学校数学科の各科目の一般目標と指導内容

一方，まだ作業が完了しておらず，CIEの承認も得られていない章は以下の通りである．

 第Ⅱ章　生徒の必要と，数学科の指導
 第Ⅳ章　中学校数学科の指導内容の説明
 第Ⅵ章　数学科における単元による学習指導
 第Ⅶ章　数学科の学習指導における評価

本節では，後者の章の完了，承認に関する「在米史料」を見出していくことにする．1950年12月21日付の「在米史料」"Course of Study in Mathematics"[3]（史料8.5）を取り上げる．本文と和訳を記すことにする．

Mr. NAKAJIMA reported that Mr. SHIMADA who is chairman of the committee developing the course of study in Mathematics had been ill for some time; and that work on the course of study had been delayed. Mr. NAKAJIMA however will bring in the outline for Chapter VI, "The

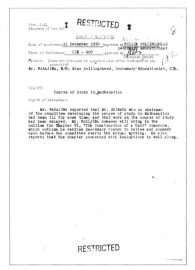

史料8.5　Course of Study in Mathematics
（1950年12月21日付）

3　在米史料，No. CIE(A)832，CIE(A)3091，CIE(B)6665．

256

第8章 『中学校高等学校学習指導要領数学科編（試案）』の成立

Construction of a Unit" tomorrow, which outline he desires Secondary Branch to review and comment upon before the committee starts the actual writing. He also reports that the chapter concerned with Evaluations is well along.

（和訳）

　中島は，数学科学習指導要領作成委員会の島田委員長が，しばらく体調を崩しており，学習指導要領の編集が遅れている旨を報告した．しかし，中島は，明日，第Ⅵ章「単元の構成」の概要を持参し，委員会が執筆の実務に入る前に，この概要についてCIE中等教育課の指導と意見を求めたいと述べた．また，評価に関する章は順調に進捗していると報告がなされた．

　この史料は，文部省中等教育課で数学の学習指導要領の編集に当たっている中島健三が，CIE中等教育課のホリングスヘッドを訪問した記録である．中島は，CIEに島田茂委員長の体調不良により，学習指導要領数学科編の編集作業の進捗が遅れていることを伝えている．言うまでもなく，島田，中島の両者は，文部省にあって数学科学習指導要領の編集の実務者である．

　島田は，編集の進捗に遅れがみられるものの，それを進めるために，翌日第Ⅵ章「単元の構成」の概要をCIEに持参し，執筆の実務に入るまでに指導・助言を求めることになった．なお，第Ⅵ章は，実際「数学科における単元による学習指導」というタイトルで最終的には成立する．

　一方，「評価に関する章は順調に進捗していると報告がなされた」とあり，第Ⅶ章「数学科の学習指導における評価」の作業も順調に進められていることが読み取れる．

　続いて，2日後の1950年12月23日付の「在米史料」"Mathematics Course of Study"[4]（史料8.6）を取り上げる．続いて本文と和訳を示す．

Section A, the Psychology of Teaching by Units in Chapter VI, Teaching Based on the Unit System was reviewed and cleared. This

---

4　在米史料，No. CIE(A)832，CIE(A)3090，CIE(B)6665.

section was developed in a very satisfactory manner; and included the psychology of properly utilizing pupil interests, needs, abilities; of developing necessary skills and habits; and of using practical materials that meet the life needs of pupils.

The next section of this chapter will take up the problem of How To Make a Unit, and Some Examples of Units. The committee will have the outline of this section ready for review early in 1951.

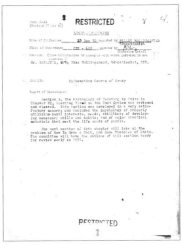

史料8.6　Mathematics Course of Study
（1950年12月23日付）

（和訳）

　第Ⅵ章「単元に基づく指導」のA節「単元による指導の心理学」を確認し，許可した．この節は非常に満足のいく形で展開され，生徒の興味，必要，能力の活用，必要なスキルや習慣の育成，生徒の生活の要求に合致する実用的な教材の使用に関して，適切な心理学が含まれている．

　この章の次の節では，「単元の構成法」と「単元の例」を取り上げる予定である．委員会はこの章の概要を1951年の早い時期に検討できるようにする予定である．

　本史料は，前掲のものに続き，第Ⅵ章に関する編集の進捗報告である．本史料で，A節（§1）の原稿について，CIEは，「この節は非常に満足のいく形で展開され，生徒の興味，必要，能力の活用，必要なスキルや習慣の育成，生徒の生活の要求に合致する実用的な教材の使用に関して，適切な心理学が含まれている」と高く評価し，許可を与えている．さらに，これに続く「単元の構成法」「単元の例」の節も，年明け後の早い時期に検討することにしたのであった．なお，実際に完成する学習指導要領の第Ⅵ章の構成は，次のようになる．

第8章 『中学校高等学校学習指導要領数学科編（試案）』の成立

第Ⅵ章　数学科における単元による学習指導
§1. 単元による学習指導のねらい
§2. 単元を構成するときの留意点
§3. 単元による学習指導上の留意点
§4. 単元による指導計画のたて方Ⅰ：年次計画
§5. 単元による指導計画のたて方Ⅱ：単元構成
§6. 単元による指導計画のたて方Ⅲ：指導細案

第4節　『中学校高等学校学習指導要領数学科編（試案）』の完成

　新年が明け，1951年1月24日付の「在米史料」"Course of Study in Mathematics"[5]（史料8.7）の記述から，学習指導要領数学科編の編集作業は1951年3月末完了を目途としていたことを示してみたい．その「在米史料」を掲げる．

　本史料の本文は，次の通りである．

As part of the project of pushing to completion by 31 March projects of long standing in Secondary Branch a meeting was held with Mr. NAKAJIMA acting chairman of the Mathematics Course of Study Committee .to check on the status of the Course of Study in Mathematics in both the lower and upper secondary schools. All materials for Volume I which is concerned with the Course of Study in upper and lower

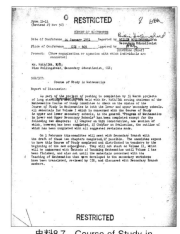

史料8.7　Course of Study in Mathematics（1951年1月24日付）

5　在米史料，No. CIE(A)3090, CIE(A)3091, CIE(B)5542.

secondary schools, in the general "Program of Mathematics in Lower and Upper Secondary Schools" has been completed except for the following two chapters: 1) Chapter on Unit Construction, one section of which, however, has been completed, 2) Chapter on Evaluation, the outline of which has been completed with all suggested revisions made.

On 1 February this committee will meet with Secondary Branch with the draft of these two chapters completed, if possible. The committee expect to have this Course of Study completed and distributed to teachers by the beginning of the new school year. They will not start on Volume II, which will be concerned with Methods of Teaching Mathematics until Volume I has been finished, and also not until the materials concerned with the Teaching of Mathematics that were developed in the secondary workshops have been translated, reviewed by CIE, and discussed with Secondary Branch members.

（和訳）

　長年の懸案事項であった中等教育のプロジェクトを3月31日までに完了するため，その一環として，数学科学習指導要領委員会の代理委員長として中島を招請し，中学校・高等学校の数学科学習指導要領の状況を確認するための会議を開催した．「中学校と高等学校の数学科課程」の全体を示す第Ⅰ巻「中学校高等学校学習指導要領数学科編」の内容は，次の2つの章を除きすべての資料が完成している．1)「単元構成」の章は，1つの節だけが未完成だが，その他は完成している．2)「評価」の章は，提案された修正をすべて行い，概ね完成している．

　この委員会は，この2つの章の原稿を可能な限り完成させた上で，2月1日にCIE中等教育課と会合を持つ予定である．委員会には，新年度までに学習指導要領を完成させ，教師に配布することが期待されている．また，第Ⅱ巻「数学の教授法」に関しては，第Ⅰ巻が完成されるまでは着手しないことにする．第Ⅱ巻に関しては，まずは，中等教育の数学研究会で開発された数学の教授法に関する教材を翻訳し，CIEによる確認を経た後，CIE中等教育課メンバーと議論を行うことから進めることにする．

第8章 『中学校高等学校学習指導要領数学科編（試案）』の成立

　本文冒頭に，「長年の懸案事項であった中等教育のプロジェクトを3月31日までに完了する」とある通り，『中学校高等学校学習指導要領数学科編』は，1950年度末に編集完了が目指されていたのであった．本史料が示すように，1951年2月24日時点では，本文にある「単元構成」と「評価」の2つの章を除き完成していたのである．

　残るこれら2つの章は，第Ⅵ章「数学科における単元による学習指導」と第Ⅶ章「数学科の学習指導による評価」であることは間違いないが，前節で見た通り，1950年末時点で，ほぼ順調に編集が進捗しており，実際のところ，1950年度中に『中学校高等学校学習指導要領数学科編』は，完成したものとみられる．

　こうして，1951年度を迎え，1951年9月15日には，島田茂と中島健三の両名が，CIEのホリングスヘッドを訪問し，『中学校高等学校学習指導要領数学科編』の編集作業完了の最終報告を行っている．それを示す「在米史料」が，同日付の"Completion of Mathematics Course of Study for Lower and Upper Secondary Schools"[6]（史料8.8）である．

　本史料の本文と和訳を示す．

Mr. SHIMADA and Mr. NAKAJIMA stated that the Course of Study in Mathematics for the Lower and Upper Secondary Schools was now completed, and would be published by the latter part of October. They will donate four copies in Japanese to Secondary Branch; one of these copies will be given in turn to the IFEL personnel who are concerned with Methods of Teaching

史料8.8　Completion of Mathematics Course of Study for Lower and Upper Secondary Schools（1951年9月15日付）

6　在米史料，No. CIE(A)3090，CIE(A)3091，CIE(B)5542．

Mathematics in Elementary and Secondary Schools. It is regretted that copies in English are not available for IFEL personnel but perhaps their Japanese colleagues can furnish translations in English for them.

（和訳）

　　島田，中島両氏は，「中学校高等学校学習指導要領数学科編」が完成し，10月後半には出版される予定であると述べた．日本語版4冊を中等教育課に寄贈し，そのうち1冊は「小中学校における数学教授法」に携わるIFEL関係者に順次贈呈する予定であることを述べた．IFEL関係者には英語版がないのが残念だが，おそらく日本人の同僚が英訳してくれると思われる．

　冒頭に，「中学校高等学校学習指導要領数学科編」が完成し，10月後半には出版される予定である」と記されている．1951年11月25日の発行となるが，その2か月と少し前の9月15日に，編集作業の完了報告がCIEになされ，印刷発行する運びとなったのであった．

　かくして，高等学校数学科の初の学習指導要領は，中学校数学科と一体となる形で，『中学校高等学校学習指導要領数学科編（試案）』として成立したのであった．

第5節　『中学校高等学校学習指導要領数学科編（試案）』の特徴

　ここまで，『中学校高等学校学習指導要領数学科編（試案）』（以下，単に『学習指導要領数学科編』と記す）の編集過程を「在米史料」を主たる史料として辿り，新制高等学校数学科の成立過程を明らかにしてきた．その「学習指導要領」が中学校数学科と一体となり，成立した経緯が分かった．

　その編集の実務担当者の一人である島田茂は，1952年3月27日文部省発行の『中等教育資料』に，「数学科の学習指導要領について」[7]という小論を寄稿

7　島田茂（1952），「数学科の学習指導要領について」，『中等教育資料』第3号，文部省，pp.6-7.

している．この小論は，『学習指導要領数学科編』の作成，編集にあたった担当者が，何に力点を置き，その特徴をどのように捉えたかを知る重要な手掛かりとなる．

島田は，その小論において，5つの項目を提示して，刊行された『学習指導要領数学科編』の説明を行っている．

1. 数学科の教科としての位置を明らかにした．
2. 数学のよさを知ることを強調した．
3. 理解に基いた学習指導を強調した．
4. 生徒の自主的な学習による指導を強調した．
5. 評価の意義を強調した．

本節では，本書を結ぶに当たり，上記5つに基き各項を立て，『学習指導要領数学科編』の特徴を捉えることにする．

第1項　数学科の教科としての位置

島田は，「数学は人生において重要な役割を果すものであるということから，数学科が中等教育に取り上げられていることは，疑いのない事実である」としつつ，しかし，「数学はなぜ人生において重要であるか，その点を明らかにしなければ，数学科はただの単なる数学的知識，技能を授けるだけのものになってしまう」と述べ，さらに，過去の数学教育に対して「これまで，数学科が人間育成のための教科として主張されながら，その実際が，数学的に書かれた問題解決の能力——単的にいえば（ママ），受験問題解答の能力——や計算技能の習得だけに終始してきた一因は，やはり，このなぜということを実際指導に役立つように把握していなかったためであろう」と記している．

そして，「このなぜを明らかにし，これを生徒にわかるように指導し，生徒がこのなぜに基づいて，数学を考え出していくことを指導してこそ，数学科が人間育成の一翼をになうことができるといえよう」と述べている．つまり，数学を学ぶことが，生徒の人生において極めて重要であり，「なぜ」数学を学ぶのかが，観念論や受験目的でなく，実際指導に役立つように明示されなければ

ならないのである．では，この「なぜ」を島田はどう捉えたか．続く説示は次の通りである．

　　数学は，人間が物事を合理的に正確に考え，これを他人にはっきりと誤解のないように知らせていく上に欠くことのできない道具であり，また，自分の仕事に対して，できるだけ肉体的精神的労力を少なくして最大の能率をあげていく時に，重要な手段となるものである．そして，こうしたことを意図していくことは，教育の目標とする近代人の不可欠な資質であるとともに，こうした意図に基いて考え出されるものとして数学を考える時，これが教育の手段としての生命を持ってくる．

すなわち，数学は合理的思考に基づく，正確な伝達性を備えた道具として，また，実用面での効率化に資する手段であると捉え，数学を使いこなすことが，近代人の社会的資質に必要不可欠であるという主張である．そして，数学を学ぶことにより数量的思考力を涵養し，それにより人間育成を図ろうとするのである．

島田が主張する「数学科の教科としての位置づけ」は，刊行された『学習指導要領数学科編』における「第Ⅰ章 中学校・高等学校の一般目標」の冒頭に掲げられた「数学科の一般目標」の10項目（本書，第7章第4節に前掲）に表れている．この10項目を原文の意を損なわないように配慮し，端的に表すと，次のようになる．

1. 数学の有用性と美しさを知り，真理を愛し，これを求める態度の涵養
2. 生活改善のため，数学の役割を知り，正義に基づき，自分の行為を律する態度の涵養
3. 労力や時間の節約，活用の上に，数学の果す役割を知り，勤労に生かす態度の涵養
4. 数学の果たす役割が大きいことを知り，自主的に考えたり行ったりする態度の涵養
5. 数学がどのようにして生まれてきたかを理解し，その意義を知ること

第8章 『中学校高等学校学習指導要領数学科編（試案）』の成立

6. 数学についての基礎となる概念や原則の理解

7. 数量的な処理により，自分の行為や思考を正確，的確にし，能率を上げる能力の涵養

8. 自分の行為，思考を正確，的確にし，能率を上げる重要性を知り，日常生活に生かす習慣の涵養

9. 数学の能力の重要性を知り，数学を生かして社会貢献する習慣と能力の涵養

10. 数学の能力の重要性を知り，職業分野で数学を生かす習慣と能力の涵養

　前掲の島田による「数学科の教科としての位置づけ」をもとに，これらの10項目を一読すると，これらは，「数学を学ぶことで何が達成されるか，何を目指すのか」に対して，数学固有の特性を前面に出すのではなく，もっと大きな教育の目的に立脚して，人格の形成はどうあるべきかという問いに立って，そこにおいて，「数学教育が何を担当するかと」いうことに主眼を置いて作られたものであると感じる．あくまでも，目指すべきものは，「有用性」「生活改善」「思考や作業の効率化」「歴史理解」「自主性の涵養」「社会貢献」「職業生活」等で，それらのために数学教育はどうような役割を果たすのか，なのである．

　このことは，『学習指導要領数学科編』の冒頭に，

　　数学科は，他の教科や特別教育活動とともに手を携えて，教育の目的の達成をねらうものである．したがって，数学科の一般目標は，教育基本法・学校教育法および一般編に示された教育の一般目標に基き，数学科のいろいろな特徴を考慮して定めなければならない．

と，明示されている通りである．これは，本改訂前の小・中学校用の『学習指導要領算数科数学科編』（1947年5月15日発行）に記された「算数科・数学科指導の目的」が，算数・数学科の特性に強く依拠したものとなっていることに比べて，大きな特徴となっている．

　本書，第7章第3節で掲げた，1950年4月3日の「在米史料」"Chapter I Mathematics Course of Study"に，「これらの目標が教育の一般的目標からど

265

のように生み出されるのかを説明する節が編成するよう指示された」と記されていた通り，あくまでも，教育の一般目標をもとにして，そこから数学の一般目標を生み出すよう，CIEから指示がなされていた．島田はその指示に従っていると言える．また，CIEは，中・高等学校において，「態度，理想，価値観，能力，技能」等を"direct aims"（直接目標）とし，これらと数学の目標との関連性を明示するよう島田らに求めた記録も，1950年4月11日付の「在米史料」"Mathematics Course of Study"に残されていた．これは，教育の目標を数学の立場から体現させるための指示であったと言える．

「数学科の教科としての位置を明らかにした」という島田の説明は，本書第7章で見た『学習指導要領数学科編』の第Ⅰ章を検討した際のCIEとの議論に，忠実に基いたものであることが明らかとなった．

第2項　数学のよさを強調

島田の小論「数学科の学習指導要領について」には，この『学習指導要領数学科編』の特徴の第2番目の項目として，「数学のよさを知ることを強調した」と記されている．まず，島田は，数学の「よさ」に関して，「ひとつひとつの指導内容について，それが，いかなる意味で物事を正確にしたり，明確にしたり，能率のあがるようにしたりするのに役だつかを生徒にはっきり感得させなくてはならない」と述べ，数学の学びから得られる，正確性，明確性，能率性の意味がはっきりと分かることだと捉えている．それは，「なぜそれを用いるのかを学習されなくてはならない」とし，学習の意味が理解されることによって，よさが感得できるものとしている．

また，数学の指導において，「生徒の具体的な問題を取り上げて指導したり，数学の文化史的な発達を取り上げたりする趣旨も，ひとつには，こうしたよさを強調したいためである」とも述べ，生徒の身の周りの具体的場問題解決や，「よさ」を求め続け，発展をしてきた人類の歴史的な発達過程を取り上げることで，数学の「よさ」の感得に至らしめようとしたことも付け加えている．

こうした，「よさ」の感得の強調が，『学習指導要領数学科編』に表出しているところの1つとして，「第Ⅱ章 生徒の必要と数学の指導」において，

第8章 『中学校高等学校学習指導要領数学科編（試案）』の成立

1. 個人的な問題解決
2. 身近な社会関係
3. 社会関係
4. 経済関係

から青年期の「生徒の必要」に応じた問題を探求する方法が具体的に例示され
ていることが挙げられよう．青年期の生徒が直面するこうした問題の解決が，
正確，明確に，能率よく行われることを通して，数学の「よさ」を知らしめる
ことになるのである．

第3項　理解に基いた学習指導を強調

　島田は，第3番目の『学習指導要領数学科編』の特徴として，「理解に基い
た学習指導を強調した」ことを掲げている．まず，

　　数学的な内容に対する生徒の態度の面がある．すなわち，数学的な内容
　を上述のような人間的なはたらきの所産として生徒が創造していってこそ，
　人間育成となるのである．それゆえ，数学的な概念，原則といったものは，
　生徒に他から与えられるものではなく，上述のような立場から物事を考え
　ていく生徒のうちから創造されるべきものである．

と述べ，数学的な内容は，生徒による人間的なはたらきの所産として，生徒が
創造していくものであるという立場が強調されている．これは，今日的な理解
主義，構成主義につながる考え方と言えるだろう．さらに，「理解とか意味と
かいうことが数学科のように論理的な内容を含む教科において重要視されるの
は，このような全体的なはたらきとして理解を考えた上でのことである」とし，
理解に基づくとは，論理的構成を含めて，生徒の内面に創造したもの，創造す
るものに基づくという立場を取っている．また，ここでいう「全体的なはたら
き」に関しては，

　　このように理解ということを，生徒の主体的なはたらきとして考えてい

267

く時には，理解した結果とともに，理解していくそれぞれの過程が重要なものとなる．現在，生徒が理解していることの基礎の上に，次に理解を深めるべきものを計画して指導しなければならない．生徒の発達していく過程をこの意味からじょうずに指導して，生徒の主体的はたらきを伸ばすことこそ，数学科の重要な任務である．そのため，参考となるような資料を提供する目的で，学習指導要領は第Ⅳ章に，中学校の指導内容の説明をあげておいた．

と述べている．つまり，今ある生徒の理解の礎に立って，次に理解すべきことを計画指導すること，こうした過程を通して，主体的なはたらきを引き出すことが数学科の重要な任務なのである．これには，数学の系統性を基にして理解の発展させる指導計画が不可欠となる．そのために，『学習指導要領数学科編』では，「第Ⅳ章 中学校数学科の指導内容の説明」が置かれたのである．その第Ⅳ章冒頭には，

中学校で指導するのに適当であると考えられる数学的内容は，前章において，生徒の生活経験において，一覧表の形で示した．しかし，この示し方では，生活面との関係はめいりょうになるが，その反面，生徒の心の中に流れていく数学的な内容についての理解の発達の仕方は，明確に示されないうらみがある．

一方，第Ⅰ章においては，数学科の指導は「理解」と「よさを知ること」とともに展開されなければならないことを述べた．

そこで，この章では，いろいろな数学的内容について，どのような理解がたいせつであるか，それがどのように発達していくことが，生徒にとって，円滑で，しかも効果的であると考えられるかを説明して，ひとつの系統的な発展の形を示し，指導の参考に供したいと思う．

と述べられていて，生活経験の一覧表を用いて生活経験と数学の関係を示すことは重要であるが，それだけでは，生徒の数学的な理解の発達が明示されにくいことに触れ，「理解」と「よさを知る」ことを重視して，理解の発達を系統

268

第8章 『中学校高等学校学習指導要領数学科編（試案）』の成立

的に示すことが試みられたのである．このことを『学習指導要領数学科編』では，次のような「樹木の生長」の比喩を用いて示している．

> 　数学的内容の面からいえば，このような発展は，一つの樹木の生長にたとえることができよう．すなわち，生活経験という肥料によって，理解という幹や枝を，しだいに伸ばし，そのよさを知るという根を張って，しっかりとした樹木となり，技能の花を咲かせるといえよう．
> 　この際に，ここでとった系統は，むだな枝ぶりのない，まっすぐですっきりとした樹木の形を予想したといえる．

　すなわち，数学的内容の系統は，一つの樹木のような形をなすものである．それは，生徒の「生活経験」という肥料を施すことで，「理解」としての幹や枝が発展し，「よさ」を知ることで，根も頑強なものとなる．このようにして，数学的内容が系統的に構成され，むだな枝ぶりのない，まっすぐな樹木の形をなして発展する．そして「技能」という花を咲かせるのである．

　なお，本書では，第7章第1節において，この「第Ⅳ章 中学校数学科の指導内容の説明」が，1950年1月から2月末までのCIEと文部省の議論を経て成立した経緯を見た．一方，高等学校に対しては，「指導内容の説明」に当たる章は，編集過程にも，完成したものにも見出せなかった．高等学校数学科に対する「内容の説明」が未成立となったことに対して，「数学科の学習指導要領について」において，島田は，「同様な説明が高等学校の指導内容においても必要ではあるが，これは，残念ながら時間の関係で手をつけることができなかった．いずれ，指導書などで明らかにしたいと思っている」と述べている．

第4項　生徒の自主的な学習による指導を強調

　『学習指導要領数学科編』の第4の特徴として，島田は「生徒の自主的な学習による指導を強調した」ことを挙げ，次のような説明を与えている．

> 　この主体的な学習ということは，教師が無計画に指導に臨んだのでは，得られないものである．生徒が行動を引き起こしてくる基盤としての青年

269

の必要に深い理解を持ち，その必要と，教科としての数学との関係を明らかにすること，学習の過程における青年の気持（ママ）の動きにうまくマッチして適切な助言を与えること，学習を，生徒の主体的な問題の解決の過程として展開することなどが必要になる．こうした面での教師の参考となりうると考えたことを，第Ⅱ章および第Ⅴ章で説明した．

　上記の特徴を，『学習指導要領数学科編』の「第Ⅱ章　生徒の必要と数学の指導」の内容から確認しておく．第Ⅱ章には，§3として，「数学科の指導における生徒の必要」という節が構成されている．§3の中に「生徒の必要を満していくための指導過程上の注意」として，次の8つが記されている．

1. 教師は，各生徒の個人的能力に適した問題を与え，生徒がその解決に成功していくように援助すること．
2. 教師は，各生徒の成功や進歩を確認し，それを生徒が自覚するように援助してやること．
3. 生徒の進歩が，生徒たちにはっきりとわかるように方法をくふうし，生徒たちの進歩を生徒とともに評価していくこと．
4. 各グループや各個人に与える問題は，まったくばらばらなものではなく，全級のひとつの問題から生じたもので，各人の解決が全級の問題の解決に役立つことが明らかになるように組織すること．
5. 生徒の自主的な学習を奨励し，その自主的な活動に沿って，これを指導していくようにすること．
6. 生徒が，自分で発見したことや自分の意見を，いろいろな方法で発表していく機会を豊富に与えること．
7. 生徒が示す応答，製作品，その他にみられる反応は，たとえそれがどんなものであっても，そのなかに生徒のよいところが表れているものである．これをはっきり認め，かつ，生徒にもそれを明らかにしてやること．
8. 生徒が数学科の学習で失敗をしたとき，そのことを，生徒の道徳的な価値や先天的な能力と結びつけて考えるような恐れのあるいい方は，注意して避けること．

第8章 『中学校高等学校学習指導要領数学科編（試案）』の成立

　上記の8つの注意点は，どれも，生徒の自主的な学習を促すために，教師が常に注意すべきことであり，これらには，詳細な例や説明が付されている．こうした教授法に関する教師への注意は，今日的な「学習指導要領」には，あまり見受けられないものである．

第5項　評価の意義を強調

　島田は，小論「数学科の学習指導要領について」において，

　　評価は，これまでに述べてきたような，生徒と教師との人間的な接触，すなわち指導と学習の過程の重要な一面である．生徒の学習が主体的なものであるかぎり，生徒の自己評価は，その重要な面であり，教師が生徒の反応によって自己の指導を反省し，よりよい次の指導を考えていくことは生徒の主体的な成長を助成する上での重要な仕事である．このような見地から，評価ということが反省されてこそ，客観的な学習効果の測定が教育的に意味を持ってくる．

と述べ，評価の重要性を語っている．生徒の自主的な学習指導を強調した『学習指導要領』において，自己評価を基にした生徒の反応を見極め，教師の指導を振り返り，次の指導の糧とすることを説いている．こうして，よりよい指導を行うことにより，さらなる生徒の主体的な学びが助長されるとともに，評価そのものが反省されることで，評価の教育的意味が明らかになるとしている．続いて，島田は，

　　以上の評価のねらいが明らかになってこそ，評価の手段としてのテストその他が教育に用いうるのである．学習指導要領では，その第Ⅵ章[8]（ママ）において，この意味の評価のねらいを強調し，そこに各種の評価方法を位置づけ，いわゆる生徒の品等づけに終る評価との違いを明らかにした．

---

[8] 島田の「数学科の学習指導要領について」では，「第六章」と記されているが，実際の『中学校高等学校学習指導要領数学科編』は，「第Ⅶ章」が，「数学の学習指導における評価」である．

271

と記している．『学習指導要領数学科編』「第Ⅶ章 数学科の学習指導における評価」には，

> 評価をすることを，単にテストをしたり，指導要録に書き入れたりすることであると考えている人がいる．しかし，評価ということが単にそのようなことをするだけで終ってしまうものであるとしたら，その価値はたいして大きなものであるとはいえないだろう．

> テストをしたり指導要録をつけたりすることは重要なことであるが，それだけで評価が終るのではなく，いわば，それらが，学習指導をよりよくしていくために有効な資料を提供し，学習指導の上に何かがプラスされて初めて，評価が達成されるということができよう．

と述べられ，評価のねらいを，

> 1. 教師の学習指導を，生徒の実際によく合うようにする．
> 2. 生徒の自己評価を援助して，自主的に学習を進める態度を伸ばすようにする．

の2点にまとめ，さらにこれら2点を達成するためにどのように評価を行っていくかが，数学の指導の具体例も示しながら詳細に記されている．本書の第7章では，評価の章を担当した第6小委員会に対して，CIEから，全米教育研究協会発行の『第45年報』やGreeneらによる『中等学校における測定と評価』などが紹介され，アメリカの数学教育における評価の考え方が参考にされたことを「在米史料」から見出した．

　以上，本節では，島田茂の小論をもとに，『中学校高等学校学習指導要領数学科編（試案）』の特徴を，明らかにした．

第8章　『中学校高等学校学習指導要領数学科編（試案）』の成立

第6節　第8章の総括

　本章では，本書を締めくくるに当たり，第2次世界大戦後の占領下における
新制中・高等学校数学科編成の完成に位置付く『中学校高等学校学習指導要領
数学科編（試案）』の最終的な成立過程を明らかにした．この『学習指導要
領』は，新制高等学校に対しては，1948年の数学科の暫定的成立後の，正式
な成立根拠となり，今日に至る高等学校数学科のルーツに当たるもので，極め
て重要なものである．以下の4点を総括しておく．

⑴　1950年8月の新制高等学校数学科の内容承認をもって，中・高等学校
　科の数学科編成は一段落した．そして，来るべき学校現場での実施に
　向けて，1950年8月22日の文部省通達「中学校・高等学校の数学科に
　ついて」（文初中発430号）として，『学習指導要領数学科編』が中間
　発表された（下線筆者）．この通達は，「学習指導要領」の第Ⅳ・Ⅵ・Ⅶ
　章を除き，高等学校数学科に力点をおいて示したものである．

⑵　中間発表については，1950年9月20日及び21日に，お茶の水女子大
　学で開催された日本数学教育会第32回総会・全国数学教育研究会での
　講演会が持たれ，全国のリーダー的な数学教師に広められた．9月20
　日（第1日目）には，CIEのオズボーンの講演の後，文部省の島田茂が
　講演で中間発表の内容を敷衍している．

⑶　1950年8月の中間発表時点で，CIEの承認が得られていた章は，「第Ⅰ
　章 中学校・高等学校の数学料の一般目標」「第Ⅲ章 中学校数学科の一
　般目標と指導内容」「第Ⅴ章 高等学校数学科の各科目の一般目標と指
　導内容」であった．まだ承認が得られていなかったのは，「第Ⅱ章 生
　徒の必要と，数学科の指導」「第Ⅳ章 中学校数学科の指導内容の説
　明」「第Ⅵ章 数学科における単元による学習指導」「第Ⅶ章 数学科の
　学習指導における評価」であった．その後の「在米史料」にそれらの
　章の編集，承認の記録が見出せ，最終的には，1951年9月15日に，島

273

田茂と中島健三から編集作業の完了報告がCIEになされた（下線筆者）.

(4) 1952年3月27日文部省発行の『中等教育資料』に所収されている島田茂の「数学科の学習指導要領について」という小論は，『学習指導要領数学科編』の作成，編集にあたった担当者が，何に重きを置き，その特徴をどのように捉えたかを知る重要な手掛かりとなる．島田は，この小論において，次の5つの項目を提示して，刊行された『学習指導要領数学科編』の説明を行っている.

　　1. 数学科の教科としての位置を明らかにした.

　　2. 数学のよさを知ることを強調した.

　　3. 理解に基いた学習指導を強調した.

　　4. 生徒の自主的な学習による指導を強調した.

　　5. 評価の意義を強調した.

さて，本書では，占領下における新制高等学校数学科の編成過程を追ってきた．第1章で取り上げた「学習指導要領」なき暫定的成立に始まり，その後，米国のCIEと日本の文部省の間で交わされた様々な議論を見た．そして，第6章から第8章にかけて，高等学校数学科初の正式な学習指導要領となる『中学校高等学校学習指導要領数学科編』の編集過程を明らかにし，最終章となる本章では，CIEによる「学習指導要領」発刊の認可と，発刊約1年前の「学習指導要領数学科編」の中間報告である「文初中第430号」について取り上げた．さらに，編集の実務担当者であった島田茂の論考を通して，1951年11月25日に刊行された『中学校高等学校学習指導要領数学科編』の理念と特徴を示した.

　以上，本書は，今に至る高等学校数学科の連合国占領下の成立過程を明らかにすることに取り組んだものである.

跋　文

　第2次世界大戦終結後，アメリカ教育使節団の勧告を受け，我が国の学校制度には6-3-3制が敷かれ，新制高等学校は総合制・単位制の学校として，1948年4月に発足した．本研究は，その新制高等学校の数学科の教科編成が，連合国の占領下においてどのように推移したかを，明らかにしたものである．

　本研究が依拠した主たる史料は，1951年9月のサンフランシスコ平和条約締結後に，連合国が米国に持ち帰った「GHQ/SCAP文書」（在米史料）である．「在米史料」多く用いたことは，日本側に残された史料の多くが散逸してしまっており，米国側の史料を用いざるを得なかったことによるが，この「在米史料」を時系列的に辿り，連合国側からの視点も盛り込みながら，日本の数学教育改革の進捗を辿ったことが，本研究の大きな特徴となっている．

　新制高等学校数学科の成立過程は，およそ2つの段階を踏んでいると言ってよい．まず第1段階としての「高等学校学習指導要領数学科編」なき「暫定的成立」の過程である．これについては，1947年度上半期，「学習指導要領数学科編」の編修が行われていたが，1947年6月4日の在米史料から，「作成中断」の決定がなされたことを明らかにした．第1章では，その経緯と背景を明らかにし，編集の途にあった未完の「高等学校学習指導要領数学科編」の再現を試みた．

　総合制が導入された新制高等学校の教科課程において，数学科は，GHQ/SCAPの下部組織であるCIEの指導により，選択科目として位置付くことになる．これに対して，日本側の数学科編成担当者であり，我が国の数学教育の行く末を案じた和田義信らは，数学が必修科目となることを強く望み，CIEを相手に幾度も折衝を行った．その姿を1946年の10月から12月にかけての「在米史料」に見出した．結果的に和田らは退けられるが，1947年4月の文部省通達「発学156号」の中では，数学科は準必修的な扱いをされることになる．和田らは「名を捨て，実を取る」ことに成功したと言ってよいだろう．この「必修

数学の延長要求問題」については，第2章で詳論した．

数学科の成立根拠となるべき「学習指導要領数学科編」が作成中断されたため，新制高等学校数学科の「暫定的成立」において，数学科の内容を定めたものは，『数学解析編（Ⅰ）』『数学解析編（Ⅱ）』『数学幾何編（1）』『数学幾何編（2)』の中等教育教科書株式会社による1種検定教科書である．この4冊の教科書のCIEによる検閲・認可の過程については，第3章で取り上げた．

6-3-3制のもと，新制学校は発足するが，「学校教育法施行規則」が公布された1947年5月に文部省の組織改編もなされ，小学校，中学校，高等学校のそれぞれを所轄する初等教育課，中等教育課，高等教育課が設置される．しかし，その直後から，中・高等学校教育を一体化して改革する方向性が示され，新制中・高等学校の設置基準の策定が行われていった．そして，1949年5月には，文部省の組織も，中・高等学校を所轄する中等教育課に再編されるに至った．このように，中等教育の一体化の流れの中で行われた新制高等学校の基準をめぐる議論は第4章で扱い，第5章では，生活単元学習を標榜し，中学校数学科との連続性を重視して新設された高等学校数学科目「一般数学」の編成について論じた．

中等教育の一体化の流れにあって，新制高等学校初の数学の「学習指導要領」も，中・高等学校数学科をひとまとめにして『中学校高等学校学習指導要領数学科編（試案）』（以下，『学習指導要領数学科編』）の編修作業が行われていく．そして，いうまでもなく，この『学習指導要領数学科編』の刊行が，新制高等学校の数学科の「正式な成立」と位置付くのである．

本書では，「在米史料」を用いて，この『学習指導要領数学科編』の編修過程を追い，1948年9月の「原型」"nature"，1948年11月の「概要」"outline"，1949年7月の「再調整」"readjust"と，その形式が定まっていく姿を見出した．こうして『学習指導要領数学科編』が形を成していくさまは，第6章で言及し，続く第7章では，『学習指導要領』の各章に対して，CIEの認可過程を追った．

1951年11月15日に刊行される『学習指導要領』に対しては，来るべき学校現場での実施に向けて，1950年8月に中間発表として，「中学校・高等学校の数学科について」（文初中第430号）が通達され，広く一般公開された．その後，理念や内容が周知されていく．最終章である第8章では，その過程を明らかに

跋　文

するとともに，『学習指導要領数学科編』の最終的なCIEの認可を得る「成立」を見定めた．さらに，第8章では編修の実務担当者であった，島田茂の論考から，その『学習指導要領数学科編』の理念と特徴を明らかにした．

　さて，本研究は，筆者が2005年2006年の三重大学大学院教育学研究科に在学中に，恩師現三重大学名誉教授 上垣渉先生から頂いたテーマであった．それ以来，先生には，ひとかたならぬご指導を賜り，今日を迎えている．本書が完成に至ったのは，ひとえに上垣先生のご教導の賜物に他ならない．この場を借りて，上垣先生に尊敬の念を捧げ，満腔の謝意を申し上げる次第である．また，本研究が今日に至るまで，20年弱の年月を要してしまったことは，筆者の未熟さと懈怠のなせるものであり，心より反省をしている次第である．

　また，学術研究図書の出版事情の厳しき中にあって，本書の出版に際し，御助力をいただいた明石書店取締役編集部長の安田伸様に，厚くお礼を申し上げたい．

　最後に，本研究は，日本学術振興会科学研究費助成事業（学術研究助成基金助成金 課題番号20K02819）の交付を受けて成就したものであることを記し，ご支援を頂いた皆様に感謝の意を表したい．

　令和6年12月

田中　伸明

◎著者プロフィール

田中　伸明（たなか・のぶあき）

三重大学教育学部 教授.

1962年三重県津市生まれ. 広島大学教育学部卒業. 三重大学大学院教育学研究科修了. 三重県立高等学校教諭, 広島大学教育学部非常勤講師, 愛知教育大学教育学部非常勤講師, 三重大学教育学部准教授を経て, 2017年4月より現職. 専門は, 数学教育学, 数学教育史研究. 所属学会は, 日本数学教育学会, 全国数学教育学会, 日本数学教育史学会ほか. 三重県 算数・数学研究協議会会長.

主要著作：『数学教育学の軌跡と展望——研究のためのハンドブック』（共著, ナカニシヤ出版, 2024年),『日本数学教育学会百年史』（共著, 編纂委員, 東洋館出版社, 2021年),『わくわく算数』（共著, 小学校教科書, 啓林館),『未来へひろがる数学』（共著, 中学校教科書, 啓林館）など.

数学教育の戦後史
――連合国占領下における新制高等学校数学科の編成過程

2025年3月31日　初版第1刷発行

著　　者：田中　伸明
発行者：大江　道雅
発行所：株式会社　明石書店
　　　　〒101-0021
　　　　東京都千代田区外神田6-9-5
　　　　TEL 03-5818-1171
　　　　FAX 03-5818-1174
　　　　https://www.akashi.co.jp/
　　　　振替 00100-7-24505

装丁：金子　裕
組版：朝日メディアインターナショナル株式会社
印刷・製本：モリモト印刷株式会社

（定価はカバーに表示してあります）　　　　　　　ISBN 978-4-7503-5909-0

JCOPY 〈出版者著作権管理機構　委託出版物〉
本書の無断複製は著作権法上での例外を除き禁じられています。複製される場合は、そのつど事前に、出版者著作権管理機構（電話
03-5244-5088、FAX 03-5244-5089、e-mail: info@jcopy.or.jp）の許諾を得てください。

よい教育研究とはなにか
ガート・ビースタ著
亘理陽一、神吉宇一、川村拓也、南浦涼介訳
流行と正統への批判的考察
◎2700円

学校の時数をどうするか
大森直樹編著、永田守、水本王典、水野佐知子著
現場からのカリキュラム・オーバーロード論
◎2400円

給食無償化
鳶咲子著
子どもの食格差とセーフティーネットの構築
◎2000円

海外の教育のしくみをのぞいてみよう
園山大祐編著
日本、ブラジル、スウェーデン、イギリス、ドイツ、フランス
◎3000円

知識・技能・教養を育むリベラルアーツ
小宮山博仁著
公立高校社会科入試問題から読み解く社会の姿
◎2500円

「教育輸出」を問う
高山敬太、興津妙子編著
日本型教育の海外展開（EDU-Port）の政治と倫理
◎4500円

国際高等教育
花田真吾著
教育・研究の展開をみすえる
◎3000円

ことばの教育の力
佐藤慎司、稲垣みどり、苫野一徳編著
《自由の相互承認》の実質化をめざして
◎2700円

戦後日本学生セツルメント史の研究
岡本周佳著
◎5400円

国際学力調査からみる日本の教育システム
森いづみ編著
教育による《効果》と《格差》の計量分析
◎5400円

高等教育改革の政治経済学
田中秀明、大森不二雄、杉本和弘、大場淳著
なぜ日本の改革は成功しないのか
◎4500円

学士課程教育のグローバル・スタディーズ
米澤彰純、嶋内佐絵、吉田文編著
国際的視野への転換を展望する
◎4500円

諸外国の教育動向 2023年度版
文部科学省編著
◎3600円

図表でみる教育 OECDインディケータ（2024年版）
OECD編著
◎8600円

公正と包摂をめざす教育
経済協力開発機構（OECD）編著
OECD「多様性の持つ強み」プロジェクト報告書
佐藤仁、伊藤亜希子監訳
◎5400円

異文化間教育ハンドブック
イングリット・ゴゴリンほか編著
立花有希、佐々木優香、木下江美、クラインハーベル美穂訳
ドイツにおける理論と実践
◎15000円

《価格は本体価格です》